40周胎教

实用百科

清华大学玉泉医院
妇产科知名专家 | 王艳琴 / 主编

中国人口出版社
China Population Publishing House
全国百佳出版单位

我们坚持以专业精神，科学态度，为您排忧解惑。

PREFACE 前言

有人说："十月胎教胜过十年教育。"其实，这两者是很难比较的。我们只能说：胎教与教育都很重要，两者就如同一座高楼的地基与楼层。

胎教的重要性和作用已基本成为人们的共识，那么，我们如何做好胎教呢？

胎教是一件容易被搞得很复杂的事，在很多方面连专家都观点不一。但本书以"务实施教"为宗旨，全力让胎教更简单、更有效，让您轻轻松松做好胎教。

全书按周编排，您可以同步学习和实施。每周分为四部分，但以"本周胎教课"为重点。胎教课的内容和形式适合于在该周进行，但也不必拘于这一周，可以根据自己的感受反复实施。而且，孕妈妈、准爸爸可以根据胎教课的内容举一反三，无论是内容还是形式，都可以跳出本书范围另外选择有趣的、适当的题材，比如音乐曲目、文学题材等等。题材范围大了，胎教活动就丰富了、有趣了。

孕妈妈是胎教的主角，准爸爸也要积极参与。胎教的实施原则是：科学、适度、全家参与。所以，准爸爸是不能缺席的。

科学、轻松地进行胎教，必然会塑造出一个健康快乐的宝宝。

马上就开始吧！

编　者

目录 CONTENTS

孕早期 妊娠第1个月

孕早期 妊娠第2个月

第5周 成功胎教守则

第6周 为了宝宝保重自己

第7周 爱在体会中成长

第8周 聆听幼小的心脏

孕早期 妊娠第3个月

孕中期 妊娠第4个月

第13周 合理补充营养

第14周 “品尝”妈妈的味道

第15周 爱在每时每刻

第16周 最美的旋律

孕中期 妊娠第5个月

第17周 生命在于运动

第18周 轻轻地抚摸你

第19周 一切为了宝宝

第20周 无意识的顽皮

孕中期 妊娠第6个月

第21周　动来动去的幸福

第22周　自由自在舒展

第23周　感受母子情

第24周　优化内外环境

孕中期 妊娠第7个月

第25周 浅笑低语最温情

第26周 进行心灵对话

第27周 我的性格我做主

第28周 对光明的渴望

孕晚期 妊娠第8个月

第29周　最深的关怀

第30周　塑造良好品格

第31周　多交流多沟通

第32周　别让宝宝太肥胖

孕晚期 妊娠第9个月

第33周 难以施展拳脚

第34周 在等待中做胎教

第35周 一切都在期待中

第36周 生命在走向完善

孕晚期 妊娠第10个月

第37周 胜利就在眼前

第38周 宝宝，加油哦！

第39周 对自由的向往

第40周 胎教的最后一课

美国优生圣典49条

要做孕妈妈了，好好准备一下吧。
在医学最发达的美国,给准妈妈都有哪些建议呢？

1．孕前看医生，做检查。

2．改变不良饮食习惯,多吃各种健康食品。

3．孕前锻炼身体。

4．接受怀孕教育。

5．食用一些从未尝试过的新品种蔬菜。

6．读一本怀孕方面系统知识的书籍。

7．提前3个月放弃使用化学避孕工具。

8．戒烟。

9．服用产前维生素（含叶酸）。

10．找一想做妈妈的同伴与你一起开始健康生活方式。

11．留意月经周期，这会有助于你知道何时排卵及推算受孕时间，并能精确计算预产期。

12．如果要更换自己的私人医生，请在孕前完成并去拜访。

13．向朋友请教有关怀孕及做母亲的经验。

14．避免接触可能对胎儿有伤害的化学物品，它们可能存在于你的工作和生活环境中。

15．孕前请看牙科医生。

16．如果你准备怀孕或可能已经怀孕，看病或体检时，请告诉医务人员，以避免不利于胎儿或孕期的检查及用药。

17．不要再清洁猫窝。

18．怀孕成功可能要花较长时间。如果你已超过35周岁，努力半年至一年仍未如愿，那么你应尽快去找医生。

19．开始实施怀孕。

20．孕后立即宣布怀孕。

21．向父母请教有关经验，并将你的不同观点和想法告诉他们。

22．注意休息，白天也小睡片刻。

23．阅读一份杂志（孕期方面的）。

24．若有呕吐、胃或心口灼热、便秘等症状，采用非药物疗法。

25．注意饮水。

26．再读一本有关的书。

27．参加产前瑜伽或体育锻炼班。

28．定期找助产护士或医生检查，以便发现问题及时处理。

29．参加孕早期培训班。

30．每日增加300　500卡热量。

31．如果不打算在家分娩，应在参观几家要去分娩的医院或机构后再选定。

32．记住并记录找医生的日程时间。

33．做好饮食纪录,保证每日摄入所需热量。

34．你要装修房子或婴儿室，应避免油漆和壁纸的有毒气味。保持通风，不要干重活。

35．多试着照看朋友的婴儿，学习一些护理新生儿的方法。

36．及时报名参加分娩培训学习班。

37．游泳对妊娠晚期妇女是项好运动，有助你缓解疼痛，并使你觉得腹部重量减轻。

38．参加母乳喂养学习班，以使你提前做好母乳喂养的准备。

39．上床前请先做适当的伸展运动，这会防止你腿抽筋。

40．坚持体育锻炼，感到累了可以放慢速度，但要坚持，这会使你产后快速恢复。

41．写一份分娩计划，记下在你分娩过程中想要或需要的东西，并告知医生和那些当你分娩时应邀在你身边的人。

42．准备一部照相机。

43．避免心情紧张。

44．让骨盆倾斜，这会有助于缓解疼痛，让胎儿处于良好的出生位置。

45．如果你的预产期临近了，请准备好自己的东西，不要忘记带上保险证、预约住院的表格、照相机及分娩计划等。

46．检查临产征兆。

47．在分娩前照一张像。

48．读书。

49．吻你的小宝宝。

第1周 认识胎教

一、本周宝宝与胎教要点

胎宝宝还不存在

本周胎宝宝还不存在，而是分别以精子和卵子的“前体”状态存在于爸爸、妈妈体内，爸爸妈妈会用充足的营养把他们养得“精壮卵肥”。

备孕准妈妈体内卵巢中的某一个卵子将从数十年的沉睡中醒来，唯独她将成为那位勇敢精子的“新娘”。而那位勇敢的精子，现在还在准爸爸的身体里。他是亿万精子军团中的一员，他和他的战友个个都肩负人类传种的使命，尽管最后可能只有他一个人成功了，但是他们个个都义无反顾，勇往直前。与其说他很勇敢，不如说他是幸运的。

精子——在性交过程中，大约有3亿精子可能会进入阴道，但在绝大多数情况下，只有一个精子可能穿过重重障碍，使卵子受精，最终制造出一个胚胎。

本周胎教要点

· **营养胎教：**为了给胎宝宝提供充足的营养，孕妈妈必需调整饮食习惯。多吃豆制品、蛋类、鱼、绿叶蔬菜、全麦制品，这些食物都可以补充充足的叶酸；一定要吃早餐，三餐要定时定量，还可以在上午、下午进行加餐，以保证充足的营养。

· **运动胎教：**备孕准妈妈进行适当的运动，有助于提高免疫力，保持良好的身体状态，提高卵子的质量，还能缓解将来孕期的一些不适，同时有助于自然分娩。

二、胎教理论

胎教的含义

胎教就是调节孕期母体的内外环境，促进胚胎发育，改善胎儿素质的科学方法。胎教一方面指孕妇自我调控身心的健康，为胎儿提供良好的生存环境；另一方面指对生长到一定时期的胎儿施加合适的刺激，促进胎儿的生长。

广义胎教和狭义胎教

广义胎教是指，为了促进胎儿生理和心理上的健康成长，同时确保孕产妇能够顺利地度过孕产期，而采取的精神、饮食、环境、劳逸等各方面的保健措施。有人也把广义胎教称为“间接胎教”。

狭义胎教是指，根据胎儿各感觉器官发育成长的实际情况，有针对性地给予适当合理的信息刺激，使胎儿建立起条件反射，从而促进其大脑机能、躯体运动机能、感觉机能及神经系统机能的成熟。狭义胎教亦可称之为“直接胎教”。

换言之，狭义胎教就是，直接地给胎儿提供视觉、听觉、触觉等方面的教育，如光照、音乐、抚触等，使胎儿大脑神经细胞不断增殖，神经系统和各个器官的功能得到合理的训练，以发掘胎儿的智力潜能，提高胎儿的综合素质。

综上所述，胎教是临床优生学与环境优生学相结合的具体实践措施。

有意胎教与无意胎教

有意胎教是指，怀孕期间有目的、有计划地采用某些方法、创造某些条件，让孕妇和胎儿的身心得到调养。无意胎教是说，没有特意采取某些方法、创造某些条件，但某些日常生活中的情况也能够使孕妇和胎儿的身心得到调养，在无意中产生了有意的效果。

虽然很多孕妈妈“无意插柳柳成荫”，生下优秀的宝宝，但无意胎教存在盲目性和偶然性，所以，有意胎教是值得提倡的。使无意胎教转变为有意胎教，需要孕妈妈在孕前多读一些有关胎教的书刊，增加文化知识，提高个人修养与文化程度。

胎教的目的

胎教是一种比较特殊的教育，胎儿在宫内的学习与出生后孩子的学前学后教育都不一样，不同于一般的学习概念和学习功利性。

胎教并不是要向胎儿灌输生活知识和科学知识，而是为了促进胎儿的身心发育，提高胎儿的个体功能，对胎儿的心灵起到塑造、健全和完善的作用。也就是说，胎教的目的是为了促使胎儿素质优良化。

胎教的作用

1.能促进胎儿大脑健康发育

由于胎教的内容情感化、艺术化，形象和声音于一体，从而可促进胎儿右脑的发育，使孩子出生后知觉和空间感灵敏，更容易具有音乐、绘画、几何和空间的鉴别能力，并使孩子情感丰富，形象思维活跃，直觉判断准确。同时，胎教给胎儿大脑以新颖鲜明的信息刺激，具有怡情养性的作用，从而又有利于胎儿大脑的健康和成熟。

2.有利于胎儿的心理健康

胎教给胎儿的心理影响是积极的、能动的，不仅有利于胎儿感知能力的培养，而且有利于胎儿情感接受能力的培养，使胎儿未出世就容易在感知、情感等方面和父母相互沟通和交流。触摸胎儿时，胎儿会做出相应的动作；为胎儿播放音乐或唱歌时，胎儿会变得很安宁，这都是感知能力和情感接受能力的体现。这两种能力是基本心理功能，有了这两种能力，胎儿出生后在成长过程中就能更好地接受审美教育，具有想象、直觉、顿悟和灵感能力，并具有情感体验、调节和传达能力，使孩子心理得到健全发展。

3.有利于完善胎儿的人格

胎教对胎儿的影响是整体性的，因此胎教有助于胎儿以及胎儿出生后精神素质各个方面的塑造，即有助于人格的完善。人格又称个性，即一个人各种心理特征的综合。如果一个人能够在人生的开始就受到整体性的审美教育，那么这种教育就会对一个人的心灵产生长远的、深刻的、潜移默化的影响，最终使这个人的人格趋向完善，并使这个人成为一个真诚、善良的人，成为能够自我认识、自我完善和自我实现的人。胎教就是人生最早的审美教育，对一个人的发展起着开创性的作用，如人们常说的那样，良好的开端就是成功的一半。

三、本周胎教课

◎环境胎教——美化孕妈妈居室

美好的环境能对人的神经系统起到调节作用，也能对孕妈妈的性格、心情起到改善、缓和的作用。一个干净整洁、安静舒适的居室还会使孕妈妈从精神上感到愉快。

孕妈妈、准爸爸在居室环境方面，须按下面要求进行：

居室干净舒适

整理居室环境，做到干净整洁、安静舒适、不拥挤、通风透气。

温度适宜

温度以20℃～26℃最好。温度太高会使人感到精神不振、头昏脑涨、全身不适；温度太低使人寒冷难受、容易感冒。夏天可用风扇、空调降温，但不宜让风直吹孕妇；冬季可使用暖气升温，也可使用火炉，但需防止一氧化碳中毒。特别需要提示的是，孕妇不可直接睡在正在通电的电热毯上。

湿度适宜

湿度以50%为最理想。湿度太低易使人口干舌燥、鼻黏膜充血；湿度太高让人关节酸痛、难受。如果室内湿度太低，可使用加湿器或在床头上放水壶或在室内洒水；如果湿度太高，可开门通风。

室内设施安全方便

室内设施要便于孕妈妈使用，孕妈妈要避免爬高、踮脚等危险动作；家中设施要摆放整齐，以免孕妈妈磕着碰着；光滑地板上要注意添上防滑设施。

良好的音响刺激

噪音不利于孕妈妈的健康和胎儿的发育。但是，无声也不利于优生。过于寂静使孕妈妈感到孤独、寂寞，使胎儿失去听觉刺激。所以，二者均不可取。家中可以经常播放一些有益的胎教音乐，或者经常对胎儿说话。

此外，还要注意在室内做适当的装饰，如摆放一两盆花卉，贴几张娃娃图像或风景画等，让孕妈妈有个良好的心情。

◎情绪胎教——好情绪就是好胎教

情绪胎教贯穿整个怀孕过程的始终，好情绪就是好的胎教。保持孕期良好情绪状态，我们的建议如下：

1. 饮食起居要有规律，按时作息，行之有效地劳动和锻炼。
2. 多看些漂亮宝宝的画像，想象腹中的孩子也是这样美丽、可爱、健康。多欣赏花卉盆景、美术作品和大自然美好的景色，多到大自然中呼吸新鲜空气。
3. 心胸宽广，乐观舒畅，避免烦恼、惊恐和忧虑，多想孩子远大的前途和美好的未来。
4. 衣着打扮、梳洗美容应考虑有利于胎儿和自身健康。
5. 常听优美的音乐，常读诗歌、童话和科学育儿书刊。不看恐惧、紧张、色情、斗殴的电视、电影、录像和小说等。不要看刺激性强烈的杂志、刊物、报纸、电影等，以免出现孕妇心理过于激动的现象。
6. 每天和宝宝固定地说话，如早晚同胎儿打招呼，对胎儿讲讲话，把胎儿当作一个能听、能看、能理解父母的、有思想、有生命、有感情的谈话对象。

四、准爸爸胎教指南

准爸爸是胎教主力军

如果说胎儿是一粒发芽的种子，那么，准妈妈就是提供养分的土壤，准爸爸就是和风细雨、阳光雨露。对胎儿的成长来说，准妈妈给予了直接的影响，她在胎教中起决定作用，但是，准爸爸的“阳光雨露”则能使种子发育得更健全，生长得更完美。

胎儿对准爸爸低频率的声音比对孕妈妈高频率的声音还要敏感。因此，宝宝虽然是在孕妈妈的肚子里孕育长大的，可还是会与准爸爸有着一种很自然的亲密关系。如果准爸爸能经常陪同孕妈妈一起和胎儿“玩耍”，对胎儿讲故事，描述每天的工作和收获，就可以密切与胎儿之间的感情。

准爸爸对胎儿的影响，主要是通过对妻子的影响以及参与胎教而实现的。准爸爸和孕妈妈一起进行胎教，能让孕妈妈体会到被重视与疼爱的感觉，孕妈妈才能有平和愉快的情绪，胎儿也能感受到孕妈妈愉快的心情，进而对胎宝宝产生有益的影响，胎儿才能在父母的双向教化下健康地发育成长，因此准爸爸在胎教中所扮演的角色非常重要。

准爸爸不仅应该积极地配合孕妈妈进行胎教，还应该让自己成为胎教的主力军。

准爸爸下厨

◎ 清炒芦笋虾仁

材料 虾仁、芦笋、蛋清、盐、淀粉、香蒜、料酒、油、白糖各适量。

做法 虾仁挑去泥肠洗净，拌入蛋清、盐、淀粉。过油捞出。芦笋洗净，用开水氽烫后冲凉，切小段。用适量油炒香蒜、芦笋，接着放入虾仁和料酒、盐、白糖，最后勾芡炒匀即可。

功效 芦笋中含有丰富的叶酸，所以多吃芦笋有补充叶酸的功效，是准妈妈补充叶酸的重要来源。

◎ 鲜奶四蔬

材料 花椰菜、西兰花、生菜、甜椒各50克，椰汁20毫升，鲜奶50毫升，面粉、糖、盐各适量。

做法 把所有原料切成小块，用滚水焯熟，沥干待用。素上汤煮开，加入面粉慢火搅匀，再加入糖、盐、椰汁、鲜奶，煮滚即离火。把制作好的奶汁淋在鲜蔬菜上即可。

功效 此菜中的西兰花、生菜都含有丰富的叶酸。

第2周 把握最佳时机

一、本周宝宝与胎教要点

精子与卵子相遇了

本周胎宝宝依然不存在，但到本周周末前后，一批精子与卵子相遇，并释放一种酶，这种酶会使一个精子穿过卵子的保护层，这就是受精的瞬间。受精一旦发生，立即产生化学变化，防止其他精子再进入卵子。

受精后，精卵结合成为受精卵，新的生命才诞生。此刻，宝宝的性别就已经决定了。

本周胎教要点

卵子经过大约15厘米长的、狭窄的输卵管向子宫游动，它周围的营养细胞像一串串美丽的光环围绕着它。很快，它将与精子相遇并开始受精的过程。

· **情绪胎教：** 现在是准备受孕的关键时期，孕妈妈从现在起就要培养自己做妈妈的感觉，无论是身体还是心理都要做好迎接胎宝宝的准备。买一张可爱宝宝的挂图，或者看一些关于妈妈宝宝的杂志，这些都是不错的情绪胎教的内容。

· **运动胎教：** 孕妈妈此时的一个重要任务就是通过运动调节自己的体质，为马上就要开始的妊娠奠定基础。工作累了，活动活动手腕、脚腕，动动脖子，伸伸腿，这些都是很好的运动。

二、胎教理论

孕早期应补充叶酸

叶酸缺乏会影响胎儿大脑和神经系统的正常发育，严重时将造成胎宝宝发育不良而引起流产、早产等。所以孕早期补充叶酸对胎宝宝神经系统的发育起着很重要的作用。

1.补充叶酸的注意事项

❶叶酸补充最好在怀孕前1个月到怀孕后3个月期间，怀孕前就保证叶酸维持在一定的水平，可以保证胚胎早期有一个较好的叶酸营养状态。

❷一般每天服用0.4～0.8毫克的叶酸增补剂就可以有效预防胎宝宝神经管畸形的发生。这里还要提醒的是，服用叶酸增补剂最好在医生的指导下进行。

❸过量的叶酸会掩盖维生素B_{12}缺乏的症状，干扰锌的代谢，引起锌缺乏，因此每天叶酸的摄入量最大也不要超过1毫克。

❹在医生的指导下服用多种维生素会更好，其中会含有孕妇所需的叶酸，还有人体必需的维生素和矿物质。

2.帮胎儿“吃”出敏锐的神经系统

叶酸在很多食物中都含有，这个时期，你不妨多吃些这样的食物来帮助胎宝宝神经系统的发育，富含叶酸的食物有：

多种蔬菜 如西红柿、胡萝卜、青菜、莴苣、菠菜、花椰菜、油菜、小白菜、扁豆等。

新鲜水果 如橘子、香蕉、草莓、梨、樱桃、柠檬、桃、杨梅、海棠、酸枣、石榴、葡萄、猕猴桃等。

动物食品 如动物的肝脏、肾脏，鸡肉、牛肉、羊肉等。

豆类、坚果类食品 如黄豆、核桃、腰果、栗子、杏仁、松子等。

谷物类 如大麦、糙米、米糠、小麦胚芽等。

九大胎教方法（一）

胎教的实施方法很多，如果对其进行系统、科学地分类，我们将其分为下面九种。

1.营养胎教

营养胎教是根据妊娠期胎儿发育的特点，合理指导孕妇摄取食品中的各种营养素，以促进胎儿的生长发育。

营养是胎儿生长发育的物质基础，大脑的发育需要特定的营养素，所以科学合理的营养供给也是胎教的前提。合理营养并非只是填饱肚子或者吃得越多越好。营养要全面，食品要多样，饮食要有规律，进食要适量。必须补充的营养素有：蛋白质、谷物类、维生素类、微量元素和无机盐类及必需脂肪酸。

实施时间 得知怀孕开始。

2.环境胎教

环境胎教是指，为胎儿营造一个良好、健康的内外生活环境，确保胎儿能够健康、愉快地发育成长。

胎儿所处的环境分可为内环境和外环境，内环境指的是胎儿居住于母体内的环境，外环境是孕妈妈所处的生活环境、工作环境及心理环境。

外界环境的优劣能通过孕妇的感受传递给胎儿，因此孕妈妈居室要安静、舒适、幽雅，还要经常到室外去散步，接触美好的自然环境。

实施时间 得知怀孕开始。

3.情绪胎教

情绪胎教，是通过对孕妈妈的情绪进行调节，使之忘掉烦恼和忧虑，创造清新的氛围及和谐的心境，通过孕妈妈的神经递质作用，促使胎儿的大脑得以良好的发育。

现代生理学研究发现，孕妈妈的情绪和智力活动直接影响内分泌的种类和量，而内分泌物质经血液流到胎儿体内，使胎儿受到或优或劣的影响。孕妈妈心情稳定，因而会产生好的激素，这些好的激素会经由内分泌系统传输到胎盘，因而影响胎儿潜能的开发。

实施时间 得知怀孕开始。

4.语言胎教

孕妈妈及家人用文明礼貌、富于哲理和韵律的语言，有目的地对子宫中的胎儿讲话，给胎儿的大脑新皮质输入最初的语言印记，为后天的学习打下基础，此种方式称为语言胎教。

胎儿不断接受语言波的信息，使其在空白的大脑上增加“语音符号”。优美的语言不但可以刺激胎儿大脑的生长发育，而且可使孕妇自身调节，进入愉快和宁静的状态。怀孕后期胎儿已具备了听力和感觉能力，对父母的言行会作出一定的反应，似乎有种“心理感应”，而且出生后在脑子里形成了记忆。

实施时间 妊娠第6个月开始。

其余的六大胎教方法，将在下周做相应的介绍。

三、本周胎教课

◎音乐胎教——享受“音乐浴”

孕妈妈可以进行一次“音乐浴”式的音乐胎教，这对于消除身体的疲劳、心胸郁闷、头昏、头疼有着立竿见影的效果。同时也让胎宝宝得到一次音乐的洗礼。

1.选择舒适的姿势

孕妈妈可以舒适地躺在床上、沙发或躺椅上，如果是坐着可以将双脚底下垫一个小板凳，两手自然地放在双腿旁边，一定要采用自己最舒适的姿势，然后全身放松，闭上双眼。欣赏音乐之前，想象一下未来的胎宝宝。放松身体的肌肉，保持心情的舒畅，对胎宝宝满怀期望并倾注自己全部的爱。这时还可以充满想象地说：“宝宝，我们一起听音乐吧！”和胎宝宝说话是很好的胎教活动，尤其是能感觉到胎动以后。

2.感受音乐的魅力

随着音乐的节奏，孕妈妈要全身放松。首先，感受音乐如波浪般一次一次有节奏地向你冲过来，冲走了疲倦，大脑感觉非常轻松，全身的血液正随着欢快的音乐有节奏地流动（时间控制在4分钟或以一首曲子为限）；然后，想象音乐如温暖的泉水，从头顶缓缓地往下流动，血液也在从头到脚有节奏地流动（时间约为6分钟或者一首曲子为限）；最后，睁开眼睛，随着音乐的节奏，手、脚有节奏地摆动（时间为3分钟或稍长）。

当音乐停止以后，孕妈妈可以起身走动走动，享受完“音乐浴”，通常感到头脑非常清醒，身体变得轻快。

◎语言胎教——《新月集》诗选（一）

《新月集》(The Crescent Moon，1903)，由印度著名诗人、作家泰戈尔所著，主要译自1903年出版的孟加拉文诗集《儿童集》，也有的是用英文直接创作的。诗集中，诗人生动描绘了儿童们的游戏，巧妙地表现了孩子们的心理，以及他们活泼的想象。它的特殊的隽永的艺术魅力，把我们带到了一个纯洁的儿童世界，勾起了我们对于孩提时代的回忆和对自己孩子的期待。

开 始

“我是从哪儿来的，你在哪儿把我捡起来的？”孩子问他的妈妈。

她把孩子紧紧地搂在胸前，半哭半笑地答道——

“你曾被我当作心愿藏在我的心里，我的宝贝。

“你曾存在于我孩童时代玩的泥娃娃身上；每天早晨我用泥土塑造我的神像，那时我反复地塑了又捏碎了的就是你。

“你曾和我们的家庭守护神一同受到祀奉，我崇拜家神时也就崇拜了你。

“你曾活在我所有的希望和爱情里，活在我的生命里，我母亲的生命里。

“在主宰着我们家庭的不死的精灵的膝上，你已经被抚育了好多代了。

“当我做女孩子的时候，我的心似花瓣儿张开，你就像一股花香散发出来。

“你的软软的温柔，在我的青春的肢体上开花了，像太阳出来之前的天空上的一片曙光。

“上天的第一宠儿，晨曦的孪生兄弟，你从世界的生命的溪流浮泛而下，终于停泊在我的心头。

“当我凝视你的脸蛋儿的时候，神秘之感淹没了我；你这属于一切人的，竟成了我的。

“为了怕失掉你，我把你紧紧地搂在胸前。是什么魔术把这世界的宝贝引到我这双纤小的手臂里来呢？”

四、准爸爸胎教指南

准爸爸应积极参与胎教

从妻子怀孕起，丈夫就应担负起胎教的责任，与准妈妈一起进行胎教。很多准爸爸可能会认为胎教太费时间，其实胎教并不费时间，最重要的是能坚持下来。

1.进入角色

妻子怀孕后，准爸爸要尽快适应角色的转换。每天早晨起来，都跟孕妈妈肚子里的宝宝打声招呼，下班回来后第一件事情应该就是问候一下宝宝；吃饭的时候也可以跟宝宝说说今天吃了些什么，怎么吃才营养等。

2.坚持做胎教

准爸爸应该坚信虽然是隔着老婆的肚皮和宝宝交流，宝宝也是有感应的，每次胎动很厉害的时候，如果准爸爸把手轻轻放在孕妈妈的肚皮上说说话，比如“要乖啊，不然妈妈会很累的。”宝宝多会安静下来。

准爸爸不要以为每天对着孕妈妈的肚子“叽哩呱啦”没有用，而应该调整好心态，想着孕妈妈肚子里的那个小生命，要投入进行胎教活动。

准爸爸下厨

◎ 韭菜虾仁炒鸡蛋

材料 虾仁、韭菜、鸡蛋、淀粉、香油、花生油、盐各适量

做法 虾仁洗净，韭菜洗净切段，鸡蛋打碎加入淀粉、香油调成蛋糊，把虾仁倒入拌匀。起锅热油、下虾仁翻炒，蛋糊凝住虾仁后放韭菜，待韭菜炒熟，放盐、香油起锅即可。

功效 韭菜有调中、下气、止痛的功效，可用于治疗痛经、腰膝酸软、尿频、遗尿等症。这道菜能补肾阳、固肾气。

◎ 清拌菠菜

材料 菠菜250克，干红辣椒段、蒜末、芝麻油、醋、精盐、植物油各适量。

做法 将菠菜择洗干净，切段，放入沸水锅中焯水，捞出过凉，放入盘中，备用。锅置火上，倒植物油烧热，放干红辣椒段爆香，离火。将蒜末、干红辣椒段、芝麻油、醋、精盐放在菠菜段上，搅拌均匀即可。

功效 菠菜含多种营养素，有滋阴润燥、养血止血的作用。

第3周 了解胎教类别

一、本周宝宝与胎教要点

精子与卵子亲吻了

本周，有一个强壮的精子会幸运地得到了卵子的青睐，它们互相亲吻，成功地结合为受精卵，卵子和精子结合了，这只是第一步，只是受精过程的完结，生命才刚刚步入旅程。

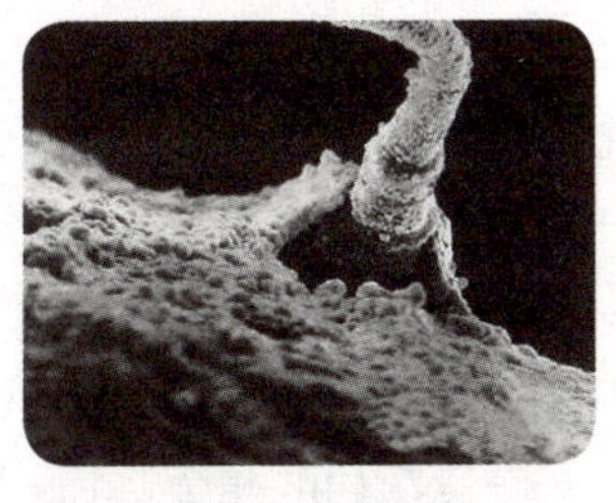

这是一个精子进入卵子的瞬间。此时精子的头已经钻进去了，还可以看到它的中部和尾部，它就像一个不断旋转的钻头，在尾部拍打的驱动下，努力进入卵子。

本周胎教要点

· **营养胎教：**由于怀孕引起体内激素的改变，很多孕妈妈在孕4周以后都会出现不同程度的早孕反应，而强健的肠胃更能及早适应孕期的激素变化，缓解早孕反应。所以从现在开始，你就要注意更好地调养你的肠胃。

· **情绪胎教：**孕妈妈现在还不能察觉自己是否怀孕，所以总是会被一种莫名的紧张情绪困扰着，这时，学会放松就是你最重要的任务。看一些怀孕的书籍，或者和过来人多多交流，做到凡事心中有数，自然就不会太紧张了。

二、胎教理论

九大胎教方法（二）

5.音乐胎教

通过对胎儿有规律地传输优良的乐性声波，促使其脑神经元的轴突、树突及突触的发育，为优化后天的智力及发展音乐天赋奠定基础，称为音乐胎教。

音乐的节奏作用于孕妈妈，也能影响胎儿的生理节奏，使胎儿从音乐当中受到教育。

通过健康的音乐刺激，孕妈妈从中获得安宁与享受，分泌酶和乙酰胆碱等物质，发送胎盘供血状况，同时使胎儿心律平稳，对胎儿的大脑发育进行良好的刺激。

实施时间 从得知怀孕就可以开始。妊娠第4个月以后就可以针对胎儿放一些音乐。

6.运动胎教

运动胎教是指，孕妈妈适时、适当地进行体育锻炼和帮助胎儿活动，以促进胎儿大脑及肌肉的健康发育。研究表明，凡是在子宫内受过“体育”运动训练的胎儿，出生后翻身、坐立、爬行、走路及跳跃等动作的发育都明显早于一般的宝宝。

此外，运动有利于孕妈妈正常妊娠及顺利分娩。

实施时间 妊娠第5～9个月。

7.抚触胎教

父母用手轻轻抚摸胎儿或轻轻拍打胎儿，通过孕妇腹壁传达给胎儿，形成触觉上的刺激，促进胎儿感觉神经和大脑的发育。

经过抚摸训练出生的婴儿，肌肉活动力较强，对外界环境的反应较灵敏，在出生后翻身、爬行、站立、行走等动作的发展上都能提早些。

在抚摸时应注意胎儿的反应，可诱发胎儿“胎动应答”，但如胎儿用力踢腿，应停止抚摸，宫缩出现过早的孕妇不宜使用抚摸胎教法。

实施时间 妊娠第5个月开始。

8.意念胎教

意念胎教是指，孕妈妈积极展开美好的联想，在意识中形成令人愉悦的意念，从而对胎儿的生长发育产生积极的影响。

母亲与胎儿具有心理与生理上的相通，从胎教的角度来看，孕妇的想象是通过母亲的意念构成胎教的重要因素，转化、渗透在胎儿的身心感受之中。同时母亲在为胎儿形象的构想中，会使情绪达到最佳的状态，而促进体内具有美容作用的激素增多，使胎儿面部器官的结构组合及皮肤的发育良好，从而塑造出自己理想中的胎儿。

意念胎教其实很宽泛，凡是将良好的心理感受传递给胎儿的有益过程，都属于这一范畴。例如美学胎教，其实属于意念胎教，由于其从审美感受的角度进行胎教，自成体系、蕴涵丰富，所以专门独立出来。

实施时间 得知怀孕开始。

9.美学胎教

美学胎教是指，通过孕妈妈的身心对美的感受、对艺术作品的欣赏，将美的体验通过人体神经递质传输给胎儿，这样不仅可以对胎宝宝大脑细胞和神经系统的发育产生积极影响，同时，也陶冶了孕妈妈的情感，促进了孕妈妈甚至胎儿的心理健康。

美学胎教是根据胎儿意识的存在，通过孕妈妈对美的感受而将美的意识传递给胎儿的胎教方法。美的意识主要源于三个方面：形象美、自然美和艺术美。

美学胎教看起来带有很强的主观色彩，但是，母体与胎儿之间除生理上紧密相连外，心理上的关联也是无法否定的。

实施时间 得知怀孕开始。

三、本周胎教课

◎语言胎教——诗歌《你是人间四月天》

这是著名建筑学家、文学家林徽因在1934年写给她的儿子的一首诗。这首诗洋溢着儿子出生带来的喜悦以及母亲对儿子的希望，诗人将四月的春景比作她心里的那个小天使，字里行间都诠释着爱与希望。

当你饱含对胎宝宝的爱来读这首同样爱子情深的诗歌时，你一定会很享受，心中满满的都是感动。

你是人间四月天

我说你是人间的四月天；
笑音点亮了四面风；
轻灵在春的光艳中交舞着变。

你是四月早天里的云烟，
黄昏吹着风的软，
星子在无意中闪，
细雨点洒在花前。

那轻，那娉婷，你是，
鲜妍百花的冠冕你戴着，
你是天真，庄严，你是夜夜的月圆。

雪化后那片鹅黄，你像；新鲜
初放芽的绿，你是；柔嫩喜悦
水光浮动着你梦期待中白莲。

你是一树一树的花开，是燕
在梁间呢喃，——你是爱，是暖，
是希望，你是人间的四月天！

◎音乐胎教——不同心境听不同音乐

许多人认为孕妈妈听的音乐应该以轻柔的为主。实际上，音乐应该更加多元化一些，因为，不同的旋律、不同的节奏会带给胎儿不一样的感受和影响。

以下列举孕妈妈孕期必选的十首乐曲，孕妈妈们，快去听听吧。

- **普罗科菲耶夫的《彼得与狼》——童话交响曲，感受勇敢与沉着**
- **德沃夏克的e小调第九交响曲《自新大陆》第二乐章——抚平焦躁的心情**
- **约纳森的《杜鹃圆舞曲》——特别适合在早晨睡醒后倾听**
- **格里格的《培尔·金特》组曲中《在山魔王的宫殿里》——感受力度与节奏**
- **罗伯特·舒曼的《梦幻曲》——感受清新与自然**
- **约翰·施特劳斯的《维也纳森林的故事》——感受春天早晨的气息**
- **贝多芬的f大调第六号交响曲《田园》——在细腻的乐曲中享受宁静**
- **老约翰·施特劳斯的《拉德斯基进行曲》—— 激情澎湃中感受无限活力**
- **勃拉姆斯的《摇篮曲》—— 妈妈无尽的爱，在乐曲声中与小宝宝说说话**
- **维瓦尔第的小提琴协奏曲《四季·春》——体验春季盎然的感受**

以上十首乐曲，每首的风格都是不一样的。孕妈妈们在一天当中的每个时刻都可以来听。烦躁的时候就听一听《自新大陆》；慵懒的时候听一听《彼得与狼》；悲伤的时候听一听《维也纳森林的故事》；发脾气的时候听一听《田园》；睡醒的时候听一听《杜鹃圆舞曲》；激情澎湃的时候听一听《拉德斯基进行曲》；跟小宝宝讲话的时候听一听《摇篮曲》；运动的时候听一听《拉德斯基进行曲》；春天来临的时候听一听《春》。让您的小宝宝接触多元的艺术，接触不同演奏形式，不同艺术风格的乐曲，不管是欢快的、悲伤的、沉静的、梦幻的、激情的、淳朴的，让小宝宝在音乐的海洋中汲取营养，培养小宝宝的艺术潜能。

四、准爸爸胎教指南

准爸爸怎样进行胎教

以爱心感染胎儿

胎儿在子宫中即具有感知能力，能感受到父母对他的爱心，父亲的爱心同母亲的爱心一样有利于胎儿的成长。妊娠期间，丈夫要多陪伴妻子，多做可口的饭菜，同妻子一同观看电影和育儿书籍，处处保护好妻子。多和妻子一起谈论未来的孩子，如孩子长得像谁，将来要把孩子培养成什么样的人。妻子在丈夫爱的呵护下心情舒畅，食欲增加；胎儿也在爸爸的爱心中健康成长。

帮助胎儿运动

准爸爸可以每天固定一个时间，抚摸妻子的腹部帮助胎儿运动，注意动作要轻柔。

和胎儿对话

和胎儿进行对话胎教是其他方法不可取代的。准爸爸应尽可能多地和胎儿对话。

进行音乐胎教

准爸爸可以一边给胎儿听音乐一边抚摸孕妈妈的腹部。如果准爸爸会乐器或唱歌，就可每天选择5～10分钟给小宝宝唱上两首歌或奏上1～2首乐曲。

准爸爸下厨

◎ 素什锦

材料 西蓝花、芹菜、黄瓜、胡萝卜、油面筋、木耳、香菇、油、高汤、葱、姜、盐、香油各适量。

做法 将西蓝花、芹菜、黄瓜、胡萝卜等洗净，切成寸长小段，西蓝花、芹菜用开水焯一下，胡萝卜过油，油面筋切成寸断，再将木耳、香菇等泡发，撕成小块。锅内加油、葱、姜炝锅，加入高汤，下木耳、香菇、油面筋、胡萝卜，小火微炖收汤后加入蔬菜，勾芡，加盐，香油即可。

功效 清爽可口，含维生素和矿物质。

◎ 竹菇大米粥

材料 大米50克，竹菇15克，生姜3克。

做法 把生姜去外皮，清水洗净，切成细丝。将竹菇洗净，放入沙锅内，加水煎汁，去渣。将大米淘洗干净，直接放入洗净的锅内，加清水适量，置于火上，旺火煮沸，加入生姜丝。煮至粥将熟时，倒入竹菇汁，再煮至沸即可。

功效 此粥黏稠清香，清胃和中，除烦止呕。适用于肺热咳嗽、咳痰黄稠、胃热呕吐、胃虚呃逆以及妊娠呕吐。

第4周

好心情最重要

一、本周宝宝与胎教要点

神经、循环系统已经出现

妊娠第4周胚泡已经在子宫内着床了，胚泡着床后，迅速向四周伸展，形成胚胎的原始内胚层、胚内中胚层和原始外胚层。其中，外胚层出现神经管道，将来脊髓、大脑、神经等会由此而来。在中层心脏和循环系统已经出现。内层中，泌尿系统、肠肺等器官开始形成。

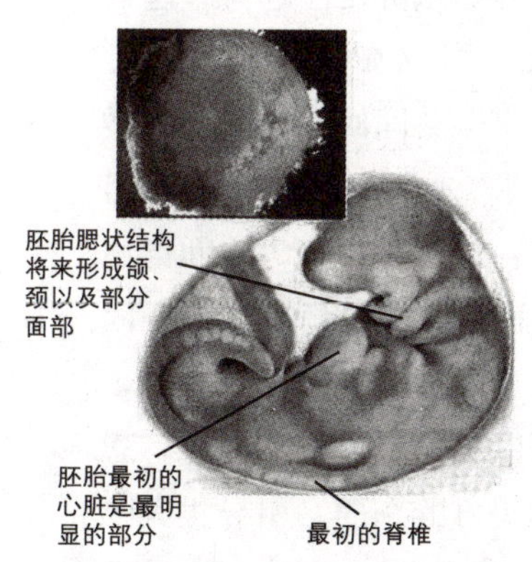

从图上部照片能看到，胚胎周围有绒毛膜和羊膜保护，以及将来成为脊椎的团块状组织正在形成，团块组织之间长出神经束。

本周胎教要点

·营养胎教：怀孕后，孕妈妈的身体容易疲劳，及时补充营养物质，可以帮助孕妈妈轻松打败疲劳。一定要定时进餐，尤其是早餐。干果、小点心、水果等营养丰富的小零食也可以帮助孕妈妈保持良好的精神状态。

·情绪胎教：现在你可能已经晋级为孕妈妈了，这对于每个期待做母亲的女性来讲，都是世界上最快乐的事。所以孕妈妈要时时提醒自己："宝宝喜欢我高高兴兴的，没有什么事情比这更重要了。"

二、胎教理论

胎教的基础是健康怀孕

最好的胎教方法莫过于准爸爸和准妈妈的爱和耐心，但是要想顺利实施胎教，首要的一步就是健康怀孕。

1 夫妻双方身体健康，如果有什么疾病，比如糖尿病、高血压、甲状腺疾病和其他生殖系统疾病，都必须到医院检查，咨询医生后再决定是否怀孕，或者等病情控制住了再怀孕。

2 在孕前3个月，甚至半年的时间，两个人都不能吸烟或者喝酒，或者乱服药，否则会影响受孕。

3 夫妻双方的怀孕年龄也是有讲究的，女性24～28岁是最佳怀孕年龄，但也不绝对，最重要的是两个人的身体条件，身体好的话，晚点生育也没关系。

最重要的一点就是，不要把受孕的那一刻简单地当成生理行为。想想看，你们的小宝宝就在这一刻开始了他的生命之旅，是那么神圣和奇妙。当那颗幸运的、最健康、最富活力的精子经过艰辛的长途跋涉在输卵管中和守候在那里的卵子相遇时，它们结合了，形成了受精卵，之后再经过几天的时间，受精卵在胎儿的家——子宫着床，随后开始漫长的10月怀胎。

所以受孕真的是一个严肃而又神圣的过程，受孕不是简单的生理行为，夫妻双方在各个方面都要想得周全些。

把握受孕瞬间的胎教

每对父母，都希望生一个强壮、聪慧、俊美的宝宝，希望自己的孩子能继承自己的优点。应注意，受孕瞬间是非常关键的时刻。

祖国医学认为，男女交合时必须心情良好，才能为优生打下良好的基础。《景岳全书》指出：“男女交合应在时和气爽，情思清宁，精神闲裕”下进行。这样“得子非唯少疾，且聪慧贤明”。因此，在选择最佳受孕日里，夫妻双方下班后应该早些回家，共同操持家务，在和谐愉快的气氛中共进晚餐。

饭后最好夫妻单独待在一起，一起听听轻音乐什么的，并多做感情交流。可以顽皮搞笑，也可以共同回忆恋爱中的趣事，或者憧憬未来家庭和孩子的美好。当夫妻双方在情感、思维和行为等方面都达到非常和谐统一的境界再进行同房，在同房的过程中，夫妻双方都应有好的意念，一些好的意念可以转化为具体的形象，想象大自然中一切美好的东西，引导丈夫以最饱满的激情进入“角色”，极大限度地发挥自己的潜能。

掌握好受孕瞬间的胎教不是无稽之谈，做父母的，最大限度地为孩子的健康发育提供可能，这样才能生一个健康、聪明的优秀宝宝。

三、本周胎教课

◎音乐胎教——钢琴曲《爱之梦》

这首《爱之梦》是由匈牙利钢琴家李斯特所作，这首名曲表达的主旋律是：爱吧，能爱多久就爱多久，这是不是孕妈妈最想给胎宝宝的爱呢？

1.《爱之梦》表达的含义

《爱之梦》为三部曲式，在最开始就呈现出怡静柔美的主题，充满了梦幻般的意境。中段流动的琶音，像爱的表白，充满了幸福的味道。最后乐曲在宁静、幸福的气氛中，依依不舍地结束。

2.听音乐的时间

现在的胎宝宝虽然还只是胚胎，他的听觉器官要等到第4个月的时候才会发育，因此，孕妈妈现在听音乐只是为了让心情更加舒畅。只要孕妈妈有空，随时都可以打开音响，倾听一下优美的旋律。

3.听音乐的方法

孕妈妈在听《爱之梦》时可以随着音乐的旋律一同哼唱。可以根据自己的喜好调节音量，注意声音不要过大，完全可以自己决定听的次数。如果遇到自己非常喜欢的音乐，多听几遍也无妨。

◎情绪胎教——给自己一个微笑

人的情绪变化与内分泌有关，在情绪紧张或应激状态下，体内一种叫乙酰胆碱的化学物质释放增加，促使肾上腺皮质激素的分泌增多。在孕妇体内这种激素随着母体血液经胎盘进入胎儿体内，而肾上腺皮质激素对胚胎有明显不利作用。

孕期前3个月，正是胎儿各器官形成的重要时期，情绪波动严重，就可能造成胎儿畸形，所以，孕妈妈们每天都开心一点吧，不要吝啬你的微笑。

微笑是一种效果良好的情绪胎教，从现在开始微笑胎教课吧！

1 每天清晨对着镜子，先给自己一个微笑，在一瞬间，一脸惺忪转为光华润泽，沉睡的细胞苏醒了，新的一天在充满朝气与活力中开始。

2 在生活中，保持良好的心态，适时给自己一个微笑。微笑既是一种表达，也是一种感染。友好的气氛、融洽的感情，是工作顺利、生活美满的一个重要条件。一个充满欢笑的孕期时光必然是幸福的，也是达到优孕、优生的重要因素。

3 孕妇切忌大悲大怒，更不要吵骂争斗。矛盾和分歧是难免的，孕妈妈一切以宝宝为重，一个微笑会化解一切不快。

四、准爸爸胎教指南

一起制定孕期日程表

妻子怀孕以后，在日常生活和产前检查等方面都会有一些需要格外注意的地方，在怀胎十月里，那些每天都需要做的事情会显得有些繁琐，孕妈妈就会容易忘记或忽视，因此准爸爸要帮助孕妈妈制定一张孕期日程表，随时提醒孕妈妈。

准爸妈一起制定的这份孕期日程表，最好能够罗列一周必须要做的事情，为了方便迅速查看，最好能从末次月经的第一天开始排起，正好排满40周，让孕妈妈可以每天“照表行动”。

和妻子一起写孕期日记

孕妈妈从怀孕到生育是一个幸福而漫长的过程，会经历许多的喜怒哀乐。对于人生这也是难得的经历，准爸爸不妨和妻子一起记录在孕期的心情感受和美好的经历。

准爸爸可为妻子建立健康档案，按时记下妻子的身体健康状况和每次产检的结果等。不仅可以为以后的查找提供方便，同时还加深和爱妻的互动，这份特殊的日记，会让你们在孕期充满欢笑。所以，准爸爸们要记得经常把日记本放在床头，和妻子一起写日记。

准爸爸下厨

◎ 猪骨猪舌汤

原料 排骨（大排）400克，猪舌200克，扁豆50克，芡实25克，精盐3克。

做法 将排骨、猪舌放入沸水中，旺火煮3分钟取起洗净。扁豆、芡实洗净；把适量清水旺火6分钟煮沸，放入排骨、猪舌、扁豆、芡实，中火煲40分钟；下精盐调味即可。

功效 扁豆的营养成分相当丰富，包括蛋白质、脂肪、糖类、钙、磷、铁、叶酸及食物纤维、维生素A、维生素B1、维生素B2、维生素C和氰苷、酪氨酸酶等，扁豆衣的B族维生素含量特别丰富。

◎ 肉末炒豌豆

原料 鲜嫩豌豆100克，猪肉50克，葱、姜、料酒、酱油、盐各适量。

做法

(1)豌豆洗净，猪肉剁成肉糜，待用。

(2)油温热后，放入葱、姜煸炒出香味后，放入肉末，喷入少许料酒，加酱油煸炒，然后放入豌豆。

(3)加盐调味后，用旺火快炒，炒熟即可。

功效 每100克豌豆中含叶酸82.6毫克，是叶酸含量较高的蔬菜。

成功胎教守则

一、本周宝宝与胎教要点

胎宝宝像小海马一样

本周小胚芽才发育成胚胎，小胚胎大约长0.6厘米，有苹果籽那么大，外观很像个小海马。

这个时候细胞迅速分裂，主要的器官如肾脏和肝脏开始生长。连接脑和脊髓的神经管也开始工作，原肠开始发育。面部器官也开始形成，眼睛的视网膜也开始形成了，鼻孔可以清楚地看到。

本周胎教要点

· **音乐胎教**：优美的音乐不仅可以帮助孕妈妈调节心情和生理功能，使孕妈妈达到舒缓身心的目的，还可以促进胎宝宝健康成长。怀孕期间，孕妈妈可以参加一些胎教专场音乐会，聆听现场优美、动听的音乐，把好音乐、好心情传递给胎宝宝。

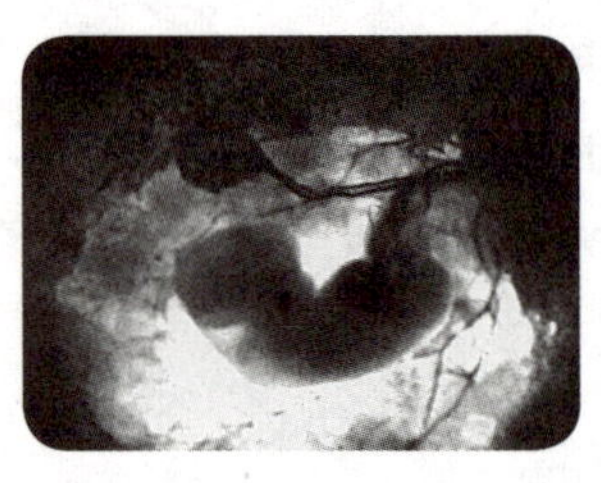

出现心脏，肺、肝也开始出现雏形，脑重量增加很快。

· **营养胎教**：怀孕后孕妈妈通常会口味多变，这时要注意调整烹饪方式，要迎和孕妈妈的口味，想吃什么就做什么吃，还要注意摄入充足的脂肪。

二、胎教理论

实施胎教的基本要求

1.生活起居方面

孕妈妈在怀孕期间，生活要有规律，要讲卫生，注重保健，饮食要均衡，忌烟戒酒，行动要安稳舒畅，注重科学的生活方式，常到郊外游玩，欣赏自然风景，保持充足的睡眠。

2.生理方面

孕妈妈在怀孕期间，要常请医生检查身体及胎儿方位、指导调养，了解孕期的生理变化，注重身体健康，预防疾病，谨慎用药，节制性生活。

3.心理方面

孕妈妈在怀孕期间，心理要平和，情绪要愉快，要尽量避免抑郁、悲伤、烦躁、惊恐和愤怒等不良情绪。

4.认识方面

孕妈妈在怀孕期间，对胎儿进行胎教时要充满爱心，尊重科学，掌握必要的胎教知识，和准爸爸密切配合，循序渐进，避免急躁情绪，努力和胎儿沟通。耐心而满怀爱心地陪伴胎儿成长。

成功胎教十条守则

1.充分准备

男、女双方来自不同的家庭环境和背景，两人一定要对“新生命”的来临有共识和周全的准备。

2.大家关爱

了解双方家庭中每位成员的态度，争取大家的支持，因为婚育不是个人的事，需要大家的关心爱护。

3.均衡营养

饮食营养的关键是营养丰富全面，饮食结构合理。

4.舒适环境

环境要适宜静养，能让孕妈妈放松，灯光要柔和些，充满幸福的氛围。

5.生活规律

按时吃饭，保证充足的睡眠，回归健康规律的生活方式。

6.适度运动

运动可促进血液循环，提供胎儿适当的营养和健康成长的气氛，对脑部发育成长十分有效。

7.心情愉快

在家人的祝福和关怀中，享受将成为母亲的幸福，工作中也要注意保持平稳的情绪和愉快的心情。

8.多听音乐

听轻柔的音乐，能改善孕妈妈的情绪，5～7个月的胎儿听觉逐步发育，音乐有助于宝宝心智发展。

9.积极胎谈

用爱关心胎儿，和他谈话、打招呼、看树、看花，诸如告诉胎儿今天是几月几日，等等。

10.用心交流

时刻用心关注胎儿带着胎儿一同活动、一同欣赏美的事物，如：养殖花卉、学习陶艺，都是可以与宝宝共同进行的，甚至绘画或者捏塑一个想象中的宝宝脸庞，等等。

三、本周胎教课

◎意念胎教——有助胎儿发育的脑呼吸操

怀孕的第2个月，正是胎儿各器官进行分化的关键时期，孕妈妈可用意念胎教的方法使胎儿发育得更加完善，最常用的是脑呼吸操。

脑呼吸操是为了解除身体各部位的肌肉紧张，使之变得柔软，使心情舒畅而创造的动作，通过推拉肌肉和韧带，刺激经穴，促进身体气血循环，增强人体自然治愈力，此时，将意识集中在身体上，在呼气的同时把沉积在体内的能量排出体外，并在吸气的同时吸入能量，这就是脑呼吸操的基本原理。

脑呼吸胎教是与简单的基本动作一起冥想的，即从脑运动开始。

方法

首先熟悉脑的各个部位的名称和位置，闭上眼睛，在心里按次序感觉脑、小脑、间脑的各个部位，想象脑的各个部位并叫出名字，集中意识，这样做可清楚地感觉到脑的各个部位。刚开始做脑呼吸时，先在安静的气氛下简短做5分钟左右，在逐渐熟悉方法后，可增加时间。

吃饭前，在身体轻快的状态下做脑呼吸更有效果。还可以通过脑呼吸和胎儿进行对话，想象一下肚子里的孩子，想象胎儿的各个身体部位，从内心感觉孩子。脑呼吸的同时对胎儿说话，或写胎教日记，会使胎儿和母亲更容易进行交流。

◎运动胎教——孕早期适宜散步

散步是非常适合孕妈妈的运动，不仅能够促进胎儿的大脑发育，而且还兼有胎教的功效。孕妈妈散步时比坐着的时候，氧气的供给量要高出2~3倍，散步还能让心情变得愉悦和放松。观看大自然的景色、聊天，对于孕妈妈来说无疑是一种美的精神享受。而孕妈妈的心情愉快，头脑清醒，有利于消除疲劳，利于胎儿的健康成长。

医学研究表明，孕妈妈常保持精神愉快可促进大脑皮层兴奋，使孕妈妈血压、脉搏、呼吸、消化液的分泌都处于相互平稳、相互协调的状态。这有利于孕妈妈的身心健康，同时也能改善胎盘的供血量，从而促进胎儿的健康成长。

❶应选择在道路平坦、环境优美、空气清新的地方散步，有准爸爸或家人的陪同就更好了。

❷应选择在风和日丽的天气中进行，如果有雾、下雨、刮风及天气骤变时不宜外出，以免感冒。

❸散步时，无论看到什么景象，都可以将其变成有趣的话题讲给胎儿听，这样，和语言胎教结合起来，效果更佳。

❹散步的时间是根据孕妇的生活规律和身体感受来安排的。一般从上午10点到下午2点左右这个时间段是一天之中母体子宫最放松的时间，选择这个时间比较好。

四、准爸爸胎教指南

做孕妈妈最坚实的依靠

从怀孕之初起，孕妈妈就处于喜悦与忧虑的矛盾之中，经历从未体验过的生理变化；畅想着宝宝的成长，担心宝宝的健康；担心自身未来的发展；生理的变化引起自身容貌的改变，担心失去丈夫的爱。孕妈妈变得多虑，内心也非常敏感和脆弱，甚至会产生恐惧感。对准爸爸的精神依赖比以往任何时候都要强烈，对准爸爸的期望值也更高。这时候，准爸爸就应该做孕妈妈最坚实的依靠，让她在你宽阔的肩膀上感到安全感。

帮助妻子稳定情绪

1 要善于洞察妻子的心理活动，把握她在想什么、有什么心事、希望你如何去做等。针对爱人的心理要求，做一些恰巧迎合妻子心理的事情与工作。

2 要倍加体贴关怀怀孕的妻子，创造良好的家庭氛围，使家庭更为欢快温馨。

3 还要注意你的言谈举止。丈夫的一言一行，往往对妻子的心灵有很大的触动。比如对妻子所怀胎儿的性别是男是女问题，就不宜过多挂在嘴上。

准爸爸下厨

◎ 苦瓜炖排骨

材料 排骨500克，苦瓜1条(约300克)，料酒、盐各适量。

做法 排骨切好后氽烫去血，然后用清水加料酒1大匙放入炖盅，先蒸20分钟。然后把苦瓜洗净剖开、去子、切块，放入排骨中再蒸20分钟，最后加盐调味，盛出。

功效 苦瓜能养血滋肝，益脾补肾，祛暑解热，明目清心。有益气壮阳，提高人体免疫力的功效。

◎ 花生红枣羹

材料 红枣、花生、蜂蜜各适量。

做法 先将红枣和花生洗净，用温水浸泡后，放入锅中用小火煮，一直煮到汤汁有些黏稠即可。待放凉后，根据个人的喜好加适量蜂蜜调匀即可食用。

功效 孕妈妈孕早期食用可以起到预防和治疗贫血的作用。做这道美食时，需要注意的是，煮红枣和花生时不要加蜂蜜，蜂蜜中的营养物质遇到高温会被破坏。

第6周 为了宝宝保重自己

一、本周宝宝与胎教要点

小松子仁一样的胎宝宝

第6周的胎宝宝大小如小松子仁。心脏已经开始划分心室，并进行有规律的跳动及开始供血。主要器官包括初级的肾和心脏的雏形都已发育，神经管开始连接大脑和脊髓，原肠也开始发育。四肢的幼芽也开始长出，面部的基本器官已经开始成形，鼻眼清晰可辨。

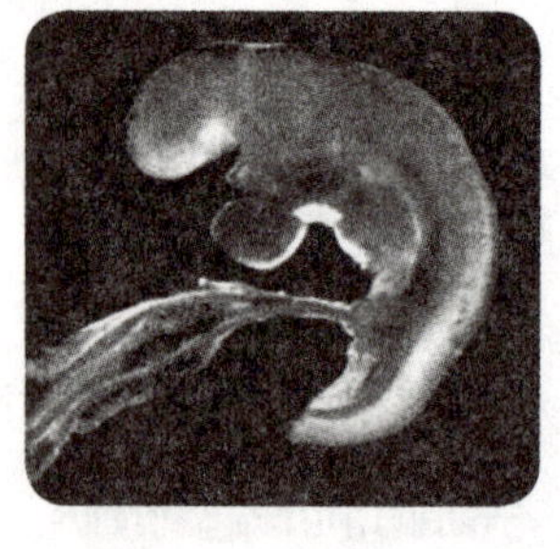

人形已隐约可见。这时胚胎的心脏每分钟跳动140～150次,是母亲心率的两倍。

本周胎教要点

· **音乐胎教：** 进入妊娠第2个月，胎宝宝的听觉器官已经开始发育，在这个月给胎宝宝听音乐，有利于刺激胎宝宝的大脑发育。优良的乐性声波能刺激大脑皮层，促使其脑神经元的轴突、树突及突触发育，使胎宝宝获得兴奋和抑制的平衡。

· **情绪胎教：** 孕妈妈悲伤或恐惧的情绪，会使血液中对胎宝宝神经系统、血管组织有害的化学物质有所增加。因此孕妈妈要调整好自己的情绪，不要让坏情绪影响到胎宝宝的健康。

二、胎教理论

孕期营养至关重要

智力和脑的结构与功能相关，脑的结构和功能又与营养密切相连。如果女性妊娠期营养不好，容易发生流产、早产、死胎、胎儿畸形、胎儿发育不良、体重偏低、智力障碍。营养不良的孕妇所生的婴儿体质弱，易患病，死亡率高，长到上学年龄时有30%的人表现出智力低下。

脑细胞数目的多寡和智力水平高低相关，除了遗传因素外，营养因素是大脑发育的重要物质基础。

据现代神经科学和胚胎学的研究，胎儿在生长过程中，脑细胞增殖有两个高峰：大部分脑神经细胞在出生前分裂而成，在妊娠期的10～18周增殖速度最快，是胎儿脑细胞生长的第一个高峰；出生后的第3个月，出现脑细胞生长的第二个高峰，这主要是神经胶质细胞分裂，以后脑细胞增殖速度减慢。现在认为脑神经细胞分裂增殖可以持续到1.5～2岁。

妊娠期合理地、科学地汲取营养，对孕妇的健康、胎儿的发育，以及婴儿出生后的先天体质基础，都起着决定性作用。体质是智力形成的重要条件之一，智力的发展有赖于体质，体质为人的智力发展提供了物质前提，提供了智力发展的可能性。从胎儿的营养需要看，胎儿各种器官组织发育生长需要得到足够的蛋白质、核酸及其他辅助营养素，特别是脑细胞组织发育，尤其需要补充充足的蛋白质。

如果能通过母亲的合理饮食，促进胎儿大脑细胞数量的增多与质量的提高，从而使胎儿出生后就具备发展智力的可能性；也能通过改善母亲饮食达到胎儿体、智同时得到发展的可能性。

因此，无论为了母亲身体健康，还是为了生个健康聪明的孩子，都一定要在大脑发育的关键时刻，保证充分的营养，充分供给孕妇、乳妇、婴儿以丰富的蛋白质、维生素、脂肪等营养物质，以利于大脑发育，保证孩子的聪明健康。

怎样做好营养胎教

优生学家将营养胎教列为孕期第一胎教，说明营养胎教至关重要。那怎样才能做好营养胎教呢？

1.培养良好的饮食习惯

人们发现，母亲在怀孕时的饮食不规律，胃口不好、偏食，或是吃饭的过程紧张匆忙，其孩子往往也容易出现胃口不好、偏食等饮食问题。由此可见，母亲的不良饮食习惯对胎儿会发生影响，并造成出生后的饮食问题。所以，为了以后少为宝宝的饮食问题操心，应该培养自己良好的饮食习惯。

2.要做到规律饮食

三餐须定时、定量、定点。理想的吃饭时间为早餐7～8点，午餐12点，晚餐6～7点。吃饭时间最好控制在30～60分钟。进食过程要从容，心情要愉快。三餐都不宜被忽略或合并。尤其是早餐，而且份量要足够，每餐各占一天所需热量的1/3，或呈倒金字塔型——早餐丰富、午餐适中、晚餐量少。吃饭的时候最好固定在一个气氛和谐温馨的地点。且尽量不被外界干扰而影响或打断用餐。

3.营养要均衡，要杂食要适量

身体所需的各种营养尽量由食物中获得。不同的食物所含的营养素是不一样的，所以，为了营养全面、均衡，建议您多变化食物的种类，尽量多杂吃不同的食物。补充营养的量要科学、合理，不要认为多多益善，拼命地补充营养，这样会造成孕妇发胖，胎儿过重，不利于分娩。

4.以天然的食物为主

孕妈妈应尽量多吃天然原始的食物，如五谷、青菜、新鲜水果等，烹调时也以保留食物原味为主，少用调味料。让宝宝在母亲肚子里就习惯此种饮食模式，加上日后的用心培养，相信母亲能减少为孩子饮食习惯的担心。

5.注意铁质的摄入

铁的摄取是一定不可缺少的，因为铁是生产血红蛋白的重要原料，而血红蛋白负责把氧运送给细胞。

到了妊娠中后期，孕妇的血容量增加，使红细胞相对不足。另外，母体除了本身对铁的需求之外，还要供给日益成长的胎儿对铁的需要。母亲贫血容易出现水肿、妊娠中毒症、心功能障碍，还会使胎儿发育不良、体重偏低、早产甚至死亡。

因此，此时孕妇应该多吃一些含铁丰富的食物，如奶类、蛋类、瘦肉、豆制品、动物肝脏等，还需要多吃西红柿、绿色蔬菜、红枣、柑橘等富有铁质的水果等。如果血红蛋白低于100克/升。应遵医嘱补充各种铁剂药物及维生素，直到血红蛋白恢复正常为止。

三、本周胎教课

◎美学胎教——孕期美容（孕早期篇）

1.皮肤护理

怀孕初期皮肤会变得粗糙、敏感，这是因为皮脂腺分泌失调所致。所以，不必乱抹药或者更换化妆品。如果情况不是特别糟糕，不必求医。注意保持脸部清洁，充分休息，摄取适当的营养，到了怀孕中期，一切都会好转。

另外，孕妈妈不要浓妆艳抹，这样会损害你敏感的皮肤。晚上的皮肤护理也不能忽视，用不含去垢剂的中性清洁产品洗脸。然后，用凉水将皮肤洗净。用冷霜敷在脸上，轻轻按摩，最后用热毛巾擦掉，用乳液滋润。这样，可以使你不经化妆，便得到娇艳的脸庞。

2.经常清洗

怀孕初期，皮下脂肪日益丰腴，汗和皮脂也比以前增多，一定要经常清洗，否则皮肤发痒，很容易得皮肤病。因此，要经常洗澡。夏天因为出汗较多，最好每天都洗。沐浴时，水不要太热，太热易使人疲劳；水也不要太凉，太凉会引起子宫收缩和出现蛋白尿。同时，要注意洗的时间不要过长。洗的时间太长，会引起头晕，更易着凉感冒，还会使纤维组织变软。洗时动作要轻缓，注意身体平衡，千万不要跌跤。洗后，才能达到身心舒畅、食欲增大、夜间安睡的效果。另外每天早上要用温水清洗乳头，以保持乳房的清洁。

3.穿衣打扮

因为肚子刚刚隆起，看上去不是很突出，没有必要买孕妇装。好好整理一下现成的服装，选出较为宽大的，或把腰部放大就可以穿了。因为怀孕时对寒暑的抵抗力很差，一定要注意保暖，寒冷时要比平常多穿一件。热了，要穿吸汗、凉快的衣服。

另外，胸肌没有办法支撑日渐丰满的乳房，必须要选择合适的乳罩托住乳房，使其保持在原来的位置上。乳房下垂的原因是孕期没有佩戴合适的乳罩。胸肌不发达者更应注意乳罩的佩戴。

◎意念胎教——写妊娠日记

1.胎教日记的意义

日记是爸爸妈妈如何期盼孩子，如何爱孩子的具体表达。

准妈妈可以把在280天中的所见、所感都写在日记里。20年后，孩子生日的时候把它当作礼物送给孩子，可以说这是世上最特别的礼物。

2.胎教日记的写法

写上有意义的标题

在日记扉页上写上有意义的标题如："写给思念的机灵鬼"，"写给亲爱的孩子"，"十月怀胎幸福日记"等，要怀着成为图书编纂者的心情在日记本的扉页题上标题。和那些价格昂贵的日记本相比，拥有美好题目的日记本更有意义。

用相片装饰日记本

用超声波图片或妈妈怀孕时的腹部相片来装饰日记本，带有超声波图片和妈妈腹部模样的相片，会增添看日记时的趣味。用偏振照相机拍摄下喜剧性的瞬间，也可以拍下爸爸把手放在妈妈腹部上的相片，用它来装饰日记本。

给爸爸留出空间

日记本一定要给爸爸留出空间，可以一周一次或一日一次让爸爸写日记。他一边写日记一边就能感受到即将成为爸爸的幸福。如果爸爸不好意思写日记，可以用"爸爸的话"方式，由妈妈代笔写。

四、准爸爸胎教指南

学做孕期营养餐

均衡足够的营养是宝宝能否健康发育最重要的因素之一，因此孕妈妈的饮食营养和均衡，为宝宝成长所需提供充足的养分。

准爸爸可以为孕妈妈开通私人专用的营养菜单，学着做孕期营养餐，原则上以“大众菜、大众饭”为主，既要色、香、味俱全，也要注意合理的营养搭配，还应做到粗细搭配、荤素搭配。尤其是在孕妈妈发生早孕反应的孕早期，清淡可口而且营养丰富的食物，对孕妈妈的营养补充来说，是十分重要的。

但千万不能胡乱给孕妈妈进补，尤其是不要乱用中药材进补，以免在不了解的情况下，损害孕妈妈的健康。

注意，每位孕妈妈每天需要的总热量随年龄、活动量、怀孕前的健康状况、工作类别等而异，事先请教一下营养师是个不错的选择。

烹调要符合孕妈妈口味

怀孕后很多孕妈妈饮食习惯发生了变化，有的孕妈妈喜欢吃酸的，有的喜欢吃辣的，因此准爸爸要根据孕妈妈的口味，选择烹调方法。怀孕后多数孕妈妈不喜欢吃难以消化的煎炸食物，所以烹调多以炒、炖和清蒸为主。

准爸爸下厨

◎ 虾仁豆腐

材料 虾仁、豆腐、料酒、葱花、姜末、酱油、淀粉各适量。

做法 把虾仁洗净，用料酒、葱花、姜末、酱油及淀粉腌制；豆腐切丁；先用旺火炒虾仁，再将豆腐放入，翻炒即成。

功效 这道菜含丰富蛋白质、钙、磷等。能促进孕早期胎儿发育。

◎ 莲子葡萄干汤

材料 莲子100克，葡萄干50克。

做法 莲子剖开去芯，葡萄干洗净。去芯莲子与葡萄干一起装入瓦煲内，加水800毫升左右，用旺火烧开后改用文火。煲至莲子熟烂时即可停火，喝汤吃料。

功效 此汤具有益肝、安胎的作用，还可以有效地缓解早孕反应，很适合孕早期的孕妈妈食用。

第7周 爱在体会中成长

一、本周宝宝与胎教要点

胚胎开始有心跳了

本周的胎宝宝大小有1.2厘米，形状像颗蚕豆。这段时期，胚胎的鼻孔开始形成，消化系统也在生长着，耳朵部位有些凹陷；四肢继续成长，手指也开始发育；心脏开始划分成左心房和右心室，每分钟的心跳可达150次；脑垂体也开始发育。

本周胎教要点

· **情绪胎教**：第6～10周是胚胎腭部发育的关键时期，孕妈妈不良的情绪可能会导致胎宝宝唇腭裂，所以孕妈妈一定要保持良好的情绪，任何激动不安的情绪对于幼小的胎宝宝来说都是不良打扰。为了你的胎宝宝，告诉自己，宝宝平安，一切都好。

· **营养胎教**：孕早期孕妈妈常会因为早孕反应而没有胃口，害怕孕吐的孕妈妈可以尝试一些凉拌菜，这些凉拌菜能减少对胃黏膜的刺激，如凉拌土豆丝、拍黄瓜、凉拌西瓜皮这些开胃的凉拌菜，另外，还可以利用柠檬汁、醋等帮助孕妈妈改善胃口。

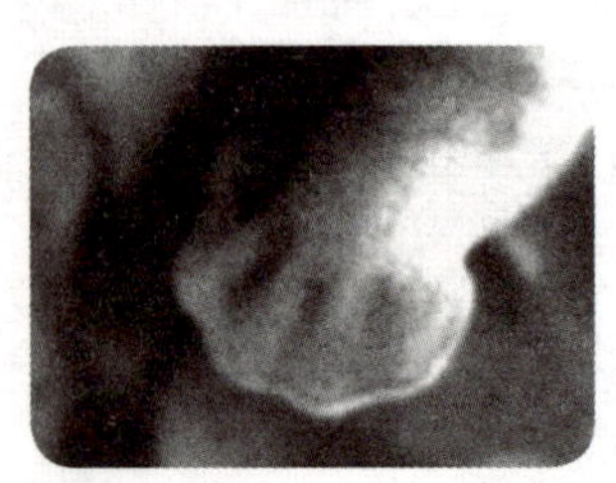

手开始出现手指、足开始出现足趾。

二、胎教理论

胎儿的五种感觉

医学研究证实胎儿具有五种感觉，即：听觉、视觉、味觉、嗅觉和触觉。正是由于胎儿具有了这五种感觉，才使得胎教可行。

1.视觉

胎儿的视觉在孕期第13周形成，但胎儿并没有睁眼看，直到第8个月时，才尝试睁开眼睛。胎儿对光很敏感，在4个月时，胎儿对光就有反应。

2.触觉

胎儿的触觉发育较早。隔着母体触摸胎儿的身体，胎儿就会作出相应的反应。胎教中通过抚摸训练，可使胎儿的灵活性得以锻炼。

3.听觉

胎儿在10个月中，每天都是伴随着母体心脏的跳动声、血液的流动声、肠道的蠕动声等这些声音度过的。胎儿更感兴趣的还是来自母体之外的声音，比如美妙音乐声、风吹雨打声、汽车的喇叭声、小动物的叫声等外界的声音。

4.味觉

胎儿的味觉在孕期第26周形成，从第34周开始喜欢喝带甜味的羊水。

5.嗅觉

胎儿在孕妇体内用不上嗅觉，但出生前嗅觉已发育成熟，一出生，马上就能用上。

胎儿“大学”

胎儿上“大学”在国外已有20余年的历史了。最早的“胎儿大学”，是20世纪70年代初法国里昂卫生研究所和美国精神生理研究所、休斯顿保健中心等优生优育技术咨询机构创办的。至今已有许多国家，如英国、德国、俄罗斯、加拿大、日本等，设有“胎儿大学”或类似的对孕妇与胎儿的培训场所。

1979年美国加州妇产科专家范德卡尔创办了一所奇特的“胎儿大学”，至今“学生”已超过数千名。担任教师的有产科医生、心理学家和家庭教育学家，入学的新生是妊娠5个月的胎儿。大学的课程主要是语言、音乐和运动。

学校会要求，每一个学生都取一个动听的乳名。这些受过胎儿教育的学生一出世，便可获得一张文凭和一顶学士帽。

下面简要地把这所独特的大学的课程设置和教授方法介绍给读者。

1.语言课

教孕妈妈用特制的扩音器向腹内胎儿反复朗读词句，让胎儿加强记忆，使得胎儿对这些语句产生很深的印象。

2.音乐课

教孕妈妈把一个玩具乐器放在腹部，奏出乐音，让胎儿经常聆听一些曲子。

3.运动课

教会孕妈妈让胎儿练习“踢肚游戏”的运动项目，使胎儿有意识地和孕妈妈进行游戏锻炼。

以上“胎儿大学”所开的课程，只是胎教内容的一部分。怀孕5个月以后，还可以陆续进行其他教育，如：心理素质的教育、艺术美的教育、音乐训练、抚摩训练，以及良好习惯养成等。

这些胎教方法能使婴儿出生后学习进度加速，并认为此法使胎儿智力高超、发育更好，也使他们精神发育方面得以顺利进行。同时，该学院也鼓励孕妇的丈夫参与育婴活动，不但在胎儿出生后而且也在妻子怀孕期间。

三、本周胎教课

◎美学胎教——欣赏美丽的图片

一幅美丽的图片，足以让人展开丰富的联想了。为了培养宝宝丰富的想象力、独创性以及进取精神，最好的教材莫过于幼儿画册。贴近儿童志趣的图画，更能激起童心。

你可以将画册中每一页所展示的幻想世界，用你富于想象力的大脑放大并传递给胎儿，从而促使胎儿的心灵健康成长。可以选那些色彩丰富、富于幻想的内容，可以是提倡勇敢、理想、幸福的。只要适合胎儿成长的主题都可以采用。利用图片做教材进行胎教时，一定要注意把感情倾注于故事的情节中去，通过语气声调的变化使胎儿了解故事是怎样展开的。

单调和毫无生气的声音是不能唤起胎儿的感受性的，一切喜怒哀乐都将通过富有感情的声调传递给胎儿。

儿童画

◎语言胎教——儿歌（一）

1.一只小蜜蜂

一只小蜜蜂呀，
飞到花丛中呀，飞呀，飞呀。
二只小耗子呀，
跑到粮仓里呀，吃呀，吃呀。
三只小花猫呀，
去抓小耗子呀，追呀，追呀。
四只小花狗呀，
去找小花猫呀，玩呀，玩呀。
五只小山羊呀，
爬到山坡上呀，爬呀，爬呀。
六只小鸭子呀，
跳到水里面呀，游呀，游呀。
七只小百灵呀，
站在树枝上呀，唱呀，唱呀。
八只小孔雀呀，
穿上花衣裳呀，美呀，美呀。
九只小白兔呀，
竖起长耳朵呀，蹦呀，蹦呀。
十个小朋友呀，
一起手拉手呀，笑呀，乐呀。

2.妈妈的吻

在那遥远的小山村，
小呀小山村
我那亲爱的妈妈已白发鬓鬓
过去的时光难忘怀，难忘怀
妈妈曾给我多少吻，多少吻
吻干我那脸上的泪花，
温暖我那幼小的心
妈妈的吻，甜蜜的吻，
叫我思念到如今

遥望家乡的小山村，
小呀小山村
我那可爱的小燕子可回了家门？
女儿有个小小的心愿，
小小心愿
再还妈妈一个吻，一个吻
吻干她那思儿的泪花，

安抚她那孤独的心
女儿的吻，纯洁的吻，
愿她晚年得欢欣

四、准爸爸胎教指南

适应妻子的情爱转移

习惯了二人世界的幸福生活，即将因为小宝宝的出生而改变，其中最为突出的就是妻子对准爸爸爱的转移。过去温柔体贴的妻子似乎对准爸爸关心不够了，过去经常说的情话减少了，甚至对性生活也有些淡漠了，如此等等。这主要是因为妻子把注意力转移到宝宝身上的原因，并不是因为妻子不爱你了。准爸爸对此要有充分的思想准备，要充分理解妻子，以宽容豁达的心态对待妻子的情爱转移，因为她依然将自己所有的爱奉献于这个家庭，只不过是将这种爱一分为二而已。准爸爸应理解妻子，更加体贴妻子。

理解孕妈妈没有“性”趣

在怀孕早期，由于早孕反应，又考虑到腹中的胎儿，所以妻子可能很难有性致，可能会拒绝你的要求，对此你不应该感到压抑或烦躁，而应理解妻子的担忧心情，多爱护妻子，恰当处理好孕期的性生活矛盾。

准爸爸千万不可过于勉强，尤其是不可粗暴地进行性交。因为在孕早期，胎盘还没有完全形成，胎儿处于不稳定状态，最容易引起流产。如果孕妈妈性趣不高，准爸爸可以通过拥抱、爱抚等方法，来使彼此满足。

准爸爸下厨

◎ 豆苗烧银耳

材料 银耳、豆苗、盐、料酒、水淀粉、鸡油各适量。

做法 将银耳用温水充分泡发，去跟洗净，用沸水烫一下，捞出；豆苗取其叶，洗净，焯水。锅内放入适量清水、盐、料酒和银耳炒2～3分钟，用水淀粉勾芡，淋上鸡油，翻炒后撒上豆苗即可。

功效 银耳含有17种氨基酸和多种维生素及糖苷，具有补肾、润肺、生津、提神、益气、健脑等功效，有利于胎儿中枢神经系统发育，提高母体免疫功能。

◎ 枸杞橙香玉

材料 嫩冬瓜200克，橙子汁50克，枸杞5克，生姜5克，精盐3克，白糖3克。

做法 冬瓜去子，去皮，切粗条，枸杞泡透，生姜去皮切粒。锅内烧水，待水开时，投入冬瓜条、精盐，用中火煮透，捞起泡透。在碗内加入冬瓜条，倒入橙汁、生姜粒、枸杞、白糖拌匀，泡放10分钟后夹起，摆入碟内即可食用。

功效 此菜汤汁清澈、味鲜而不腻，有清热、利尿、解渴的功效。

第8周

聆听幼小的心脏

一、本周宝宝与胎教要点

胎宝宝开始运动了

第8周的胚胎大约2.5厘米，体重约有3克。心脏和大脑已经发育得非常复杂，眼睑开始出现褶痕，鼻子部位也渐渐挺起，牙和腭开始发育，耳朵也在继续成形，手指和脚趾间看上去有少量的蹼状物。这时胚胎像跳动的豆子一样开始运动起来。

本周胎教要点

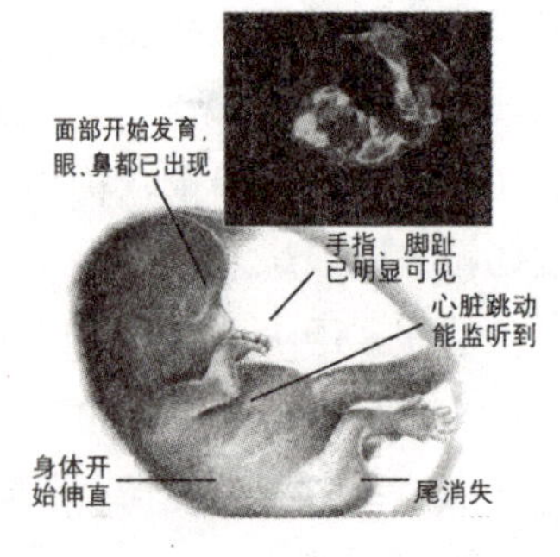

右上角图是超声波扫描。发育的脐带和胎盘清晰可见。

· **情绪胎教：**本周孕妈妈同样要重视情绪胎教，一定要保持平和的心态、愉悦的心情，切忌大悲大喜。

· **营养胎教：**妊娠期间孕妈妈常会因身体激素水平改变，而出现便秘的情况，所以这个时候，孕妈妈的营养胎教重点就是要用饮食缓解恼人的便秘。预防便秘，孕妈妈可以选择多吃麦麸、麦片、绿豆、红豆、红薯、芋头等富含膳食纤维的食物。

· **运动胎教：**孕妈妈应经常做一些舒缓的运动，如散步、做孕妇体操，但要避免剧烈活动，以防流产。

二、胎教理论

托马斯·伯尼的胎儿心理学

对于胎教，自古以来有着各种各样的认识，现代教育学、心理学家和医学家则努力将它建立在科学的基础上。美国纽约大学教育中心托马斯·伯尼博士著有《神秘的胎儿生活》，以大量的研究成果，着重论述了胎儿的潜在能力，强调母亲和胎儿、父亲和胎儿之间的情感交流。他认为胎儿具有思维、感觉和记忆能力，孕妇的心理活动对胎儿有着巨大的影响。母爱对胎儿是非常重要的。

托马斯·伯尼用刺激—反应过程，说明母亲的应激反应对胎儿可以造成影响。婴儿食欲不振、情绪不佳、易哭闹，婴儿的性格和自我意识的形成，胎儿的记忆与情感，都与孕期母亲的应激反应有关。他认为，无论母亲还是父亲，如果能够对胎儿进行科学的胎教，就是为未来孩子的幸福作出了极大的贡献。以下介绍托马斯·伯尼关于胎儿心理学的几个论点：

1.母亲和胎儿之间是相互影响的

过去人们认为胎儿处于被动状态，没有任何精神和感情活动。而托马斯·伯尼认为，胎儿有视觉、听觉和感觉的能力，能够理解母亲的思想和感情。

当母亲极度不安时，胎儿感到与周围环境保持联系的整体感遭到破坏，他感到处于一个孤立无援的境地。母亲的不安使胎儿兴奋、恐慌、困惑，他会蹬腿、扭动身体，想摆脱不安，这就是在建立一种原始的自我防卫机制。几个月后，胎儿应付不安的体验日益丰富，他不仅能很快理解母亲，还知道他该如何对待。所有母亲的不舒适、不愉快、异常的、出乎意料的变动，都会带给胎儿一定的刺激，给胎儿留下记忆的痕迹。

2.胎儿的敏感反应

在胎儿感到舒服时，他们有喜悦的表情；当情绪不佳时，则无精打采。母亲在妊娠期长期情绪不佳，会对孩子的性格、心理产生影响；暂时的、短暂的恐惧、愤怒则不会对胎儿的躯体和精神产生危害。不少婴儿、儿童有精神心理缺陷，这与母亲孕期的情绪有关。当孕妇突然受到惊吓时，下丘脑会即刻发出指令，随后脉搏加快、瞳孔放大、手心出汗、血压升高。孕妇长时间持续这样的状态，会改变胎儿正常的生物节律。

3.胎儿的记忆力

胎儿的记忆能力尽管很微弱，但确实存在，并足以形成胎儿的个性。胎儿的记忆力使胎儿能在胎内学习。有些儿童明显地对胎儿期母亲反复接触的事情表现出较强的接受力，有人甚至能记起胎儿时的情景。这可说明妊娠期胎儿记忆力的存在。

母胎之间的信息传递

1.母胎沟通的三条不同途径

国内外不少学者认为胎儿生长发育和信息密切相关。

托马斯·伯尼认为，母亲和胎儿之间的沟通，有三条不同的途径：一是生理信息的传递，二是行为信息的传递，三是感情信息的传递。这三条途径中，都有母亲和胎儿之间互相传递信息的现象。

2.母亲是如何把自身的信息传递给胎儿的

有人通过实验研究证实，乙酰胆碱之类的神经递质能够通过胎盘，进入胎体，到达胎儿，这说明神经递质具有传递信息的功能。

现代医学还表明，羊水和胎盘是母子信息沟通的渠道，母体产生的各种激素都带有某种信息，能够通过母血到达胎盘，再通过胎儿血到达羊水，再由羊水到达母血，这一循环过程，也就是信息传递过程，这也验证了上面所提的母亲与胎儿之间的信息传递是相互的。因此，母亲的任何信息，都可以通过胎盘传递给胎儿，胎儿的反应也通过胎盘传递给母亲。

3.母胎之间信息的传递与储存

信息可以是物质性的，如激素、神经递质，也可以是精神性的，如情感、情绪。

信息或者通过母体间接传递给胎儿，或者直接传递给胎儿(怀孕五六个月后)。

接着是信息储存阶段，五六个月后的胎儿已具有一定的感受能力、记忆能力，会把接收到的信息储存在大脑里，进行信息储存。

胎儿不仅储存信息，还会对各种信息产生反应。良好的信息使胎儿安宁，促进身心发育，恶劣的信息对胎儿的身心发育不利。

胎儿如感到信息良好，则会通过胎盘分泌促进母体维持妊娠的激素，或者通过安宁的状态和正常的胎动表示自己的好感；如感到信息恶劣，则会停止分泌促进母体维持妊娠的激素，或者通过剧烈的胎动表示自己的反感。这是信息输出阶段和信息输入阶段之间存在着的信息反馈现象，把信息反馈给发送者，不断调节信息控制系统，起调节未来行为的作用。

这种信息反馈现象，能使胎教实施者知道什么信息对胎儿有利，什么信息对胎儿有害，从而更好地调整信息源的质量，更好地选择和发送信息，使胎教获得预定的效果，达到胎儿身心发育健康的目的。

三、本周胎教课

◎运动胎教——孕早期普拉提

普拉提与健美操等其他锻炼方式的不同之处就在于，它要求练习者在移动脚步或肩部的时候完全集中自己的注意力。它还强调让横膈膜进入规律的活动状态，以及掌握正确的呼吸方法从而使气息变得更加匀称。

1.普拉提的特点

全身得以舒展

坚持练习普拉提可以使全身的骨骼变得更加稳固，并让紧张的肌肉放松下来，从而达到让整个身体更加健康的目的。

让孕妇的身心变得平静

普拉提可以给人的内心带来平和的感觉。所以这项运动能够给压力过大的现代人，特别是孕妇带来很大的帮助。

2.准备阶段

练习普拉提之前先进行咨询

怀孕前三个月进行运动可能引发流产，所以在怀孕初期有运动打算时，一定要先咨询专家的建议。此外还应该注意避免过量或幅度过大的运动。

准备活动

在进行正式运动之前应该先做一做准备。普拉提的准备活动与其他运动的准备活动有很大的区别。其目的并不是舒张和收缩自己的肌肉并让脉搏数上升，而是要让整个身体变得平静并进入协调的状态。

在做完准备运动之后，人的身心将会变得平和起来，所有的注意力都会集中到自己的躯体上。这时就可以开始慢慢地、小心地进行活动了。如果在活动的过程中有疲劳感觉，应当立刻停止活动并进行充分的休息。

正确的姿势很重要

普拉提强调的就是保持正确的姿势，这一点对孕妇来说尤为重要。在练习普拉提的过程中若姿势不正确，将不会得到任何的锻炼效果。

3.怀孕早期普拉提——挤按枕头

❶平躺，脚底着地。把一只枕头或垫子放在竖着的膝盖当中。确认是否缓解了肩部和颈部的紧张程度。

❷运用腹式呼吸的方法，在呼气的时候应该感到肚脐和脊柱相互吸引，同时使劲推挤膝盖之间的枕头。身体的其他部位保持不变，而仅对两个膝盖用力。

❸再次吸气的同时轻轻地夹住枕头。将此套动作重复10次。

◎意念胎教——提高胎教效果的呼吸法

孕妈妈有时会感觉莫名其妙的烦躁，这时就可以练习一下呼吸法，这对于稳定孕妈妈的情绪和集中注意力有着非常好的效果。

1.自由的场所

孕妈妈在练习呼吸法的时候，可以任意地选择场所，既可以在床上，也可以坐在地板上，要放松自己的身体，舒展腰背，手可以放在身体两侧，也可以放在腹部，微闭双目。孕妈妈最好穿件宽松的衣服，让自己感觉舒适即可。

2.开始练习呼吸法

在一切准备就绪之后，孕妈妈可以用鼻子慢慢地一边吸气，一边在心中默数："1、2、3、4、5……"（大约5秒钟），肺活量大的孕妈妈可以数到6，感到困难时可以数到4。

在吸气时，要让自己感到气体被储存在腹中，然后慢慢地将气呼出来，用嘴或鼻子都可以。总之，要平静、缓慢地呼出来，呼气的时间是吸气时间的两倍。也就是说，如果吸气时是5秒钟的话，呼气时就是10秒钟。反复地呼吸1～3分钟，你就会感到头脑清醒，心情平静。

四、准爸爸胎教指南

陪孕妈妈定期做孕检

准爸爸应该尽量抽时间陪孕妈妈去做每一次孕检，这不仅能给孕妈妈最大的支持，而且还能一起感受小生命的变化。

孕妈妈的每一次产前检查中，胎儿的发育程度如大小、身长等都会被测量。从孕中期开始，听宝宝胎心就是常规的检查项目了，准爸爸孕妈妈听到宝宝强有力的心跳声，能够更真实地感受到宝宝的存在，这是一件令准爸爸孕妈妈兴奋的事情。

在陪孕妈妈孕检的过程中，准爸爸有机会参与对胎儿的超声波检查，一旦机会来临，准爸爸一定不要错过，因为，这时从屏幕上可以看到还未出世的宝宝打呵欠、翻身的动作，这对准爸爸来说恐怕会成为终生难忘的经历。每一次产前检查都会帮助准爸爸更加有效地了解孕妈妈和胎儿的健康状况，同时也能对医生的态度、医院的服务和硬件设施等情况有所了解，这些都将有助于准爸爸分析出最适合的分娩医院。

准爸爸下厨

◎ 三丁糖醋烧黄鱼

材料 黄鱼1条（约500克），胡萝卜、鲜笋、青豆、盐、料酒、葱、姜、糖、醋、油、老抽各适量。

做法

(1)黄鱼用适量盐、料酒、葱、姜腌制30分钟，胡萝卜、鲜笋切丁。

(2)烧热油锅，放入黄鱼煎至两面金黄，放入青豆、胡萝卜丁、鲜笋丁，加糖、醋、料酒、老抽烧制而成。

功效 黄鱼内含丰富的不饱和脂肪酸，有助于胎儿神经系统发育。

◎ 茄汁煎鸡扒

材料 鸡腿300克，洋葱、番茄各1个、生菜叶1块，甜茄汁50克。腌料：鸡蛋1只，盐3克，糖2克，沙姜粉1克，面粉5克。

做法 将鸡腿去骨后放入碗中，腌料拌匀后倒入鸡腿内，腌10分钟。把洋葱，番茄洗净，切片，放在碟边，生菜放在碟底。烧热锅，下油50克，放入鸡腿用中慢火煎熟，取起滤油，切块排入碟中，淋上甜茄汁即可。

功效 此菜能增进食欲，防病强身，有利于胎儿大脑及各器官的发育。

第9周 比想象中聪明

一、本周宝宝与胎教要点

胎宝宝初具人形

本周胎宝宝的小尾巴已经完全消失了，所有的神经器官都开始工作了。外观上，手腕部位开始稍微有些弯曲，双脚开始摆脱蹼状的外表，眼帘开始覆盖住眼睛。

从本周开始，曾经的“胚芽”已经开始是一个五脏俱全、初具人形的小人儿了，也就是“胎儿”。妊娠9周以后的时期，称为“胎儿期”。

本周胎教要点

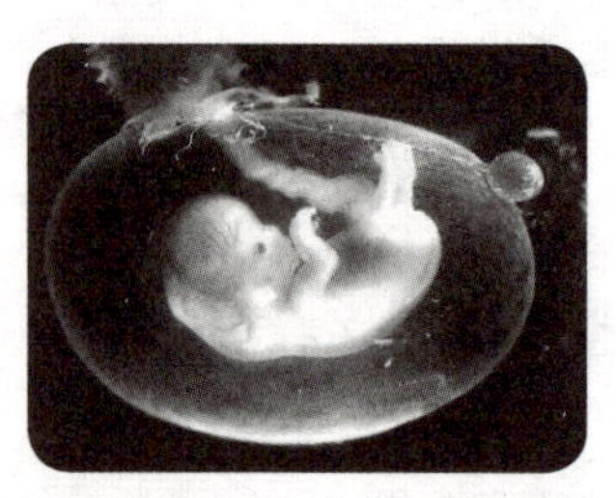

子宫中的胎儿,仿佛宇宙中飘浮的星斗。

· **美学胎教**：进行一些美学欣赏，可以带动孕妈妈的思维运动和情感体验，让胎宝宝间接获得美的教益，对正在发育神经系统的胎宝宝来说，有利于神经元数量和体积的增大，细胞之间的联系增多。

· **营养胎教**：随着胎宝宝大脑的日渐发育成长，孕妈妈要及时补充有利于胎宝宝脑部发育的营养，为胎宝宝打好大脑的物质基础，将来的小宝宝就会更聪明。鱼、核桃、鸡蛋都是很好的健脑食品，孕妈妈可以根据自己的饮食习惯，适量地多食用。

二、胎教理论

IQ与胎教

1.什么是智商

智商就是智力，智力通常又叫智慧，也叫智能。是人们认识客观事物并运用知识解决实际问题的能力。智力包括多个方面，如观察力、记忆力、想象力、分析判断能力、思维能力、应变能力等。智力的高低通常用智力商数来表示，用以标示智力发展水平。

2.人类智力与胎教的关系

如今，很多父母都相信有效的胎教可以生出聪明又健康的孩子，并把此当作进行胎教的核心。

各种研究成果都说明了这样的事实是有理论根据的。一直以来，人们都认为“人类智力有80%受到遗传因素的影响”。但最近美国的一个研究小组，通过长期的观察和实验得出了“人类智力只有48%受遗传因素的影响，剩余52%与胎儿内环境有关”的论断。

此外，英国著名生物医学博士诺塔尼茨也指出肥胖症、糖尿病、癌症和心脏病等各种疾病，与胎内环境有关，由此我们可以得出结论，没有任何东西可以取代胎儿时期对人一生的健康所起到的重大的、决定性影响。

EQ与胎教

1.什么是情商

情商是近年来心理学家们提出的与智力和智商相对应的概念。它主要是指人在情绪、情感、意志、耐受挫折等方面的品质。以往认为，一个人能否在一生中取得成就，智力水平是第一重要的，即智商越高，取得成就的可能性就越大。但现在心理学家们普遍认为，情商水平的高低对一个人能否取得成功也有着重大的影响作用，有时其作用甚至要超过智力水平。

2.胎儿期已经具有情商潜能

胎儿至婴幼儿期具有很大的情商潜能，这与宝宝脑细胞的发育有关。

千万不要小看肚子里的胎儿，他们完全能理解妈妈的感情。妈妈难过、悲伤、紧张的情绪都会通过神经系统分泌的激素随着血液进入胎儿体内，使宝宝产生与妈妈一样的情绪特征。

在宝宝发育的关键期——胎儿期开始，进行有效控制孕妇体内外的各种条件的尝试，有意识地给予胎儿良好的刺激，防止不良因素对胎儿的影响，使婴儿具有更好的先天素质，为出生后的健康成长打下良好的基础。

到了婴幼儿期，情商的一些基本要素已经出现。如9个月大的小孩每次看到其他小朋友跌倒，眼眶就浮起泪水，然后爬到母亲怀里寻求慰藉，仿佛跌倒的是他自己。发展心理学家发现，婴儿还未完全明了人我之分时，便能同情别人的疾苦。几个月大的婴儿看到别人啼哭也会跟着哭。周岁的孩子开始明白别人的痛苦是别人的，但自己仍会感到难过。这种同情心就要加以鼓励引导，培养成孩子的良好情商。

3.从胎儿开始，就要注意培养宝宝的情商

怀胎十月，孕妈妈同时担负着两个生命的新陈代谢和情绪起伏，实在不是件很轻松的事，而保持愉悦的心情则是对宝宝最好的胎教。胎儿期，如果母亲心情舒畅，孩子在儿童心理发展的情感、个性、智慧和能力等方面就是良好的。出生后宝宝的直觉力、想象力、空间感、创造力都比较好。

胎教与未来的幼儿教育一样，不要灌输知识，而要培养宝宝在未来人生中的一种健康心态。对于现在年轻的家长而言，在日常生活中保持平和愉悦的心态非常重要。伴侣双方要配合，给肚子里的宝宝创造一个良好的氛围，让宝宝生活在充满爱与信任的世界里。

建议年轻的孕妈妈、准爸爸们，在繁忙的工作之余，尽量多地创造与腹中宝宝在一起的时间，多和宝宝说说话，告诉你们对宝宝有多爱。你们一起讨论开心的话题时不妨也让宝宝加入进来，这样有利于宝宝情商的培养。

三、本周胎教课

◎语言胎教——《新月集》诗选（二）

孩童之道

只要孩子愿意，他此刻便可飞上天去。

他所以不离开我们，并不是没有缘故。

他爱把他的头倚在妈妈的胸间，他即使是一刻不见她，也是不行的。

孩子知道各式各样的聪明话，虽然世间的人很少懂得这些话的意义。

他所以永不想说，并不是没有缘故。

他所要做的一件事，就是要学习从妈妈的嘴唇里说出来的话。那就是他所以看来这样天真的缘故。

孩子有成堆的黄金与珠子，但他到这个世界上来，却像一个乞丐。

他所以这样假装了来，并不是没有缘故。

这个可爱的小小的裸着身体的乞丐，所以假装着完全无助的样子，便是想要乞求妈妈的爱的财富。

孩子在纤小的新月的世界里，是一切束缚都没有的。

他所以放弃了他的自由，并不是没有缘故。

他知道有无穷的快乐藏在妈妈的心的小小一隅里，被妈妈亲爱的手臂所拥抱，其甜美远胜过自由。

孩子永不知道如何哭泣。他所住的是完全的乐土。

他所以要流泪，并不是没有缘故。

虽然他用了可爱的脸儿上的微笑，引逗得他妈妈的热切的心向着他，然而他的因为细故而发的小小的哭声，却编成了怜与爱的双重约束的带子。

◎音乐胎教——圆舞曲《蓝色多瑙河》

此曲始作于1866年。小约翰·施特劳斯虽创作出数百首圆舞曲,但在此之前还没有创作过声乐作品，这首合唱曲的歌词是他请诗人哥涅尔特创作的。1867年首演。当时维也纳在普鲁士围攻下,人们处于张惶之中,首演失败。直到1868年2月，小约翰·施特劳斯住在维也纳郊区离多瑙河不远的布勒泰街54号时，把这部合唱曲改为管弦乐曲，在其中又增添了许多新的内容。同年，这部乐曲在巴黎公演时获得了极大的成功。顷刻间，这首圆舞曲传遍了世界各大城市，后来竟成为作者最重要的代表作品。直至今日，这首乐曲仍然深受世界人民喜爱。在每年元旦维也纳举行的“新年音乐会”上，本曲甚至成了保留曲目。

乐曲由序奏、五个圆舞曲和尾声组成：

序奏开始时，小提琴在A大调上奏出徐缓的震音，好像是多瑙河的水波在轻柔地翻动。在这个背景上，圆号吹奏出这首乐曲最重要的一个动机，它象征着黎明的到来。

第一圆舞曲描写了在多瑙河畔，陶醉在大自然中的人们翩翩起舞时的情景。

第二圆舞曲首先在D大调上出现，巧妙而富于变化的第二圆舞曲描写了南阿尔卑斯山下的小姑娘们，穿着鹅绒舞裙在欢快地跳舞；突然乐曲转为降B大调，富于变化的色彩显得格外动人。

第三圆舞曲属歌唱性旋律，这段音乐采用了切分节奏，给人以亲切新颖的感觉。

第四圆舞曲在开始时节奏比较自由，琶音上行的旋律美妙得连作曲家本人也很得意，仿佛春意盎然，沁人心脾。

第五圆舞曲是第四圆舞曲音乐情绪的继续和发展，只是转到A大调上。 起伏、波浪式的旋律使人联想到在多瑙河上无忧无虑地荡舟时的情景。接下去的部分，是全曲的高潮和结尾。乐曲的结尾有两种，一种是合唱型结尾，接在第五圆舞曲之后，很短。另一种是管弦乐曲结尾，较长，依次再现了第三圆舞曲、第四圆舞曲及第一圆舞曲的主题，最后结束在疾风骤雨式的狂欢气氛之中。

四、准爸爸胎教指南

陪孕妈妈一起学习

学习一些必要的孕期常识和分娩知识不仅是孕妈妈的事，准爸爸也要参与进来。

首先，准爸爸可以帮孕妈妈挑选合适的关于孕期知识的书籍，有时间的时候读给孕妈妈听，或者是一起看。此外，孕妈妈不方便上网查找资料的时候，准爸爸可以代劳，并将资料用笔和纸整理归纳出来给孕妈妈看。

现在很多医院都开设有“孕妈妈学校”或“准爸爸学习班”，全面教授孕期及产后的育儿知识，准爸爸可以陪孕妈妈去参加。

分享孕妈妈的感觉

孕妈妈需要有人分享她的快乐与忧虑，而准爸爸则是最佳人选。

准爸爸适当地投入孕妈妈的怀孕过程，这是一种对婚姻的承诺，是一种甜蜜的负担，更是准爸爸责无旁贷的责任。但是有些准爸爸的工作真的很忙，无法做到面面俱到，那么你也不必自责或认为自己无法当个好爸爸、好丈夫，只要你有心，和孕妈妈随时沟通，在许可的范围内尽量做到，并不吝于表达自己的关心和爱意，相信孕妈妈能够了解和体谅的。

准爸爸下厨

◎ 香蕉薄饼

材料 香蕉1根，面粉300克，鸡蛋1个，精盐4克，葱花、油各适量。

做法 把鸡蛋打匀，放入捣成泥的香蕉，加水加面粉调成面糊。再放些葱花、精盐搅匀；油锅烧热，放入少许油，将面糊倒入锅内（一般放3勺），摊薄，两面煎至金黄色即可。

功效 此菜风味独特，特别适合孕早期的孕妈妈食用，不仅可以提供丰富的营养，还能缓解紧张情绪及早孕反应。

◎ 鸡肉鲜汤小白菜

材料 小白菜、鸡肉、葱花、料酒、鸡汤、盐、牛奶各适量。

做法 小白菜洗净，切成10厘米的段，焯水，过凉水。油锅烧热，下葱花炝锅，烹料酒，加入鸡汤和盐，放入鸡肉和小白菜，旺火烧开后加入牛奶，勾芡，装盘即可。

功效 这道菜含丰富的蛋白质、钙、磷、铁、胡萝卜素、尼克酸和维生素。

第10周 让爱围绕着他

一、本周宝宝与胎教要点

胎宝宝像个小豆荚

第10周胎宝宝长到5厘米左右，体重约8克，外形像一只小豆荚，这时候，宝宝的手腕和脚踝发育完成，并清晰可见。宝宝的手臂更长，肘部更弯曲。胎儿的眼皮粘合在一起。胎盘已经很成熟，可以支持产生激素的大部分重要功能。

本周胎教要点

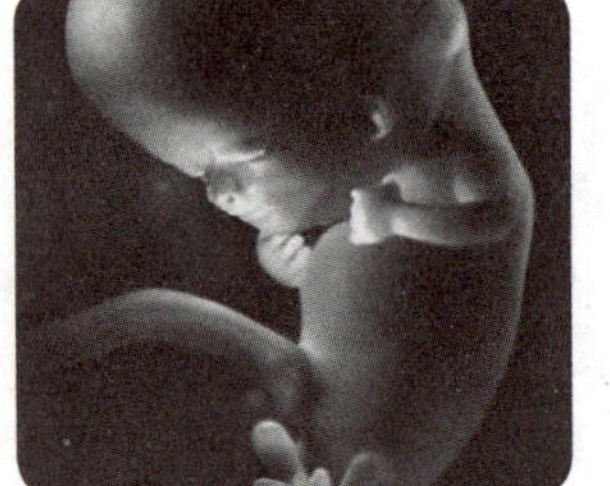

宝宝的手腕和脚踝发育完成，并清晰可见。

· **运动胎教：** 孕妈妈的运动会使羊水摇动，摇动的羊水可刺激胎宝宝全身皮肤，好比给胎宝宝做按摩。这样可以增进对胎宝宝的触觉刺激，有利于大脑发育。

· **营养胎教：** 妊娠3～6个月是胎宝宝的“脑迅速增长期”，孕妈妈要多吃一些有助于胎宝宝脑部发育的食物。其中，碘是促进胎宝宝大脑和骨骼发育的重要原料，现在正值胎宝宝大脑的快速发育期，为了预防胎宝宝出现智力缺陷，孕妈妈要注意补碘，可以适量多吃一些含碘丰富的食物。

二、胎教理论

斯瑟蒂克胎教法

美国的斯瑟蒂克夫妇用“子宫对话”的方法，把爱传递给胎儿，先后培养出4个优秀的儿女，四个孩子分别是：大女儿苏珊，二女儿斯蒂茜，三女儿斯蒂芬妮和小女儿吉安娜，她们的智商都在160以上。究其原因，他们把这样的成果归功于他们从受孕就开始认真进行的胎教。根据这对夫妇的名字此胎教法被称为斯瑟蒂克胎教法。

1.斯瑟蒂克胎教的中心思想

斯瑟蒂克胎教法的中心思想是，只要以父母对孩子的爱为基础制订完全的怀孕计划，并积极地将其付诸实践，无论是谁都可以生下聪明伶俐的宝宝。

(1) 胎教的秘诀是爱和耐心

斯瑟蒂克在《胎儿都是天才》一书中写道：“胎教成功的秘诀就是爱和耐心”。他们夫妇总结出“斯瑟蒂克”胎教法，即准妈妈在妊娠中把听到的、看到的、想到的事情，通过自己的声音、身体变化、心理状态等传递给胎儿，而接受了这一切的胎儿在出生时就会具有某种素质，这就是“天才儿童”诞生于寻常百姓家的全部谜底。

(2) 不要为生“天才”而胎教

四个孩子的妈妈——实子·斯瑟蒂克在书中反复强调，他们并不是为了要生一个“天才儿童”才进行胎教的，而是想让孩子今后的人生过得更加幸福和有意义，因此，在孩子未出世时，就让她们对某些事物感兴趣，并培养她们理解这些事物的能力。提醒读者在胎教时绝不能忘记对孩子的爱和对孩子的祝福。如果以生一个“天才”为目的而进行胎教的话，就会使腹中的胎儿感到是被迫的，并由此不愿倾听父母对他讲述的一切。

2.斯瑟蒂克胎教要点

(1) 夫妇密切配合

胎教实施需要夫妇密切配合，需要夫妇对胎教有一致的认识、共同的兴趣和坚持不懈的毅力。

(2) 注重智力开发

实子夫妇的胎教，可以说是纯人性化的。他们将胎儿作为一个人对待，对胎儿进行各种知识的讲解，其中包括英文字母、平假名、数数方法、加法、减法，一直到自然界的万物及社会常识。

(3) 强调子宫对话

胎教方法很多，实子夫妇也采用了听音乐、讲故事、学习知识、涵养性情等方法，但在具体操作过程中，他们用的则主要是子宫对话这一方式。听音乐时要对话、讲故事、学习知识、涵养性情。因此，实子夫妇十分强调子宫对话的重要性。

从学术角度来看，斯瑟蒂克式胎教法不仅有丰富的优生学内容，在教育学、生理学、心理学、社会学等方面都有深刻的思想、精辟的见解，特别在美学和美育方面，能给人以一定的启示。但它并不深奥，相信胎教者不管懂不懂美学和美育，只要她实施胎教，就自然会运用到美学和美育的观点、方法。

瑜伽与胎教

瑜伽作为一项古老而又时尚的运动，是值得对孕妈妈们推荐的。适当的瑜伽运动具有很好的胎教作用，这一点已得到普遍的认同。我们可以把适合孕期、利于胎教的瑜伽体式、呼吸、冥想和放松等练习，称为胎教瑜伽。

胎教瑜伽的好处

专业工作者总结了如下六条：

（1）提升力量和柔韧度，减轻妊娠造成的身体压力。

可以循序渐进地增加孕妇肌肉的韧性、灵活度和耐力，减轻由于妊娠体重增加和重心改变而导致的腰腿痛，增加身体平衡感；同时能帮助孕妇产后迅速恢复曼妙身材，塑造良好的体态。

（2）促进血液循环，增加氧气摄取量。

能有效促进雌激素、荷尔蒙的正常分泌和血液循环，增加母体氧气的摄取量，提升新陈代谢质量，改善孕妇睡眠，让孕妇保持良好的精神状态。

（3）减轻身心压力，促进情绪稳定，增加母子情感的沟通。

调节孕妇神经系统，缓解紧张情绪，始终保持情绪的稳定。一边胎教一边瑜伽，能拉近母子的距离，增进准妈妈和腹中宝宝之间的感情。

（4）增强腰部及骨盆关节、肌肉的柔软度，减少分娩痛苦。

帮助孕妇提高腰部及骨盆关节的柔韧度和肌肉的弹性，特别是有意识地锻炼腹部、腰部、背部和骨盆的肌肉，有助于减轻临床时的阵痛，促进顺利地自然分娩。

（5）增强宝宝出生后体质，开发宝宝大脑发育潜力。

孕妇在练习胎教瑜伽的过程中使身体的内部气息流动顺畅，能为宝宝提供更多的氧气和营养。让胎儿和孕妇一起运动，不仅有助于胎儿肢体协调发育，同时会对胎儿身体各项机能的发育起到积极作用，让宝宝出生后更健康、活泼。

（6）有助宝宝智力水平的提高，形成乐观、开朗、健全的性格。

接受胎教瑜伽精髓的熏陶会促使胎儿脑细胞大量增殖，增加胎儿脑容量，从而达到提高胎儿后天素质，最大限度挖掘胎儿智力潜能的目的。进行过瑜伽与音乐的胎教后，宝宝在艺术、语言等方面的天赋更明显，拥有更高的情商和智商，天生乐观开朗，性格健全。

特别提醒

孕期瑜伽要以舒适、轻松、安全为主，体式的选择一定不要勉强。无论孕前有无练习瑜伽的经历，练习前都务必征求医生的建议和认可。

对于那些在孕前就练习瑜伽，而且已经练习得很棒的孕妈咪，在此也要给予提醒：怀孕后，如果没有足够的把握，一定要避免过度扭转、挤压、折叠、俯卧、仰卧、后曲和倒立等体式。这些在平时看来有助于身体健康的瑜伽姿势，在孕期练习可能存在风险。

胎教瑜伽的注意事项

1.动作不能等同于普通瑜伽

胎教瑜伽在动作选择上，应该选择相对比较柔和简单动作，保证既能达到锻炼身体的目的，又能保证孕妇的安全。

2.选择合适的场地和着装

练习时应以赤脚为好，穿着宽松、舒适，房间要通风良好，室内空气要新鲜。不宜在过硬的地板或太软的床上练习，地上练习时应铺一条垫子。

3.注意练习时间的选择

胎教瑜伽，最好选择每天需要给胎儿进行胎教的时间，不要影响胎儿的正常作息时间。

4.结束后不要马上洗澡

结束后不要马上洗澡，练完后散散步，30分钟后洗澡合适，因为皮肤刚锻炼结束后都在“张口呼吸”，你立即用水洗澡会让皮肤受不了，对身体也有害。

5.其他注意事项

要量力而行，动作缓慢，不可骤然用力。如果感到不适，应立即停止运动。练瑜伽前后1小时不要进食，保持空腹或三分饱是最佳状态。患有高血压、哮喘、心脏病等的孕妇不要练。

三、本周胎教课

◎运动胎教——孕期瑜伽（孕早期篇）

1.冥想式

做法

①双脚交叉盘坐，脊柱挺直收腹；

②双手手掌向下放在双膝上，肩、肘放松，微微自然闭眼，排除大脑中杂念，调整正常的呼吸。

益处 放松身心的冥想式打坐，有助于髋关节的伸展，增强柔韧性，对将来分娩有益。

2.蝶式

做法

①慢慢地坐在床上或垫子上，两膝曲起，两脚脚心相对，双手抓住曲脚尽量向内拉；

②上下轻轻抖动双膝，像蝴蝶轻轻拍打翅膀一样。

益处 能伸展孕妈妈的骨盆，缓解腰痛，利于自然分娩；预防尿道方面的疾病，增加下背部、腹部和骨盆的血液流量；预防静脉曲张。

3.蹲式

做法

①挺身直立，双脚分开，双臂自然下垂，双手在腹前十指相扣；

②双膝微曲，一边呼气一边慢慢蹲，直到大腿与地面平行；

③尽自己所能继续慢慢下蹲，保持双腿的肌肉绷紧；然后慢慢伸直身体，吸气回到站立姿势，每天做5～6组。

益处 加强腰背、双膝、两大腿及子宫肌的力量，还能延缓衰老，整个孕期都可以练习。

◎胎教活动——手指游戏

著名哲学家康德曾说："手是身体的大脑。"也就是说手指的活动，是大脑的体操。活动的是手，得到锻炼的是大脑。孕妈妈的动作和大脑的发育有着极为密切和重要的关系，胎宝宝的各方面能力的发展都会受到影响。孕妈妈在玩的时候，要用心地和胎宝宝说话，想象着胎宝宝也在积极地参与这个游戏。当然准爸爸能一起参与游戏就更好了。

1.十指歌

一棍棍，梆梆梆。（用食指轻轻敲打）
二剪刀，剪剪剪。（用食指、中指轻轻夹）
三叉子，叉叉叉。（食指、中指、无名指分开伸出）
四板凳，拍拍拍。（拇指弯曲，四指并拢，轻打）
五小手，抓抓抓。（五指分开，然后做抓的动作）
六烟斗，抽抽抽。（拇指和小指伸开做抽烟状）
七镊子，夹夹夹。（拇指、食指、中指捏一起）
八手抢，啪啪啪。（拇指食指做手枪状，啪啪啪射击）
九钩子，钩钩钩。（食指弯曲做钩状）
十麻花，转转转。（中指搭在食指上，食指伸直。双手转动。）

2.手指兄弟

大拇哥，二拇弟，中鼓楼，四兄弟，唱大戏，
小妞妞，（孕妈妈边点着自己的手指头边说）
爬呀爬呀爬上山，（食指从胳膊一步步点到肩膀）
耳朵听听，（孕妈妈捏捏自己的耳朵）
眼睛看看，（孕妈妈点点自己的眼睛）
鼻子闻闻，（孕妈妈点点自己的鼻子）
嘴巴尝尝，（孕妈妈点点自己的嘴巴）
咯吱一下。（把手伸到脖颈处，咯吱一下）

四、准爸爸胎教指南

积极主动承担家务

孕妈妈孕期适当做些家务是没问题的，而且有利于胎儿的生长发育，如买菜、洗菜、做饭、用洗衣机洗衣服等都是可以的。但是像那些容易磕碰到肚子的活孕妈妈就不适合做，还有像往高处晾晒衣物或者从高处拿东西或挂东西等都是不适合的。孕妈妈也不宜拖地，地滑的话孕妈妈容易摔倒。

此外，孕妈妈也不宜抬重物、提拉重物或者弯腰拿东西。所以，准爸爸应主动承担一些孕妈妈不适合做的家务，以免孕妈妈过于劳累。还要注意保护孕妈妈，避免孕妈妈遭受外伤。

不宜过度保护孕妈妈

妻子怀孕了，准爸爸会特别关心她。家务活儿全包下来，什么也不让妻子干，甚至有的还不让妻子上班，担心被挤、被碰着。殊不知，孕妇活动过少，会使体质变弱，不仅增加难产的发生率，还不利于胎儿的生长发育。另外胎儿生长发育需要新鲜空气和阳光照射，而长期关在室内则对母子健康十分不利。

所以准爸爸不应对孕妈妈保护过度，要鼓励孕妈妈适当到室外活动活动，这样对孕妈妈和胎宝宝的健康都是非常有利的。

准爸爸下厨

◎ 什锦水果浇汁饭

材料 番茄沙司、苹果丁、菠萝丁、葡萄干、青梅丁、碎核桃仁、白糖、玉米淀粉、米饭各适量。

做法 将番茄沙司、苹果丁、菠萝丁、葡萄干、青梅丁、碎核桃仁放入锅内，加入清水、白糖烧开，用玉米淀粉勾芡，制成什锦沙司，浇在米饭上即可。

功效 含有丰富的蛋白质、碳水化合物、维生素和多种矿物质，能满足胚胎生长对各种营养素的需求。

◎ 牛奶粥

材料 大米100克，牛奶500克，水300克。

做法 大米拣去杂物，淘洗干净。锅置火上，放入水和米，旺火烧开，改用小火熬煮30分钟左右，至米粒涨开时，倒入牛奶搅匀。继续用小火熬煮10～20分钟，至米粒黏稠，溢出奶香味时即可。

功效 此粥黏稠软糯，奶香浓郁，且含钙丰富，有助于孕妈妈补充钙质。

第11周 保持祥和心态

一、本周宝宝与胎教要点

胎宝宝开始自由活动

本周末胎宝宝的身长大约7厘米，体重增加到11克左右。胎儿开始能做吸吮、吞咽和踢腿动作，胎儿细微之处已经开始发育，手指甲和绒毛状的头发已经开始出现。胎儿维持生命的器官如肝脏、肾、肠、大脑以及呼吸器官都已经开始工作。本周已能够清晰地看到胎儿脊柱的轮廓，脊神经开始生长。

本周胎教要点

·运动胎教：孕妈妈从现在开始要加强对腿部的锻炼，放松腿部肌肉，以缓解腿部肌肉不适感，如下肢肿胀、双腿发沉、静脉曲张等。

·营养胎教：胎宝宝现在正是长骨头的时候，注意补钙至关重要。在孕早期，一天约800毫克的钙质就能满足需要了，孕妈妈可以每天喝250毫升牛奶或者酸奶，再从虾皮、芝麻酱、豆制品等食物中摄取一定的钙，还要多晒晒太阳，这些都是补充钙质的有效方法。

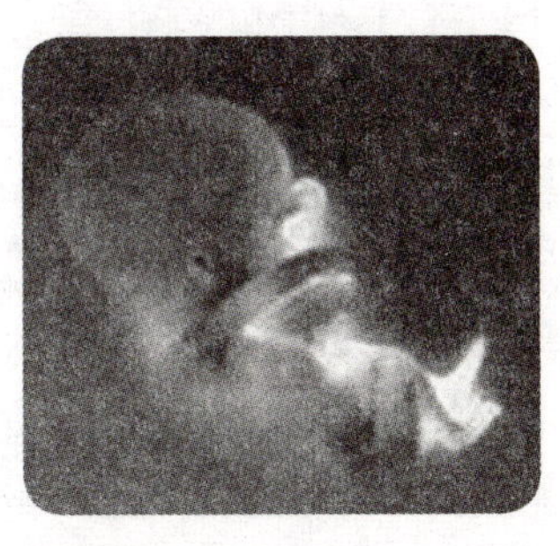

胎宝宝已经开始活动了，但妈妈还感觉不到。

二、胎教理论

胎教的心理基础

心理学研究证明，胎儿并不是闭目塞耳的混沌一团，他的感觉器官和神经系统对母体内外的各种刺激可作出反应，能敏锐地感知妈妈的思考，并感知妈妈的心情、情绪以及对自己的态度。

胎儿医学测知，妊娠3个月时胎儿已具有逃避反射、防御反射、吸吮反射、刺激性呼吸反射等动作。例如，当妈妈猛然饮水时，胎儿有剧烈的踢蹬运动；若用一闪一灭的电光照射孕妇腹部，4个月的胎儿心搏次数会出现剧烈变化。又如，当妈妈进入灯光柔和房间，胎儿十分安静，表示适应；而妈妈进入噪声和阴冷的地方，胎儿则用激烈的胎动来表示厌恶和不满。

临床观察证实。孕妇不安时，胎儿的血氧量就降低；孕妇情绪激动时，胎儿就出现多方面的混乱运动；妊娠晚期，孕妇在做梦时，胎儿的眼睛会随着梦情而转动。科学家们还做过这样的试验：在婴儿室内播放妈妈心脏跳动的录音，婴儿就会变得安静，容易入睡，食欲改善，体重增加，健康少病。这是因为胎儿期不仅受到妈妈体内外环境的作用，也深受妈妈精神活动的巨大影响。

由此可见，孕妇的精神情绪会给未来的孩子带来极大的影响，为了确保您的孩子健康聪明，正常生长发育，并且有较强的社会适应性，夫妻双方应满怀信心顺利地度过这10个月的妊娠期。

我国古代医学家很早就提出了妇女怀孕以后“见物而变”的胎教理论，后世将其发扬光大。如隋代的巢原方在《诸病源候论》一书中写道：“妊娠三月名始胎，当此之时，血不流行，形象始化，未有定仪，因感而变。”大体意思是，妇女怀孕3个月时，胚胎已渐次发育成胎儿，这时虽然已从形体上初步成形，但是还没有定型，即所谓“未有定仪”，其可塑性很大，当孕妇见到带有什么特征的东西，她所怀胎儿的形象，包括胎儿的形体和精神，也就会随之产生变化，这就是“见物而变”的本意。

故此给那些想生一个长相漂亮、体力过人、才华出众的孩子的孕妇提出了要求，在孕期内要多想好事，多做善事，多看美好的事物，以期影响腹内的胎儿。通过母亲美与善的良好“见物”刺激，而使胎儿向更加聪明、善良、健康、漂亮的方面“变化”。当然，古人“见物而变”胎教理论的提出，会受当时文化背景的影响，有时代的局限性，但还是有一定的科学价值和实际指导意义。

孕期心理与胎教的关系

1.宁静祥和是最重要的

“宁静即胎教。”孕妇始终保持愉悦的心情，将有助于胎儿的生长发育。

母亲的精神和情绪，通过神经——体液的变化，直接影响胎儿的血液供养、胎儿的呼吸、胎动等方面的变化。宁静祥和的情绪有助于孕妇分泌健康激素和酶，起到调节血液量和兴奋神经细胞的作用，可以改善胎盘的供血状况，增强血液中有益成分，使胎儿向着理想的方向发育成长，而孕妇情绪过度紧张、悲痛、忧虑，大脑皮层的高级神经活动和内分泌代谢功能就会发生改变，造成胎儿发育缺陷。

2.保持祥和心境的方法

为了孕育一个聪明、健康活泼的孩子，务必以对腹内胎儿的博大爱心，加强自身修养，学会自我心理调节，善于控制和缓解不健康情绪，不要去回忆以往那些不愉快的往事和想那些办不到的事，而多去想想好事、开心事。

面对逆境和困难，处之泰然，处变不惊。为自己创造一个安静、舒适、清洁的生活环境，听听轻快、柔和、平缓的音乐，到郊外或公园去欣赏大自然的美景，呼吸新鲜空气，多看一些优美、素雅的图画和活泼、烂漫、欢乐的影视。多一些良性的心理刺激，尽可能避免逆性刺激，这样对胎儿有利。

三、本周胎教课

◎语言胎教——《夏洛特的网》赏析

《夏洛特的网》讲的是一只蜘蛛和一头小猪的故事。

在农夫朱克曼的谷仓里住着许多小动物，其中有一只叫夏洛特的蜘蛛和一头叫威尔伯的小猪，他们在喧闹的环境下建立了真挚的友情。当得知威尔伯最终要被制成熏肉、火腿后，夏洛特坚信自己一定能帮助威尔伯，并告诉他不要悲观，要重新树立起对生活的勇气。夏洛特艰难地用蛛丝在谷仓上织出了写着威尔伯名字的网，从此后，威尔伯成了受人瞩目的小猪，他的命运也被完全改变，他重拾起了信心，而夏洛特的生命却也因些走到了尽头。威尔伯终于变成了可以看得到冬天雪花的"春天的猪"，而他最最怀念的夏洛特却没有等到这一天，他只有望着洁白的雪花，独自怅然回忆。

这是一个关于生命、友情、爱和承诺的故事，友情就像生命中的一道光，它会让生命更加有意义，会让在逆境中的人们拥有更多生存的勇气！

作者E · B · 怀特（1899～1985）生于纽约蒙特弗农，毕业于康奈尔大学。他是一位颇有造诣的散文家、幽默作家、诗人和讽刺作家。他创作的《精灵鼠小弟》、《吹小号的天鹅》也同样是不可多得的文学作品。

◎意念胎教——构想宝宝的样子

常常怀着美好的心愿，想象宝宝健康的形象，有助于将来生出一个漂亮的宝宝。

1.画出宝宝的样子

宝宝将会是什么样子呢？头发是直的还是卷的？是单眼皮还是双眼皮？鼻子是坚挺还是小巧？皮肤是白还是黑？这些直接的形象勾勒，有助于想象过程的真切动人。

想宝宝的时候，孕妈妈就把心里宝宝的样子画出来吧！准爸爸也可以配合，在孕妈妈肚子上画出宝宝的样子。怀着美好的心愿，想象健康的形象，一定有助于将来生出一个漂亮的宝宝！

2.贴几张漂亮的宝宝图

能够拥有一个健健康康、漂漂亮亮的宝宝，是所有爸爸妈妈的心愿。为了更好地实现这个心愿，孕妈妈可以在家贴几张自己喜爱的宝宝图，每天多看一看，借助这张宝宝图进行联想，想象自己胎宝宝的样子。

这种联想会使孕妈妈的情绪达到最佳状态，从而促进体内有利于美容作用的激素增多，使胎宝宝面部器官的结构组合及皮肤的发育良好，从而塑造出自己理想的胎宝宝。

四、准爸爸胎教指南

给孕妈妈创造温馨的家庭环境

一个温馨的家庭环境，对于调节孕妇的精神情绪，增强实施胎教的信心等都大有裨益。怎样才能给孕妇创造温馨的家庭环境呢？从有益于调节孕妇的精神情绪来说，置办必要的家庭设施当然重要，但关键是要多搞精神上的“投入”，使夫妻生活更和谐。

互敬互爱 夫妻间互敬互爱是共同创造温馨家庭的感情基础。只要夫妻之间做到相互尊敬，即使有意见和分歧，也能坦诚地妥善解决。

互信互勉 夫妻间互信互勉是共同创造温馨家庭的心理保障。夫妻间必须相互信任，相互激励，使感情恩爱，和睦相处。

互助互让 夫妻间互助互让是共同创造温馨家庭的眷顾根本。男女之间由于生理特点不同，在不同的时期夫妻双方在家庭中有不同的分工和义务。妻子怀孕后，准爸爸应多帮助妻子、忍让妻子。

互谅互慰

夫妻互谅互慰是共同创造温馨家庭的容清关键。在家庭生活中，夫妻之间相互体谅和抚慰，就可以密切夫妻之间的感情。当妻子怀孕以后，平日经常干的家务活不能胜任了，丈夫应体谅妻子，主动去承揽这些家务，并且还要多给妻子一点抚慰，这样才能使孕妇安全顺利地度过妊娠期。

准爸爸下厨

◎ 芹菜炒猪肝

材料 猪肝、芹菜、料酒、淀粉、糖、盐、生姜汁各适量。

做法 猪肝切片焯水，放入料酒、淀粉、糖略腌；芹菜切段，焯水备用。起锅热油，以旺火炒猪肝，加入芹菜快炒，用盐、生姜汁调味，炒匀即可。

功效 猪肝富含蛋白质、铁和维生素A，具有养血补虚之效，对预防准妈妈贫血有很好的功效。

◎ 鲤鱼茯苓汤

材料 茯苓25克，黑豆50克，鲤鱼1条。

做法 鲤鱼洗净，去腮、鳞后备用。鲤鱼、茯苓加清水放入锅中，煮至鱼肉熟透即可食用。

功效 茯苓可以治疗妊娠水肿，黑豆可以补肾利水，鲤鱼可以利尿、消水肿。此菜可以改善妊娠水肿、孕妈妈身体虚胖等症状。

你快乐我也快乐

一、本周宝宝与胎教要点

胎宝宝跳“水上芭蕾舞”

本周胎宝宝身长大约9厘米，重约14克。大脑的体积越来越大，几乎占了整个身体一半。手指和脚趾已经完全分开，一部分骨骼开始变得坚硬，并出现关节雏形。肾脏、输尿管已经形成，胎宝宝可以排泄了。从牙胚到趾甲，胎儿都在忙碌地运动着，时而踢腿，时而舒展身姿，看上去好像在跳水上芭蕾舞。

本周胎教要点

· **音乐胎教：** 孕妈妈可以听一些充满诗情画意的世界名曲，宁静舒缓或轻柔欢快的音乐将给胎宝宝以安宁感，使胎宝宝心律平稳，对大脑发育产生良性刺激，并培养胎宝宝良好的感受性。

· **意念胎教：** 现在宝宝开始频繁活动了，欣喜的同时，孕妈妈可以根据自己和丈夫的模样，模拟一下宝宝将来的样子，可以任意地想象，多漂亮都不过分。胎宝宝和妈妈身体相连，心灵相通，能通过妈妈的意念去感受妈妈的所思所想。

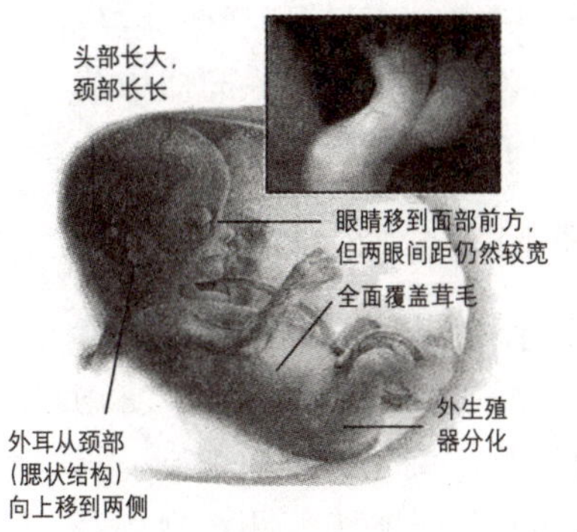

胎儿的手指和脚趾迅速发育，已完全成形。

二、胎教理论

运动胎教

有人将运动胎教称为体育胎教，是指孕妈妈通过一定的体育锻炼达到促进母子身体健康、促进分娩的一种胎教方法。另外，孕妈妈不仅可以自己进行运动胎教，准爸爸也可以陪孕妈妈一同运动，这样做不但可以达到胎教的目的，还可以增进夫妻间的感情。

运动胎教的作用

1.促进胎宝宝的大脑发育

孕妈妈适当运动，可向大脑提供充足的氧气，促使大脑释放脑啡肽等有益的物质，通过胎盘输送给胎宝宝；孕妈妈做运动会使羊水摇动，摇动的羊水可刺激胎宝宝全身的皮肤，就像给胎宝宝做按摩。这些对胎宝宝的大脑发育十分有利，会使胎宝宝更聪明。

2.控制孕妈妈体重过快增长

运动可以使孕妈妈身体过多的热量得到消耗，并促进水钠代谢，身体水肿的状况减轻，并控制体重的过快增长。

3.减轻孕妈妈身体不适感

孕妈妈进行适当的运动，可促进新陈代谢，增强心肺功能，加快血液循环，防止静脉曲张和便秘的发生，并可减轻因子宫的日益增大引起的腰痛、腰酸及腰部沉重感。

4.促进胎宝宝正常生长发育

运动不仅能保障孕妈妈自身健康，还可增加胎宝宝的血液供氧，从而促进生长发育。

5.促进孕妈妈对钙的吸收

孕妈妈去户外运动，可呼吸到大量新鲜空气，阳光中的紫外线可以促进皮肤中脱氢胆固醇转变为维生素D，促进钙、磷的吸收利用，既能防止孕妈妈发生骨质软化症，又有利于胎宝宝骨骼发育。

6.防止胎宝宝过于肥胖

经常适当运动，使孕妈妈体重增长得到控制，脂肪细胞减少，还可给胎宝宝“减肥”，这样，既有利于自然分娩，防止生出巨大儿，又为避免肥胖症、高血压及心血管疾病奠定了良好的先天基础。

7.有助于顺利分娩

经常适当运动，可增强孕妈妈腰背肌、腹肌和盆底肌的弹性和力量，使韧带、关节变得松弛、柔软，有利于分娩时肌肉的放松，减少产道阻力，为顺利分娩创造良好的条件。

8.对孕妈妈产后体形恢复有帮助

运动可使孕妈妈在分娩时产痛减轻，产程缩短，并减少产道裂伤和产后出血。临床研究结果表明，孕妈妈坚持做孕妈妈体操，其正常阴道分娩率明显高于未做健身操者，产程也较短。

运动胎教的要点

1.孕早期运动要点

胎宝宝尚未稳定“安家”，而且孕妈妈受妊娠反应的影响，体力较差，进行比较舒缓的运动是最佳选择。

2.孕中期运动要点

妊娠反应已经减缓，而且身体状况不错，胎宝宝也更加稳定了。此时运动幅度可以稍微大一些，如练习孕妈妈体操、瑜伽等，孕前有游泳爱好的孕妈妈此时也可以继续游泳。

3.孕晚期运动要点

孕晚期是整个孕期最疲劳的时期，孕妈妈应以休息为主。此期的运动锻炼应视孕妇的自身条件而定。

三、本周胎教课

◎语言胎教——童话《三只小猪》

猪妈妈有三个孩子，老大、老二和老三。一天猪妈妈说："孩子们，你们已经都长大了，每个人去盖一间房子吧，看谁的盖得好！"老大做事性急，他用稻草很快就盖了一个漂亮的房子！并躺在草房子里休息。老二拾来一些木板和木棍，他觉得木房子既结实又好看，于是盖起木房子。木房子很快也盖好了，老二在木房子里睡起午觉。老三做事认真、扎实，他想好好建一个结结实实的砖房子。老大、老二睡醒了来找老三玩，但老三没空陪他们玩，他还是继续认真地盖房子。过了几天，老三终于盖好了一个真正结实的漂亮砖房子。

有一天，从树林里来了一只大灰狼，它已经很久没有吃东西了，饿得嗷嗷直叫。

大灰狼看见老大的稻草房，"呼"的一声，把草房子吹散了。老大拔腿跑到老二的木房子里。大灰狼追上来恶狠狠地说："我要吃了你们！"

大灰狼看见木房子，"当"的一声，把木房子撞垮了。老大、老二跑到老三的砖房子里躲了起来。大灰狼追过来，看见砖房子就"当、当"地冲撞，但他用尽全身的力气，砖房子却纹丝不动。

大灰狼又气又累，他看见屋顶有一个烟囱，便想从上面爬进老三的房子里。聪明的老三早已在烟囱下烧开了一大锅滚烫的开水。大灰狼正好掉进大锅里被烫得嗷嗷直叫，挣扎了一会儿就被烫死了。老大、老二既高兴又惭愧，决心以后向老三学习，做事认真、扎实。

这则故事告诉我们：三只小猪对自己造的房子都非常满意，但事实上，只有小猪老三的房子才是合格的，能抵御大灰狼的攻击。所以做什么事情都要认真想一想，怎样做才能合格。

◎美学胎教——名画欣赏·《蒙娜丽莎》

《蒙娜丽莎》享有盛誉，代表达·芬奇的最高艺术成就。背景山水幽深茫茫，人物笑容微妙，颇具神秘感，被不少美术史家称为“神秘的微笑”。

达·芬奇在人文主义思想影响下，着力表现人的感情。构图呈金字塔形，人物显得更加端庄、稳重。蒙娜丽莎的一双手，柔嫩、丰腴，展示了她的温情及身份地位，显示出观察的敏锐、画技的精湛。另外，蒙娜丽莎的眉毛因化学反应而不见了，背景也曾是蓝色的天。

［赏析］　　微笑并不神秘

在不同角度不同光线下欣赏这幅画，人们会得到不同的感受。那微笑时而温文尔雅，时而安详严肃，时而略带哀伤，时而又有几分讽嘲与揶揄，神秘莫测的微笑显露出人物神秘莫测的心灵活动。

视觉神经活动方面的权威哈佛大学神经科专家玛格丽特·利文斯通博士认为：蒙娜丽莎的微笑时隐时现，与人体视觉系统有关，而不是因为画中人表情神秘莫测。

利文斯通说：“如果看着她的嘴巴，便永远无法捕捉她的笑容。”蒙娜丽莎的笑容若隐若现，源于人们的目光不断转移。

【名称】《蒙娜丽莎》Mona Lisa
【作者】列奥纳多·达·芬奇（意大利）
【类型】油画（木板）
【尺寸】77厘米X53厘米
【收藏】现藏于世界上最大的美术博物馆：法国卢浮宫

四、准爸爸胎教指南

陪孕妈妈做运动

孕期适当活动好处多多，能促进机体新陈代谢与血液循环，增强心、肺功能，助消化，增强全身肌肉力量，还可加强胎儿的脂肪代谢，防止胎儿巨大。

所以，准爸爸要注意引导和陪同孕妈妈做运动，最好能一起去室外活动，这样可以经常呼吸新鲜空气，并获得充分阳光，有利于胎儿骨骼的发育，也可防止孕妈妈骨骼软化。

在怀孕早、中期，孕妈妈身体尚灵活，准爸爸可以根据孕妈妈的身体素质和爱好，陪她适当地参加一些太极拳、散步、孕妈妈体操等运动。

哪怕工作再忙，准爸爸也要争取每天抽出时间陪妻子散散步等，这些亲密小举动将会永远保存在孕妈妈的甜蜜回忆里。

准爸爸是孕妈妈最好的运动监督者和指导老师，一个贴心的准爸爸应该熟知孕期运动的注意事项，保证孕妈妈能安全地进行身体锻炼。

准爸爸下厨

◎ 黄豆炖猪蹄

材料 猪蹄1只（约300克），黄豆、葱花、醋、盐各适量。

做法

(1)猪蹄洗净剁块，焯水，捞出备用。

(2)黄豆在水中浸泡半个小时，捞起备用。

(3)在高压锅内放黄豆、猪蹄、姜同煮，20分钟后，放入葱花、醋、盐调味即可。

功效 猪蹄中含有碳水化合物、胶原蛋白、脂肪、维生素A、维生素C及钙、磷、铁等营养物质，对胎宝宝和孕妈妈都有非常好的作用。

◎ 凉拌五彩鸡丝

材料 熟鸡脯肉150克，胡萝卜、金针菇、黄瓜各100克，红椒丝50克，精盐、白糖、麻油各适量。

做法 熟鸡脯肉撕成丝。胡萝卜、黄瓜分别洗净切成丝，加精盐略腌，金针菇洗净，与红椒丝一起焯熟。所有原料放入碗中，加精盐、白糖拌入味，淋上麻油即可。

功效 此菜鲜脆爽口，含有丰富的蛋白质、脂肪、钙、磷、铁、维生素B2、烟酸、维生素C、维生素E，营养价值高，适合孕早期的孕妈妈经常食用。

第13周

合理补充营养

一、本周宝宝与胎教要点

胎宝宝开始感知外界声音

本周胎儿身长约10厘米。眼间距逐渐缩小，但眼睑仍然紧闭。耳朵已经成形，内耳等听觉器官已基本发育完善，对子宫外的声音刺激开始有所反应。胎宝宝的条件反射能力加强，手指开始能向手掌握紧，脚趾与脚底也可以弯曲了。脐带可以进行营养与代谢废物的交换了。肝脏开始制造胆汁，肾脏开始向膀胱分泌尿液。如果你用手在腹部轻轻抚触，胎宝宝会随之蠕动。

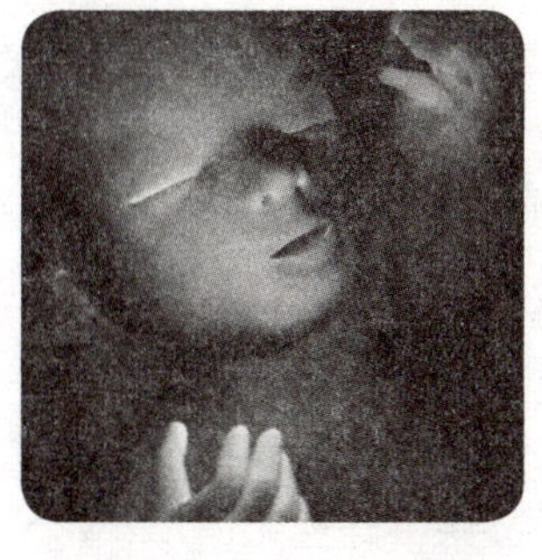

胎儿眼睛更为突出，但眼睑仍然紧紧地闭合。

本周胎教要点

· **语言胎教：**胎宝宝开始对外界的声音有所感觉了。这个时候是胎宝宝感受语言的最初阶段，孕妈妈和准爸爸可以给胎宝宝讲一些胎教故事，让胎宝宝熟悉自己的声音。

· **营养胎教：**这个月是胎宝宝大脑高速发育的时期。虽然孕妈妈的胃口变化不定，但一定要保证足够的能量摄入，这对胎宝宝来说非常关键，切不可因为体态的改变而有意无意地节食减肥，既要吃得好，还要吃得够。

二、胎教理论

音乐胎教有助于胎儿智力开发

音乐是一种有节奏的空气压力波，对心理活动与生理活动有着极大的影响。音乐的节奏作用于孕妈妈，能影响胎儿的生理节奏，使胎儿从音乐当中受到教化。

音乐胎教是对胎儿智力开发具有特殊功能的一种方法，可从以下3方面进行：

1.选择自己喜爱的音乐

优美的音乐能使孕妇分泌更多的乙酰胆碱等物质，改善子宫的血流量，从而促进胎儿的生长发育，而且还能使胎儿在子宫内安稳。音乐的节律性振动对胎儿的脑发育也是一种良好的刺激。

孕妇一定要选择自己喜欢乐曲，听起来让自己放松、心情愉悦，最好以动听的轻音乐为主。不要被其他观点所左右。

2.父母唱歌给胎儿听

父母的歌声对胎儿是一种良好的刺激，能促使胎儿大脑健康发育。父母唱歌给胎儿听，也是父母与胎儿建立最初感情的最佳通道。

3.胎教传声器

胎教传声器要求无磁，音乐频率范围在500Hz～1500Hz之间。选择噪音小、配器简单的音乐，白天听轻松欢快的乐曲，使胎儿处于兴奋状态，晚上听柔美小夜曲，使胎儿进入睡眠状态。

胎教音乐的选择——1/f波动理论

1.心理声学及音乐心理学的基础

近代音乐心理学研究认为，音乐由人脑的右半球主使，而右脑开发得越早就越能增强人的形象思维能力。而从胎儿能感知声音就对其施以音乐的激励，让小生命在无忧无虑的条件下接受“启蒙教育”，这对提高后代的智力和素质大有好处。

2.选定节目的理论基础

研究还表明，1/f 波动的声音才能带来有益的刺激，并通过听觉中枢传导系统作用于大脑，引起神经细胞的兴奋性，改变下丘脑递质的释放，从而调节内分泌系统及植物神经系统的活动，促使人体分泌一些有益于健康的激素、酶、乙酰胆碱等，使机体保持在极性状态。

自然界中的波涛、瀑布和溪流声，微风吹拂声，敲击的鼓乐、经典乐曲等，这类声音能使人心情坦然，给人以一种无形的安慰。这就是“1/f波动理论”。

三、本周胎教课

◎语言胎教——给宝宝读唐诗（五言）

孕期多读文字作品，宝宝出生后对语言的敏感性更强，更富于形象思维。现在就给胎宝宝读几首唐诗，不但能够感受文学的趣味，还有助于怡情养性。

悯 农

李绅【唐代】

锄禾日当午，汗滴禾下土。
谁知盘中餐，粒粒皆辛苦。

静夜思

李白【唐代】

床前明月光，疑是地上霜。
举头望明月，低头思故乡。

登鹳雀楼

王之涣【唐代】

白日依山尽，黄河入海流。
欲穷千里目，更上一层楼。

春 晓

孟浩然【唐代】

春眠不觉晓，处处闻啼鸟。
夜来风雨声，花落知多少。

相 思

王维【唐代】

红豆生南国，春来发几枝？
愿君多采撷，此物最相思。

鹿 柴

王维【唐代】

空山不见人，但闻人语响。
返景入深林，复照青苔上。

长干行二首之一

崔颢【唐代】

君家何处住？妾住在横塘。
停船暂借问，或恐是同乡。

江 雪

柳宗元【唐代】

千山鸟飞绝，万径人踪灭。
孤舟蓑笠翁，独钓寒江雪。

◎胎教活动——用“闪光卡片”教文字

准妈妈可利用“闪光卡片”引导胎宝宝学习汉字X、英文字母、数字等。准妈妈通过深刻的视觉印象将卡片上描述的图象、形状与颜色传递给胎宝宝。除此之外，观看一些美好、有趣的景观与图片，传达给腹中的宝宝。

1.卡片的制作

纸片以白色为宜，尺寸约12厘米见方，然后用鲜艳的彩笔写上汉字，用黑色笔画卡片的外边，这样可以让写上去的汉字显得更清晰，能让准妈妈在胎教过程中强化意念和集中注意力，并促进准妈妈获得明确的视觉感。

2.怎样利用卡片教胎儿

如教“大”这个汉字时，要一边反复地发好这个音，一边用手指写它的笔画。这时最重要的是能通过视觉将“大”的形状和颜色深深地印在脑海里。因为这样一来你发出“大”这一汉字信息，就会以最佳状态传递给胎儿，从而有利于胎儿用脑去理解并记住它。在教胎儿学习的时候，准妈妈要有真挚的感情和足够的耐心，切忌急躁、敷衍了事。

3.教胎儿学汉字的方法

在利用“闪光卡片”教胎儿学汉字时，可以一边在脑海中描绘汉字的形象，一边对胎儿说一些认字的歌谣和字谜，加深汉字在脑海中的印象，让胎儿也能学得更快。

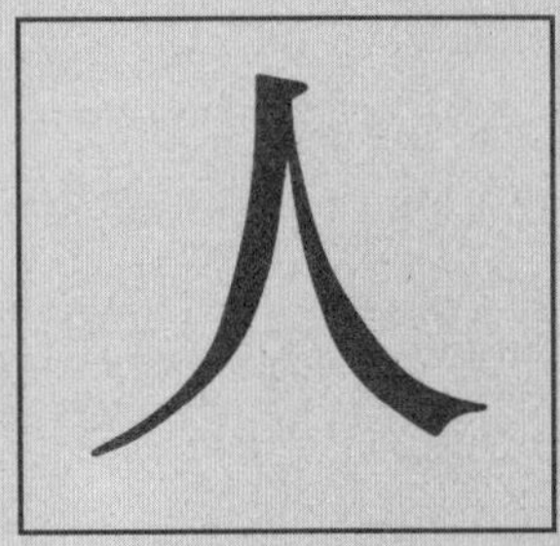

四、准爸爸胎教指南

为孕妈妈选择音乐胎教曲目

一般，世界名曲中的一些舒缓、轻柔、欢快的乐段很适合拿来做胎教音乐，但悲壮、激烈、亢奋的乐段不适合做胎教，会影响胎儿的正常发育，严重的会造成婴儿心理闭锁。

准爸爸应为孕妈妈选择一些节奏柔和舒缓的轻音乐。像一些节奏起伏比较大的交响乐，尤其是摇滚乐、迪斯科舞曲等刺激性较强的音乐，都不适合孕妈妈听。

用来作为胎教音乐的曲子应该在频率、节奏、力度和混响分贝范围等方面，尽可能与孕妈妈子宫内的胎音合拍、共振，胎教音乐的音频应该保持在2000Hz以下，混响分贝不要超过85分贝。

给胎儿听的音乐最好是选择经过医学界优生学会审定的胎教音乐，经过专业选择和设计的音乐对胎儿的伤害可以控制到最低。

准爸爸下厨

◎ 清蒸大虾

材料 大虾、葱、料酒、姜、醋、酱油、香油、汤各适量。

做法

(1)大虾处理干净，切段；葱洗净切条；姜洗净，一半切片，一半切末。

(2)将大虾放在盘内，加入料酒、葱条、姜片和汤，上笼蒸10分钟，拣去葱条和姜片装盘。

(3)用醋、酱油、姜末和香油兑成汁，供蘸食。

功效 大虾含丰富的优质蛋白质，维生素A、维生素B_1、维生素B_2、尼克酸及多种矿物质，能补肾健胃。

◎ 乌鸡糯米粥

材料 乌鸡腿2只，圆糯米200克，葱、精盐各适量。

做法

(1)乌鸡腿洗净、切块，在沸水中过水后洗净沥干。

(2)将备好的乌鸡腿加4碗水熬汤，大火开后转小火，约煮15分钟，再入圆糯米煮，开后转小火煮。

(3)葱白去头须，切细丝，待糯米煮熟后，再加入精盐调味，最后入葱丝焖一下即可。

功效 此粥可以为孕妈妈补气养血、安胎止痛，改善气血虚弱所致的胎动。

第14周

“品尝”妈妈的味道

一、本周宝宝与胎教要点

胎宝宝会做鬼脸了

本周胎宝宝的身长有大约13厘米左右，体重不到60克。胎宝宝的皮肤上覆盖有一层细细的绒毛，这绒毛通常会在出生后消失。头发也开始迅速生长。下颚骨、面颊骨、鼻梁骨等开始形成，耳廓伸出。小家伙已经可以做很多表情了：皱眉、做鬼脸、斜一斜小眼睛。

本周胎教要点

宝宝的脸看上去更像成人了。

·营养胎教：胎宝宝在孕妈妈肚子里努力地成长着，这个时候他需要持续足量的钙质供应，孕妈妈可以多吃一些乳酪、牛奶、芝麻酱、虾米，食补是最好的补钙方式。

·情绪胎教：对胎宝宝多些耐心。其实孕妈妈所做的一切，胎宝宝都是可以感受得到的。在闲暇的时候，可以搜集一些好看的树叶或者花瓣，把它们放在日记本的夹层里，做成简单的书签。当然你也可以根据自己的喜好，搜集一些其他的小玩意，搜集的过程可以锻炼一个人的耐心。

二、胎教理论

胎儿会继承妈妈的习惯

国外有关专家曾做过一个试验，他把参加试验的孕妈妈分成晚睡和早起两组，然后对这两组孕妈妈进行跟踪调查，结果发现，晚睡组孕妈妈所生的宝宝同他（她）们的孕妈妈一样都喜欢晚睡，而早起组孕妈妈所生的宝宝也同他（她）们的妈妈一样具有早起的习惯。这个试验表明，新生儿的睡眠习惯是受到孕妈妈的睡眠习惯影响的。这种现象如果用生理方面的知识解释的话，或许可以得出这样一个结论：胎儿在母体中发育成长的几个月内，可能和孕妈妈在某些方面有着共同的节律，从而使孕妈妈的习惯直接影响到胎儿的习惯。

饮食偏好也会被继承

美国科学家们在实验中发现，胎宝宝能通过子宫“品尝”到食物的味道。孕妈妈偏爱某种食物，那么胎儿可能通过子宫“品尝”到该食物的味道，这种首次的味觉体验会对孩子将来的饮食喜好产生直接的影响。

不仅如此，科学家们还发现，胎宝宝除了能“品尝”到食物的味道外，还有超强的记忆力。为此，科学家们做了一个有趣的实验，他们让一些孕妇在妊娠的最后3个月，定时服用胡萝卜汁；另外一些孕妇在分娩后服用胡萝卜汁。结果发现：那些在出生前就“接触”过胡萝卜汁的宝宝，不仅能顺利接受这种食物，并且表现出喜欢的倾向；但对于那些出生前没有“接触”过胡萝卜汁的婴儿来说，显然他们对这种食物不太喜欢。

从实验当中科学家们推出这样一个结论：宝宝熟悉母亲曾吃过的食物味道，宝宝由此获得了这样的信息，即什么食物是安全的，什么食物是可食用的。

看来，这是一个非常奇妙的体系。婴儿在出生前首先在羊水中“认识”这种味道，然后在母乳中得到，最后在餐桌前首次食用。在羊水或母乳中对食物味道的体验，可能有助于孩子断奶后对这种食品的接受程度。

科学家们的发现，对偏食的孩子有了新的解释，当然，也不可忽视遗传在其中所起到的作用。这个发现同时也带给我们新的启示：最为本质的胎教，不是语言，不是音乐，或许就是孕妈妈日常生活的习惯，这种习惯对胎儿有着潜移默化的影响。

良好的生活习惯对胎儿的发展很重要，因此，孕妈妈要以身作则，在生活中严格要求自己，提升品位，为将来的胎宝宝树立好的榜样。

三、本周胎教课

◎音乐胎教——古筝名曲《平湖秋月》

艺术欣赏是一种很好的美学胎教，孕妈妈在享受艺术之美时，如能加深对作品的理解，其艺术感染力将大不一样，胎教的效果也必然不一样。利用准爸爸休息时间，一起推开艺术殿堂之门吧！

史料记载，《平湖秋月》是广东音乐名家吕文成的代表作，曲调采用了浙江的民间音乐，又有广东音乐的风格，描绘了素月幽静的秋夜美景。

欣赏乐曲，需要闲适恬淡的心境，特别是中国古典音乐。傍晚时分，夕阳残照，渔歌唱晚，繁忙了一天的人们，远离了白天的喧嚣和浮躁，和家人一起，悠闲地观赏着户外的月光和夜色，听着音乐，浅品轻呷，这种感觉真是最令孕妈妈惬意了。

如果能眺望到湖面，聆听着雅乐古筝，一分空旷、几片宁静，飘着浪漫，那么，所有烦恼和忧郁，全都会被这种至美的境界一扫而空。

乐曲是用古筝来演奏的，在节奏平稳、少有曲折、看似单调的音符里，蕴涵着道家的文化精髓："虚"和"空"。古筝淡泊清晰的音韵，在低沉舒缓的流水声里，让人尽情地沐浴在那种浩渺空灵、宁静安详、远离世俗纷争的幽静雅致景色中，充分体味到中华民族那种古老淳朴的风韵和高洁优雅的文化气息。这样纯净雅致的曲子，在纤尘不染的气氛里，适合一个人独自欣赏，来不得半点纷扰。

欣赏这样轻柔空盈的音乐，忘情于山水之间，感觉自己真的成了不食人间烟火的仙子了。

曲子虚空柔婉，但并不孤寂。在天水一色、皓月当空的夜色，在一串简约别致的音符的陪伴下，既可以思无旁绪地尽情倾于思考，也可以心无旁骛地静若止水。那轻盈柔媚的女子，在低眉顺目的瞬间，轻灵纤纤细手，弹指间，便把音调的婉转清淡与旋律的明朗流畅，都玲珑剔透地展现在了一片秋天月夜的湖光山色之中了。

“淡泊以明志，宁静以致远。”《平湖秋月》给人们带来的正是这样舒缓怡人、沁人心扉的旋律，让人在清辉如泻、月光如水之中，感到胸襟开阔。旋律上的淡淡起伏，灵动而不呆板，让人在湖光浩渺中，感悟着“滟滟随波千万里”的缥缈思绪，如旖旎波光里的远岱，含着微微的缱绻荡漾和起伏，但片刻又恢复宁静了。

◎语言胎教——故事《渔王的儿子》

有个渔民捕鱼技术很高超，被人们尊称为“渔王”。然而“渔王”年老的时候非常苦恼，因为他的三个儿子的捕鱼技术都很平庸。

于是，他经常向人诉说心中的苦恼和困惑：“我真不明白，我捕鱼的技术这么好，我的儿子们为什么这么差？我从他们懂事起就传授捕鱼技术给他们。我从最基本的东西教起，告诉他们怎样织网最容易捕捉到鱼，怎样划船最不会惊动鱼，怎样下网最容易请鱼入瓮。他们长大了，我又教他们怎样识潮汐，辨鱼汛……总之，凡是我长年总结出来的经验，我都毫无保留地传授给了他们，可他们的捕鱼技术竟然赶不上普通渔民的儿子！”

这次，听他诉说的朋友问：“你一直手把手地教他们吗？”

“是的，为了让他们得到一流的捕鱼技术，我教得很仔细、很耐心。”

“他们一直跟随着你吗？”

“是的，为了让他们少走弯路，我一直让他们跟着我学。”

朋友说：“这样说来，你的错误就很明显了。

“这样教，还会有错误吗？”

朋友说：“对。你只传授给他们如何成功的技术，却没传授给他们如何应对失败的教训。对于才能来说，没有教训如同没有经验，不能使人成大器！”

◎胎教活动——随手种一盆绿植

孕妈妈每天的水果是少不了的，但你知道吗？很多水果的种子可以发芽，吃了水果，然后用水果种子做盆栽，对孕妈妈和胎宝宝来说，是身体和精神的双重营养。

很多粮食的种子也都是绿植的好原料：花生、黄豆、黑豆、荞麦等，只要你有闲情逸致，都可以拿来一试。

1.种荔枝

❶荔枝核充分洗净，用清水浸泡7天。

❷记得每天要换水。

❸待荔枝核的芽发出后，就可以把它们移到花盆中了，注意发芽的一端朝上。

❹几天后，一盆别致的绿植就长出来了。

2.生豆苗

❶挑选一把成熟饱满的黄豆，用清水浸泡2 3天。

❷每天换水1 2次。

❸待黄豆芽发出来后，把它们放到一个敞口的玻璃瓶中，注意不要再加水浸泡了，而是每天用喷壶将豆芽喷湿。

❹几天后，绿绿的叶子就会伸出瓶口来了。

四、准爸爸胎教指南

帮助妻子生活规律化

孕妈妈由于怀孕会有行为和生理上的变化，可能有焦虑、担忧等情绪，这些变化可能不利于她们规律地生活，而规律的作息是宝宝正常生长发育所必需的。准爸爸这时就应该发挥作用了。准爸爸应该帮孕妈妈规律作息，养成良好的生活习惯，如果孕妈妈在怀孕前的作息就不规律，进入孕期后，为了孕妈妈和宝宝的健康，准爸爸就应该花大力气纠正孕妈妈的错误生活习惯。

监督孕妈妈饮食起居

孕妈妈的饮食、生活习惯会影响到肚子里的宝宝，准爸爸要监督孕妈妈养成好的习惯。怀孕后孕妈妈可能会变得越来越挑食、偏食等，例如孕妈妈不爱吃核桃，准爸爸可以将核桃磨成粉，加在孕妈妈喜欢喝的豆奶或其他饮料中，这样就不会让孕妈妈排斥。

孕妈妈在孕期的饮食起居要注意的很多很繁琐，准爸爸的监督和帮助能使孕妈妈更安全地度过孕期。

准爸爸下厨

◎ 鸭块白菜

材料 鸭肉、白菜、料酒、姜片、盐各适量。

做法

(1)将鸭肉洗净切块，加水略过鸭块，煮沸去血沫，加入料酒、姜片用文火炖酥。

(2)将白菜洗净，切段，待鸭块煮至八分烂时，将白菜放入，一起煮烂，加盐调味即可。

功效 鸭肉含蛋白质、脂肪、维生素B1、维生素B2及钾、钠、氯、铁、钙等成分。鸭肉有滋阴养胃、利水消肿等功效。

◎ 鹌鹑蛋西米

材料 鹌鹑蛋70克，西米30克，白砂糖适量。

做法 西米入沸水煮5分钟，离火，闷10分钟，再用冷水冲洗，拨散颗粒，滤去水。再放入沸水中煮5分钟，离火，闷5分钟，最后用冷水漂清，浸没，待用。取已胀发的西米，倒入锅内沸水中，移置小火上，磕入鹌鹑蛋收齐成水泼蛋，盛入碗中加入白砂糖即可。

功效 此菜用于孕妈妈气血双补，可以补脑益智，满足胎儿发育所需。

爱在每时每刻

一、本周宝宝与胎教要点

胎宝宝会打嗝了

胎宝宝的身长已经长到14厘米左右，体重约80克。胎宝宝的头顶上开始长出细细的头发，眉毛、睫毛也长出来了。腿的长度已经超过了胳膊。手指甲完全形成，手指的关节也开始运动。胎宝宝这时会练习打哈欠、打嗝了，不要小看这个小动作的练习，它能保证胎宝宝在出生之后顺畅的呼吸。

本周胎教要点

· **音乐胎教：**音乐能刺激胎儿大脑神经细胞，促进脑的发育和脑功能发展。在胎儿大脑发育的高峰期，可以听一些古典音乐。

· **营养胎教：**怀孕期间体内激素变化和嗜食甜酸，对牙齿会造成隐患，孕妈妈可以多吃一些芹菜、萝卜等富含膳食纤维的水果蔬菜，有利于清洁口腔，充分咀嚼还可以起到锻炼牙齿、按摩牙龈的作用。除此之外，在吃完东西之后漱漱口，能够减少患蛀牙的危险。

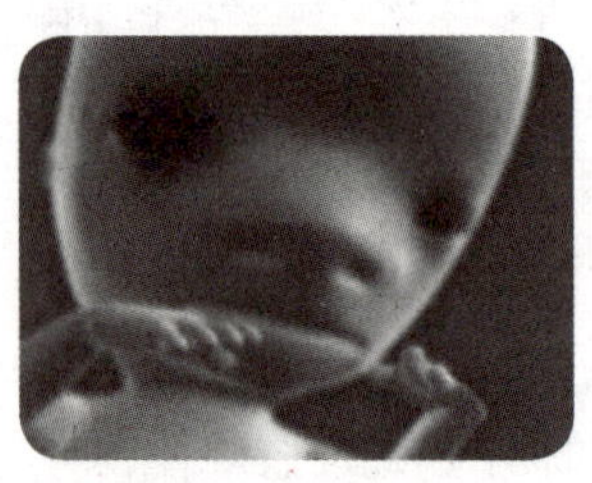

手指甲完全形成，指部的关节也开始运动了。

二、胎教理论

胎教与胎儿的性格

人的性格不一，其个体差异早在胎儿时期就已表露出来：有的安详文静，有的活泼好动。这既和先天神经类型有关，也和怀孕时胎儿所处的内外环境有关。

人的性格的形成有着先天和后天两种因素，就先天而言，与父母性格的遗传基因有关，同时也与出生前胎儿在子宫内所受的影响有关；后天因素则是在其出生后的社会实践过程中逐步形成的。然而，胎儿在子宫内，即“人之初”的心理体验为日后的性格形成打下基础的事实，还没被人们广泛重视。

“江山易改，本性难移”，一旦不良性格形成，要想改变是很困难的。与其后天费力纠正，不如在娘胎里就给胎儿提供一个形成良好性格的环境氛围。未来的父母应把握这一关键时期，为孩子一生幸福着想，从现在起，尽力为腹内的小生命创造一个充满温暖、慈爱、宽松、积极的生活环境，努力减少各种有害刺激，使胎儿拥有一个健康美好的精神世界，使其良好性格的形成有一个理想的开端。

坏情绪影响胎儿性格

妈妈的子宫是胎儿所接触的第一个环境，小生命在这个环境里的感受将直接影响到胎儿性格的形成和发展。如果妈妈怀孕期间营造和谐、温暖、慈爱的气氛，那么胎儿幼小的心灵将受到同化，意识到等待自己的那个世界是美好的，进而可逐步形成热爱生活、果断自信、活泼等优良性格的基础。

反之，倘若夫妻生活不和谐、不美满，经常吵架、打骂，甚至充满了敌意的怨恨，闹到要离婚的程度；或者妈妈不欢迎这个孩子，从心理上排斥、厌恶，那么胎儿就会痛苦地体验到周围这种冷漠、仇视的氛围，这对胎儿的未来会产生不利的影响。

此外，妈妈的极度疲劳，情绪的过分紧张，腹部的过重压力及外界的强烈、持久的噪声，均可使胎儿躁动不安。这种强烈的运动反应并不是好征兆，它不但会引起流产、早产，而且能对出生后的孩子的性格行为带来不良影响。

三、本周胎教课

◎语言胎教——儿歌（二）

1.泥娃娃

泥娃娃，泥娃娃，
一个泥娃娃，
也有那眉毛，
也有那眼睛，
眼睛不会眨；
泥娃娃，泥娃娃，
一个泥娃娃，
也有那鼻子，
也有那嘴巴，
嘴巴不说话。
它是个假娃娃，
不是个真娃娃，
它没有亲爱的妈妈，
也没有爸爸。
泥娃娃，泥娃娃，
一个泥娃娃，
我做它妈妈，
我做它爸爸，
永远爱着它。

2.小鸟小鸟

蓝天里有阳光，
树林里有花香，
小鸟小鸟，
你自由地飞翔。
在田野，在草地，
在湖边，在山冈，
小鸟小鸟迎着春天歌唱，
啦啦啦啦啦！
爱春天，爱阳光，
爱湖水，爱花香，
小鸟小鸟，
我的好朋友，
让我们一起飞翔一起歌唱，
一起飞翔歌唱，
啦啦啦啦啦！

◎美学胎教——孕期美容（孕中期篇）

1.皮肤护理

怀孕中期，孕妇的脸上会出现黄棕色斑点。这是正常现象，这些斑点在分娩后会渐渐消失的。但有些孕妇脸上的斑点不再褪去。所以，孕妈妈不要让脸在阳光下暴晒，外出活动时，一定要在脸上涂一些防晒霜，或戴上一顶大沿帽子遮光。

多数孕妇的皮肤在怀孕期间越来越干燥。这时，可以沿用怀孕初期的化妆方法，同时，还要保证充分的休息和睡眠。为了使皮肤保持柔软和良好的弹性，应经常涂上一层优质的护肤香脂以润滑皮肤。

怀孕中期，在乳房、腹部和臀部都可能会出现妊娠纹，有些孕妇还会出现色素沉着。一般这些印迹在分娩后会自行消失，但有时很难消退，需要很长的一段时间。预防的办法和防止妊娠黄褐斑一样，要尽量避免阳光。

2.保持清洁

孕妇在夏天非常容易长湿疹和痱子，因此要讲究卫生，出汗后要马上擦干。应该多换内衣，内衣的料子要选吸汗性良好的。最好每天洗澡，以保持身体的清洁。如果你已经长了湿疹和痱子，要悉心调养，注意不要让疙瘩破溃和感染。

3.穿衣打扮

怀孕中期，孕妇肚子明显地突出，腰围、臀围也跟着加大，一般的衣服已不合身。这时要开始准备适合季节的孕妇装了。

孕妇装的式样、花色繁多，购买时要讲求实用，以穿脱方便的为好。

鞋子要注意式样。市面上卖的高跟鞋、拖鞋式的凉鞋、胶底鞋容易摔跤，对孕妇都不合适。最好买专为孕妇设计的后跟低、底部有凹凸纹路、穿来平稳的鞋子。

为了不使乳房下垂，孕妇必须戴上乳罩，要选择不妨碍乳房发育的尺寸。最好买前开的乳罩，这样产后哺乳就方便了。

◎胎教活动——画简笔画（一）

绘画对孕妈妈来说是一种不错的美学胎教，通过绘画不仅能使孕妈妈心情愉悦，还能让孕妈妈接受艺术学的熏陶。可对于没学过绘画的孕妈妈来说，往往有些困难。这里我们给孕妈妈介绍一种简单的绘画方法，就是画简笔画，这种绘画方法非常简单，孕妈妈只需要会画一些简单的图形，就可以画出一些很漂亮的图画，同样的在画的过程中孕妈妈也会体会到无穷的乐趣，这也是一项很有意义的胎教活动课。孕妈妈在孕期闲暇的时间里，可以尝试着画画。孕妈妈学会了，等宝宝出生后还可以教宝宝画。

简笔画是通过目识、心记、手写等活动，提取客观形象最典型、最突出的主要特点，以平面化、程式化的形式和简洁洗练的笔法，表现出既有概括性又有可识性和示意性的绘画。简笔画的用途非常广，如教学、广告、图标等方面，它还是与人沟通的一种很好的形式，是儿童智力开发的重要手段之一。

简化与夸张是画好简笔画最重要的两点：

简化——把握大的基本形，将复杂的物体几何化、概念化。

夸张——抓住特征，强化表现。

小老鼠

四、准爸爸胎教指南

营造干净温馨的居室环境

为孕妈妈营养一个温馨、健康的家居环境，是准爸爸当仁不让的责任。要保持一个适合孕育的良好家居环境，需要注意以下事项：

1.保持空气流通

在天气晴朗的时候，准爸爸要注意多开窗通风，保持空气的流通，保持适当的温度和湿度。如果空气过于干燥，可采用加湿器加湿，或是在室内放置两盆水。

2.定期给屋子去蟑灭螨

蟑螂能携带的细菌病原体有40多种，螨虫的分泌物可引起多种疾病，准爸爸要定期用药物或者其他手段清除蟑螂和螨虫，此外一定要注意清洁地毯或者干脆暂停使用，螨虫通常栖息于此。

3.购买家具认环保

孕期购买新家具，准爸爸应尽量选择真正的木制品家具。在家具外面喷一层密封胶，可以防止甲醛雾气的散发。

准爸爸下厨

◎ 葡萄干粥

材料 葡萄干50克，粳米100克，白糖少许。

做法 将葡萄干拣净，用清水略泡，冲洗干净。粳米淘洗干净。锅内放入清水、葡萄干、粳米，先用旺火煮沸后，再改用文火煮至粥成，以白糖调味进食。

功效 此粥补气养血、强心利尿、强健筋骨。适用于气血虚弱、心悸盗汗、精神倦怠、神经衰弱、风湿筋骨疼痛的孕妈妈食用，孕妈妈食用后可以安胎。

◎ 香菇油菜

材料 油菜、香菇、盐各适量。

做法 油菜洗净，切成3厘米段，梗叶分开；香菇用温水泡开去蒂。锅置火上，放油烧热，先放油菜梗，至六七成熟，加盐，再加入油菜叶。放入香菇和浸泡香菇的汤，烧至菜梗软烂即可。

功效 含钙、铁丰富，同时还含蛋白质、脂肪、维生素B_1、维生素B_2、维生素C及磷等营养素，孕期常食能补钙。

第16周

最美的旋律

一、本周宝宝与胎教要点

胎宝宝变得很淘气

本周胎宝宝身长大约16厘米，体重达到110克左右。胎宝宝的皮肤逐渐变厚而不再透明，现在的小家伙“忙时”伸手、踢腿、舒展身姿，“闲时”揉脸、吃手、打哈欠。对于多数孕妈妈来说都可以感觉到胎动了，当胎宝宝忙着做体操的时候，孕妈妈会注意到小腹中那瞬间奇妙的感受。

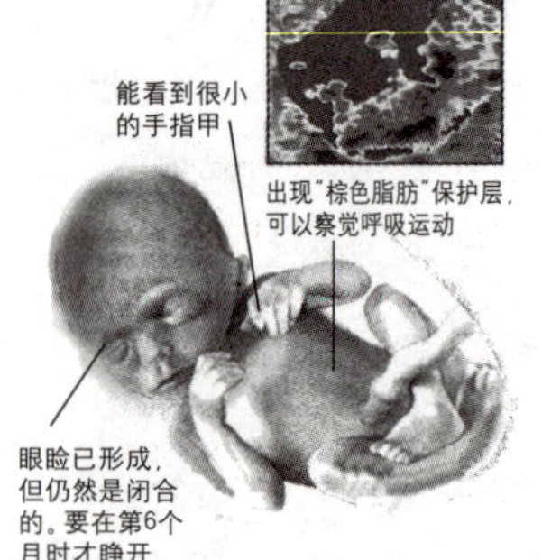

从上部超声波扫描能观察到：此时胎儿的鼻、手指和脚趾都能清楚地看到，头部与躯干相比仍然较大。

本周胎教要点

· **美学胎教：** 培养胎宝宝的审美情趣，从感受艺术之美开始。在家中就有很多感受艺术美的方式：门前的小路，铺了石子是一种美，路旁栽种的花草的造型是一种美，房屋的造型是一种美，门上贴的民俗画是一种美……所有这些，孕妈妈都可以自己先用心体会，再讲给胎宝宝听。

· **情绪胎教：** 身体不适带来的担忧和烦躁，会在不留神的时候偷袭孕妈妈，涂涂写写是一种良好的排遣方式。孕妈妈觉得郁闷的时候，不妨拿起一支笔，在上面涂涂画画，不一定要画什么出来，关键是作为一种放松心情的方式。

二、胎教理论

音乐心理治疗师解密音乐胎教

音乐胎教，正在吸引着无数的准爸爸和孕妈妈们以孜孜不倦的精神不断追寻着其中的奥秘。

据妇婴医院专业音乐心理治疗师介绍，音乐胎教是目前运用最广泛，且已被国际上诸多专家学者所证明的行之有效的科学胎教方法之一。以往人们对“音乐胎教”的理解是片面的，方式也很单一，而且因为没有获得专业人员的指导，往往使用了不正确的方式，导致了严重的后果。在国外，科学、完整的“音乐胎教”应该包括音乐、音乐接受者和专业的音乐心理治疗师，三者缺一不可，尤其重要的是胎教要在专业音乐心理治疗师的指导下才能进行。

音乐胎教的形式有音乐赏析、音乐思维、音乐操作、音乐游戏等。参加的人可以是胎儿、孕妈妈、准爸爸或者整个家庭。其内容更是丰富多彩，包括聆听法：有歌曲讨论，音乐回忆，音乐同步，音乐想象，音乐引导想象。

主动法：参与简单的演唱、演奏或音乐技能的学习，称为“音乐操作”，亲自感受音乐的律动，把身心融入音乐中去，激起活力，触发情感。

即兴法：即兴演奏式，选择简单的打击乐器，包括能演奏旋律的音乐乐器（木琴、铝板琴等），由音乐心理治疗师引导，家庭成员一起参与，随心所欲地演奏，互动式地反映情绪，改善情绪。

音乐心理治疗师的“音乐处方”

妇婴医院音乐心理治疗师表示，其实不论什么音乐，使孕妇心情愉快、感觉幸福是胎教音乐的首要要素，情不自禁地哼唱歌曲、俏皮的儿歌、平复心情的电影音乐，不论形式如何，选择喜欢的音乐才是关键所在。当然，音乐的选取绝对不可以随心所欲。有研究表明，由于胎儿的心脏瓣膜发育不完全，适合听3/4节拍或4/4节拍的音乐，并非所有的音乐都适合音乐胎教。

另外，10月怀胎期间，胎儿在孕妈妈的腹中发生着周期性的变化，在不同的成长阶段，从外部捕获的信息量和能力都有着天壤之别。因此音乐胎教除了要求妈妈心态好、心情愉悦之外，更重要的是适时、适阶段地实施胎教。在宝宝听觉发育的不同时期，给宝宝听不同美妙的声音，为孩子的大脑发育提供更有效、更好的刺激。所以，专业音乐心理治疗师能够根据胎儿不同发育阶段，为孕妈妈和宝宝制定科学的“音乐处方”。

科学的音乐胎教，需要考虑的因素有母婴不同阶段的周期变化，音乐的种类，还有宝宝、妈妈以及整个家庭的个性特点、文化背景、生活追求、音乐能力，因为不同的家庭这些情况都是不尽相同的。音乐胎教绝对不是一听了之，更不是填鸭式的，以孕妈妈、准爸爸的标准让宝宝被动聆听，音乐胎教也需要“因材施教”。专业的音乐治疗师能够综合多种情况，运用不同的“音乐心理治疗”方法，设计制定出科学的“音乐胎教”计划和方案。

儿童画

三、本周胎教课

◎运动胎教——孕中期普拉提

到此时为止，孕妇的腹部已渐渐隆起。在怀孕初期出现的孕吐、疲乏等症状已逐渐减轻或彻底消失。怀孕中期可以做一些躺着进行的普拉提动作，但是若感到疲倦或不舒服则应立即停止运动。

1.伸展四肢

❶平躺，左腿伸直，右腿屈膝。右臂向上伸出，左臂自然地放在身体左侧。

❷开始进行腹式呼吸。长长地吸入一口气，在呼出的时候双臂和双腿的姿势分别互换。重复5～10次。

2.蹲地

❶把一个体积较大的垫子靠墙放在地面上。两腿分开与臀部同宽，并靠墙站立。

❷在吸气和呼气的过程中曲起膝盖，顺着墙壁慢慢地坐到垫子上面，在臀部碰到垫子的那一刻把双手放在两膝上，用这样的姿势进行休息。

❸保持以上的姿势1～2分钟，将身体的重量集中在下部，完全放松腰部，深深地吸一口气再呼出，在保持背部靠墙的姿势下缓缓起身。但要注意，在胎位为臀位时不能采用这样的姿势。

◎胎教活动——用“闪光卡片”教英文

准妈妈除了可以用闪光卡片教中文外，还能用同样的方法，教胎儿英文。学习英文前，应先教胎儿26个英文字母，下面我们以B为例讲解一下准妈妈教英文字母的过程。

1.制作卡片

准备写有英文字母B的闪光卡片，大写和小写的各写一张，要用鲜艳的颜色勾画字母，一般以红色和黄色比较好，然后用黑色描边。

2.正确发音，想象字母形象

一边正确发出字母的音，一边用手指描B的写法，并将注意力集中在字母的色彩上，以加深印象。准妈妈可以想象字母B像兄弟葫芦娃或者是一根棍子靠在耳边。

3.讲一个关于字母B的单词

讲一个含有字母B的单词。比如Banana，准妈妈可以讲：香蕉是一种水果，成熟了后是黄色的，闻起来很香，吃起来很甜，大家都爱吃。准妈妈可以在脑海中想象香蕉的形象，当然也可以说别的含有字母B的单词，也加以形象化，让胎宝宝印象更深刻。

4.教英文的素材

下面为准妈妈介绍一首26个英文字母歌，准妈妈可以一边唱一边教胎儿。

A B C D E F G
H I J K L M N
O P Q
R S T
U V W
X Y Z
X Y Z
Now you see
I can say my ABC

四、准爸爸胎教指南

学会倾听与赞美

因为孕育新生命，孕妈妈会失去之前的美丽与苗条，有些孕妈妈还会承受越来越大的压力，比如担心宝宝的成长，担心自己的形象，担心分娩的剧痛，担心产后恢复困难等，如果孕妈妈的压力得不到舒缓，会使得孕妈妈和胎儿的健康受到影响。

准爸爸应学会发现并赞美孕妈妈的美，孕妈妈在怀孕后通常都会变得更可爱，她们身上有一种慈爱之心，准爸爸如果能对孕妈妈的这些魅力加以赞美，会令整个家庭都积极温馨起来。

孕妈妈心情低落的时候，准爸爸不妨多加开导，让孕妈妈说出自己的苦闷，并认真倾听，准爸爸少说多倾听会让奇迹发生，孕妈妈也会感激准爸爸的倾听。

准爸爸下厨

◎ 酸菜炒牛肉

材料 牛肉馅、酸菜、花生油、酱油、淀粉、糖、盐各适量。

做法

(1)把牛肉馅用花生油、酱油和淀粉拌好备用。

(2)酸菜洗净，挤掉水分，剁碎。

(3)用花生油烧热锅，炒熟牛肉馅，装起备用。

(4)再炒酸菜，加入糖和盐，放入牛肉翻炒片刻既可。

功效 营养丰富，能获得全面的营养素，有利于胎儿神经系统、骨骼等各器官的发育，增强孕妈妈体质。

◎ 参枣羊肉汤

材料 羊腿肉800克，红枣、党参各20克，生姜4片，料酒、精盐各适量。

做法

(1)羊肉洗净，切块；红枣去核洗净；党参洗净，切成段。

(2)在锅内倒入适量食用油起锅，放入羊肉，用姜、料酒爆透。

(3)把全部的材料一起放入锅内，加适量清水，大火煮沸后，小火煲3个小时，加精盐调味即可。

功效 此汤健脾补气，具有养心安神的作用。

第17周

生命在于运动

一、本周宝宝与胎教要点

胎宝宝喜欢玩脐带

现在胎宝宝看上去像一只梨子，大约有18厘米，重约150克。循环系统和尿道完全进入正常的工作状态，胎儿的肺也开始工作，他已经能够不断地吸入和呼出羊水。胎儿变得非常顽皮，除了玩玩小手和小脚，还会经常抓住脐带玩着不放。

本周胎教要点

·语言胎教：现在胎宝宝可以真切地听到声音，孕妈妈要多说话。孕妈妈可以将自己小时候听过的童谣念给胎宝宝，这样不但有利于胎宝宝的稳定成长，更能增进母子间的情感。

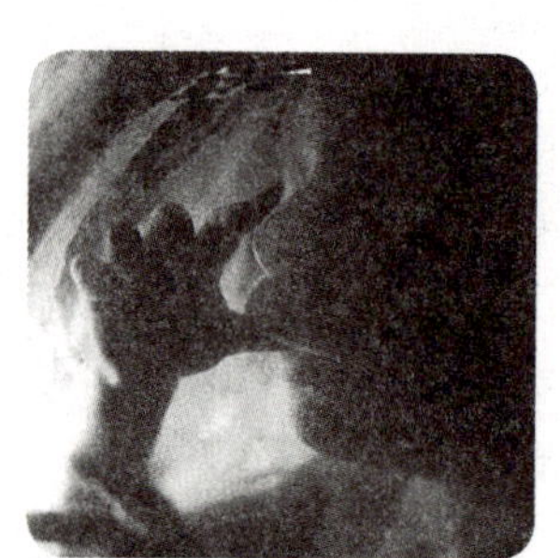

会做指尖并拢的动作了。

·情绪胎教：胎宝宝能感受来自母体的情绪反应，良好的情绪可以使胎宝宝获得足够的安全感，不安的情绪则会使胎宝宝感到焦躁不安。所以，在整个孕期，孕妈妈都不应忘记这一点，学习如何控制自我的情绪，以维持孕期的平静、稳定的心情。

二、胎教理论

每天定时用语言刺激胎宝宝

宝宝5个月时感受器官初具功能，在子宫中能接收到外界刺激，能以潜移默化的形式储存于大脑之中。尽管胎宝宝所处的环境与成人不同，他是漂浮于羊水中，外界的声波在到达宝宝时要穿过腹壁、子宫壁和羊水，声波的强度会减弱一些，但声音频率、音调和韵律是不会发生明显改变的，同样能传递给宝宝，宝宝是能感觉得到的。

实践证明，准爸妈经常和胎宝宝对话，能促进宝宝出生后的语言和智能发育。专家们提出，准爸妈与胎宝宝的对话练习要持续，每天定时刺激胎宝宝，每天1～2次。随着妊娠进展，每天可适当增加对话次数和延长对话时间，把快乐的感受告诉胎宝宝。

准爸妈和宝宝的对话内容不必太复杂，内容不限，可以是问候，也可以是聊天。为了培养宝宝丰富的想象力、独创性和进取精神，准爸妈还可以为宝宝选择一些色彩丰富、富有想象内容的宝宝画册，利用画册进行故事讲解。准爸妈可以将画册中展示的内容，富有想象地经、含感情地讲给宝宝听。

准爸妈在给宝宝讲故事时，不仅仅是朗读，而应把画册中的内容通过语言描述使之形象化，使画册中表达的内容更具体、更形象地传递给胎宝宝。

三、本周胎教课

◎情绪胎教——感受幸福的小妙招

在每个人看来，准妈妈都是幸福的人，相信自己，你的确就是那个幸福的准妈妈，你的幸福不仅是别人看来的那样，更应该让腹中的胎宝宝感受到，他也是幸福的，那么，让自己感受更多的幸福吧。

是一种态度，一种内心平和与满足的感觉，是一种没有忧虑、恐惧的经历。让我们教你小妙招吧！

❶别让心思纠缠在消极或者困难的事情上，试一试，你会发现不关注这些事情，生活也并不会缺少些什么，而你的快乐却会倍增。

❷常看令你感觉开心的喜剧、小品或者相声，这些来自生活中的幽默会让你倍感轻松。

❸听一些轻松愉快的音乐对你的心情大有好处。

❹每天腾出一点时间读几页鼓舞人心的文字或者文章，当你与艺术中的情感共鸣时，你会感到由衷的幸福。

❺每天做一点自己喜欢的事情，比如给自己买一本书、吃点自己喜欢的零食、看一个自己喜欢的电视节目或者电影等。

❻每天做一件让别人高兴的事情，说一句温暖人心的话，给别人一个贴心的微笑，送一件有诚意的小礼物，你会发现，这种快乐将是可以相互传递的。

❼与你认为幸福的人接触，你要相信，幸福是可以感染的，当你看见一个牵着孩子的妈妈时，你一定也会有幸福感。

◎胎教活动——用“闪光卡片”教数字

通过深刻的视觉印象将卡片上的数字、图形的形状和颜色，以及准妈妈的声音一起传递给胎儿。使胎教成功的诀窍是要以立体的形象传递给胎儿。

下面以数字2为例介绍一下用闪光卡片教数字的方法。

1.制作数字卡片

准备写有数字2的闪光卡片，要用鲜艳的颜色勾画数字，一般以红色和黄色为宜，然后用黑色描边。

2.将数字印在头脑中

将写有数字的闪光卡片拿到面前，准妈妈要将注意力都集中在数字的形状和颜色上，让这个数字在准妈妈的脑海中留下鲜明的印象。

3.想象和数字2样子很像的事物

单学数字2是很枯燥的，且给胎儿留下的印象也不会很深刻，所以准妈妈可以讲一些和2很像的事物，比如，您可以想象“浮在水面上的鸭子的倩影”，或者其他您自己觉得象“2”事物。尽可能从身边的事物中找出适当的例子来。当 然，这时不要忘记清楚地发好“2”的读音。由2联想到的事物，都是生活中可以见到的东西，胎儿会非常熟悉。在想象时，准妈妈还可以拿实物或画有实物的图片比照着讲给胎儿听，这样更形象生动。

◎胎教活动——简笔画（二）

1. 小鸭

2. 小鱼

3. 小鹿

四、准爸爸胎教指南

帮孕妈妈排遣不良情绪

孕妈妈在孕期的情绪容易变差，准爸爸要及时采取措施，帮助孕妈妈调节情绪，以便以良好的心态度过整个孕期。

当准爸爸发现孕妈妈出现担心、紧张、抑郁或烦闷的情绪时，可以引导孕妈妈做一件高兴或喜欢的事，如浇花、听音乐、欣赏画册、阅读或去郊游，等等。自然美感引起的情感，会使孕妈妈对生活重新充满信心。准爸爸也可鼓励孕妈妈把烦恼向密友倾诉，或写信、写日记，或者让孕妈妈换一个发型，都会给孕妈妈带来一种新鲜感，从而改变沮丧的心情。

让孕妈妈感受到你的爱

怀孕中的女人很辛苦，也会很敏感，孕妈妈会因为准爸爸的一言一行而变化着心情。所以准爸爸要时刻关注孕期孕妈妈的情绪变化，并用自己的方式表达出来，一双精心挑选的平底鞋，一句充满温情的话语，一顿精心准备的晚餐……都会让她幸福无比。

如果孕妈妈比较爱美，准爸爸可以悄悄地买上几件漂亮的孕妈妈装送给孕妈妈，给孕妈妈一个惊喜，这绝对是非常值得一试的灵验方法。

准爸爸下厨

◎ 鸡汤煲松仁海带丝

材料 松子仁、海带、鸡汤、盐各适量。

做法 松子仁用清水洗净；然后把海带洗净，切成细丝。锅置火上，放入鸡汤、松子仁、海带丝用文火煨熟，加盐即成。

功效 松子仁健脾滋阴，海带散结软坚、通便，含碘丰富。孕期食用可壮体，有利安胎。

◎ 凤爪猪尾炖花生

材料 鸡爪3只，猪尾1/4条，花生仁40克，姜2片，精盐适量。

做法 鸡爪剁去尖甲，再剁成两段，洗净；猪尾刮去残毛，洗净剁块；花生仁洗净，以温水浸泡30分钟。所有原料加入6杯水炖煮至花生软烂，加精盐调味即可食用。

功效 此菜含有丰富的蛋白质和脂肪，可以滋补孕妈妈的肌肤和筋骨，养血滋润。

第18周

轻轻地抚摸你

一、本周宝宝与胎教要点

胎宝宝开始胎动了

本周胎宝宝已经长到20厘米左右了，体重大约200克。原来偏向两侧的眼睛开始向前集中。骨骼差不多已成为类似橡胶的软骨，并开始逐步硬化。大多数准妈妈在这周都可感受到第一次胎动。

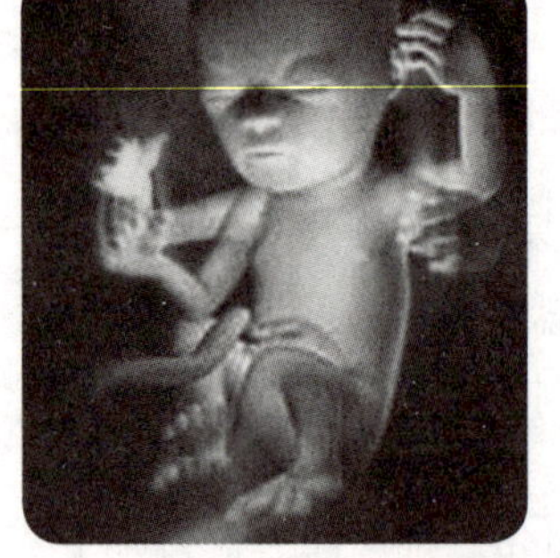

通过B超孕妈妈可以看到宝宝的各种姿势和运动时的动作。

本周胎教要点

· **抚摸胎教：** 此时可为胎儿进行触压拍打运动胎教，激发胎儿运动的积极性，促进胎儿身心发育。

· **营养胎教：** 胎宝宝在第4～5个月就开始具有视觉反应能力了，为了促进胎宝宝的视网膜发育，这个时期的胎教重点之一，就是及时补充维生素A。富含维生素A的食物主要有：动物的肝脏、鱼类、海产品、奶油和鸡蛋等食物，以及玉米、胡萝卜、韭菜、油菜、荠菜、马兰头、雪里红、小白菜、红薯、西红柿、柿子椒等植物性食物。

二、胎教理论

抚摸胎教

每一个孩子都喜欢父母的爱抚，胎儿当然也不例外，小家伙喜欢隔着肚皮，定时享受来自爸爸妈妈的爱抚。

实施抚摸胎教的好处，是经常受到父母爱抚的孩子长大后遇事更冷静沉着、反应更机敏。

抚摸胎教，是准父母与胎宝宝之间最早的触觉交流，通过抚摸孕妈妈的腹部，使腹中的宝宝感觉到父母的存在并作出反应。

1.抚摸胎教的益处

可以锻炼胎宝宝皮肤的触觉，并通过触觉神经感受体外的刺激，从而促进宝宝大脑细胞的发育，加快胎儿的智力发展。

能激发起胎宝宝活动的积极性，促进运动神经的发育。经常受到抚摸的胎儿。对外界环境的反应也比较机敏，出生后翻身、抓握、爬行、坐立、行走等大运动发育都能明显提前。

进行抚摸胎教的过程中，不仅能让胎儿感受到父母的关爱，还能使孕妈妈身心放松、精神愉快，加深一家人的感情交流和联系。

2.抚摸胎教注意事项

❶抚摸胎教应当有规律性，每天2次，坚持在固定的时间进行，这样胎儿才能心领神会地在相应的时间里作出反应。

❷抚摸胎宝宝之前，孕妈妈应排空小便。

❸抚摸胎宝宝时，孕妈妈要避免情绪不佳，应当保持稳定、轻松、愉快、平和的心态。

❹进行抚摸胎教时，室内要保持环境舒适，空气新鲜，温度适宜。

❺进行抚摸胎教时，如能配合对话胎教和音乐胎教等方法，效果会更明显。

3.不宜实施抚摸胎教的情况

❶一般在孕早期以及临近预产期不宜进行抚摸胎教；

❷有不规则子宫收缩、腹痛、先兆流产或先兆早产的孕妈妈，不宜进行抚摸胎教，以免发生意外；

❸曾有过流产、早产、产前出血等不良产史的孕妈妈，也不宜进行抚摸胎教，可改用其他胎教方法替代。

对胎儿进行游戏训练

谈到胎儿做游戏这一问题，可能会有人疑惑不解，胎儿怎么会做游戏呢？是啊，一般来说做游戏是出生后的孩子们的“专利”。可近几年来随着医学科学的发展和超声波的问世，医学家发现胎儿在母体内有很强的感知能力。

父母对胎儿做游戏胎教训练，不但能增进胎儿活动的积极性，而且有利于胎儿智力的发育。我们可以通过胎儿超声波的荧屏显示，来观察一下胎儿在母体内的活动情况：胎儿在某一天醒来时伸了一个懒腰，打了一个哈欠，又调皮地用脚蹬了一下妈妈的肚子，这使他感到很满意。

从胎儿这些动作和大脑的发育情况分析，科学家们认为胎儿完全有能力在父母的训练下进行游戏活动。

只要父母不失时机地通过各种渠道对胎儿施于早期胎教，使他获得良好而有益的刺激，其本身的能力会超过历史上任何一个声名卓著的人。

儿童画

三、本周胎教课

◎语言胎教——童话《拇指姑娘》

从前，有一个女人种了一粒巫婆给她的麦子。不久以后，就开出了一朵美丽的大红花，花的正中央坐着一位只有拇指那么大的姑娘，人们都叫她拇指姑娘。拇指姑娘很漂亮，唱歌很动听，女人很喜欢她， 她们一起快乐地生活。

一天晚上，一只丑陋的癞蛤蟆看到拇指姑娘睡得正香，就从窗护爬进来，把拇指姑娘连同她的睡篮拖到自己的住所。癞蛤蟆要拇指姑娘嫁给自己丑陋的儿子。

拇指姑娘面对丑陋的蛤蟆母子，大声哭起来。水里的鱼儿听到哭声，都跑过来。鱼儿帮拇指姑娘咬断一片叶子，让她当作小船划走了。

冬天到了，拇指姑娘又冷又饿。一只善良的田鼠见到了她，田鼠请拇指姑娘住进他温暖的家里，并拿出美味的食物。

田鼠的朋友鼹鼠爱上了拇指姑娘，鼹鼠就挖了一条通往田鼠家的洞。拇指姑娘在洞中发现一只冻僵的小燕子。经过拇指姑娘的悉心照料，小燕子恢复了健康，又飞了起来。

不久，田鼠要拇指姑娘嫁给吃穿不愁却害怕阳光的鼹鼠。

拇指姑娘喜欢阳光，不喜欢鼹鼠，又大声哭起来。小燕子听到拇指姑娘的哭声，就飞回来，把拇指姑娘驮到背上飞走了。

小燕子把拇指姑娘带到了一个开满鲜花的小人国，小人国的国王请求美丽的拇指姑娘做他的王后，拇指姑娘接受了请求，在小人国过上了幸福的生活。

◎抚触胎教——怎样和胎儿做游戏

一位美国育儿专家提出一种与胎儿“踢肚游戏”的胎教法，即通过母亲与胎儿游戏，达到胎教的目的。孕5个月的孕妇，可开始与胎儿玩“踢肚游戏”。

1.准备姿势

孕妇全身放松，呼吸匀称，心平气和，仰卧在床上，头不要垫得太高，面部呈微笑状，双手轻放在胎儿位上。也可将上半身垫高，采取半仰姿势。一定要感到舒适。

2.具体方法

❶胎儿踢肚子时，孕妇轻轻拍打被踢部位几下；

❷一两分钟后，胎儿会在拍打部位再踢；

❸改变部位，孕妇轻轻拍打腹部几下，改变部位离上一次被踢部位不要太远；

❹1～2分钟后，胎儿会在改变后的部位再次踢。

如此循环往复，每天进行2次，每次3～5分钟。

四、准爸爸胎教指南

感觉宝宝的活动

做这件事会要求你有相当的耐心，因为还在肚子里的小东西不会为他的每次表演都做“预告”的。而宝宝的活动非常非常细微，以至于你都不确认自己到底感觉到了些什么。所以你一定要坚持，有的时候小东西可能会让你等足10分钟才会稍有“表示”。不过随着时间的推移，胎儿的活动会越来越明显和激烈。到最后，你可能每一天都会感觉到他有力的“踢腿伸手”操。

给胎儿适度的刺激与锻炼

胎儿除生理需要外，还需要一些与精神活动有关的刺激和锻炼。例如，准爸爸可与孕妈妈开适度的玩笑，幽默风趣的话会使孕妈妈的感情更丰富；陪孕妈妈观看喜欢的影剧；让孕妈妈与久别的亲人重逢；让孕妈妈参与社交并和邻里接触；陪孕妈妈作短途旅游等。总之，让她的情绪出现短暂的、适度的变化，能够为未出世的孩子提供丰富的精神刺激。

准爸爸下厨

◎ 枸杞炖鸡

材料 鸡腿1只，枸杞10克，去子红枣10克，米酒、盐各适量。

做法

(1)鸡腿洗净后剁块，红枣及枸杞以清水快速洗净。

(2)将枸杞用米酒浸泡至涨大将所有的原料放入电锅中，加4杯水炖熟即可。

功效 枸杞有保护肝肾和促进造血的功效，同时还有利于降低血糖、血压。改善生理活性，对胎儿和母体都有补益的作用。

◎ 核桃芝麻糯米粥

材料 糯米、核桃、芝麻粉、糖各适量。

做法

(1)糯米洗净泡水1小时备用；核桃放入塑料袋中，敲成碎末状备用。

(2)锅内放核桃末、芝麻粉、糯米和适量水，一起煮开，改小火煮至粥稠，加糖调味即可。

功效 核桃和芝麻都有健脑益智的功效，有利于胎宝宝大脑发育。

第19周

一切为了宝宝

一、本周宝宝与胎教要点

胎宝宝开始吞咽羊水了

19周的胎宝宝身长大约有23厘米，体重约260克，胎儿此时开始吞咽羊水，肾脏已经能够制造尿液，头发也在迅速地生长。宝宝最大的变化就是感觉器官开始按照区域迅速地发展。味觉、嗅觉、触觉、视觉、听觉从现在开始在大脑中专门的区域里发育。此时，神经元的数量减少，神经元之间的连通开始增加。

本周胎教要点

· **运动胎教：** 这段时期，孕妈妈自然流产的危险性少多了，可适当加大运动量，以前擅长游泳的孕妈妈可以游泳；另外，孕期体操、孕期瑜伽、普拉提、散步都是不错的运动。

· **语言胎教：** 胎宝宝很喜欢妈妈和他说话，多和胎宝宝聊天，每天给胎宝宝读读报纸、诗歌、散文之类的作品。

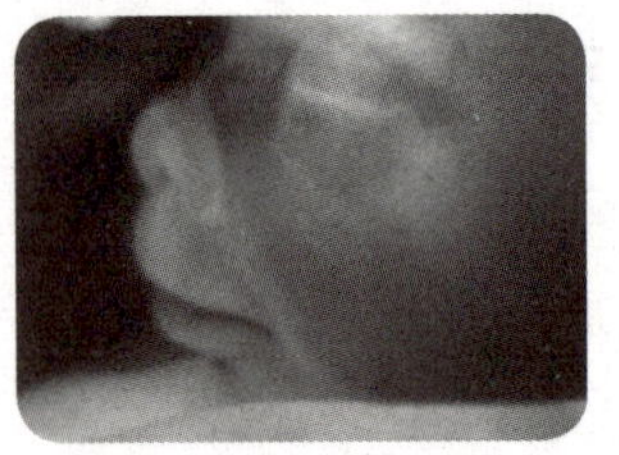

胎儿已具备听力，能听见声音。

二、胎教理论

胎儿听觉的发育

胎儿的听觉在发育过程中经不断完善便很快发挥作用。早在受孕后第4周，他的听觉器官已经开始发育，第8周时耳廓已经形成，这时胎儿的听觉神经中枢的发育尚不完善，所以还不能听到来自外界的声音。到了第25周，胎儿的传音系统基本发育完成。到第28周时，即第7个月的中旬，胎儿的传音系统已充分长成并可以发生听觉反应，至此，胎儿就已经具备了能够听到声音的所有条件。

然而，胎儿深居子宫中，隔着不少组织器官，究竟能不能听到外面世界的声音呢?回答是肯定的。在胎儿的几种感觉器官中，最为发达的就是听觉系统了。

在妊娠的前半期，由于其听觉器官尚未发育完善，“两耳不闻宫外事”，过着平静安闲舒适的生活。随着听觉器官的发育，终于有一天，原本恬静安宁的小天地开始被一些声响所干扰。最初只是模模糊糊的感觉，有一天清晨，胎儿在甜美的酣睡中渐渐地被种种新奇的声响所唤醒，惊奇又欣喜地发现能听清声音了。从此外来的声音开始闯入了胎儿的耳膜。

其间，除低音能被过滤外，妈妈子宫的血流声、心脏的搏动声、淋浴的水流声、爸爸的说话声以及来自外界的收音机、电视机的声音，统统都被胎儿的耳朵所接收。小小的胎儿此时已不再是无动于衷的等闲之辈，他已经能对传入耳中的强音产生身体紧张的反应，引起胎动和心率的变化，并能对声音的强弱、音调的高低产生不同的反应。

从有听觉开始，胎儿每时每刻都有妈妈的心跳声伴随着，心理上对它产生了很强的依赖性，以至在他出世之后，每当遇到惊恐、不安、寒冷、疲劳等恶性刺激时，如果妈妈把婴儿抱近她的胸口，让这熟悉的心跳声传入孩子的耳膜，就可以立即让他感到温暖的安全感，从而平静下来。可以说，妈妈的心跳声是伴随胎儿长大的安乐曲和背景音乐。

用音乐训练胎儿听觉

音乐是一种有节奏的空气压力波，对人类的心理活动与生理活动有着极大的影响。音乐的运动节律与人体的运动节律比较一致。音乐节奏作用于孕妈妈，能影响到胎儿的生理节奏，使胎儿从音乐中受到教育。

为了提高对胎儿的听觉训练，从这个月开始，可以每天进行2次听觉训练，每次3~5分钟。主要选用供孕妈妈欣赏的作品，音乐应柔和平缓，优美动听，带有诗情画意。

孕妈妈每天可以哼唱几首自己喜爱的抒情歌曲，或优美而富有节奏的小调。孕妈妈哼唱歌曲可以舒缓精神、放松心情。

三、本周胎教课

◎语言胎教——给宝宝唐诗（七言）

经典的古代诗词很能陶冶人的性情，韵律起伏、抑扬顿挫，读来朗朗上口，给人以美的感受和思考，孕妈妈要经常带上情感朗读这些优秀诗词。

赠汪伦/李白

李白乘舟将欲行，
忽闻岸上踏歌声。
桃花潭水深千尺，
不及汪伦送我情。

枫桥夜泊/张继

月落乌啼霜满天，
江枫渔火对愁眠。
姑苏城外寒山寺，
夜半钟声到客船。

山　行/杜牧

远上寒山石径斜，
白云深处有人家。
停车坐爱枫林晚，
霜叶红于二月花。

赤　壁/杜牧

折戟沉沙铁未销，
自将磨洗认前朝。
东风不与周郎便，
铜雀春深锁二乔。

菊　花/黄巢

待到秋来九月八，
我花开后百花杀。
冲天香阵透长安，
满城尽带黄金甲。

乌衣巷/刘禹锡

朱雀桥边野草花，
乌衣巷口夕阳斜。
旧时王谢堂前燕，
飞入寻常百姓家。

回乡偶书/贺知章

少小离家老大回，
乡音无改鬓毛衰。
儿童相见不相识，
笑问客从何处来。

出塞二首（一）/王昌龄

秦时明月汉时关，
万里长征人未还。
但使龙城飞将在，
不教胡马度阴山。

绝句四首（三）/杜甫

两个黄鹂鸣翠柳，
一行白鹭上青天。
窗含西岭千秋雪，
门泊东吴万里船。

◎音乐胎教——圆舞曲《春之声》

小约翰·施特劳斯于1883年创作了这首《春之声》圆舞曲，当时作者已经年近六旬了，但本曲却依然充满了活力，处处散发着青春的气息。

本曲是小约翰·施特劳斯不朽的名作。据说小约翰·施特劳斯是在一个晚上在钢琴上即兴创作出本曲的，因此本曲最早的版本是钢琴曲，后经剧作家填词而成为流行一时的声乐曲，直到现在，本曲的声乐版本仍然是许多花腔女高音十分喜爱的曲目。本曲的管弦乐版本也十分流行，百余年来一直深受世界人民喜爱。

作为一首圆舞曲，本曲与作者其他的圆舞曲迥然不同。它并不是典型的维也纳圆舞曲体裁，其节奏自由、充满变化，旋律生动而连贯，具有较强的欣赏性，很少用于伴舞，原谱中也没有注明各个段落。另外本曲还带有回旋曲的特征。全曲具有相当高的艺术性，雅俗共赏、经久不衰。曲中生动地描绘了大地回春、冰雪消融、一派生机的景象，宛如一幅色彩浓重的油画，永远保留住了大自然的春色。

本曲没有序奏，而是在四小节充沛的引子之后，贯穿全曲的第一主题（降B大调）随之出现，复杂而具有装饰音色彩的旋律给听众一种春意盎然的感觉；紧接着第二主题（F大调）进入，旋律趋于平和，但色彩依然生动；经过重复第一主题之后，优美的第三主题在竖琴的琶音伴奏之下缓缓进入，给人以春水荡漾般的舒畅感；第四主题运用大音程的跳动，显示出无穷无尽的活力；第五和第六主题略带一丝阴暗的色彩，仿佛是在描写春日里偶尔飘来的阴云；第七主题节奏自由，阴郁的气氛一扫而空，旋律又呈现出春天生机盎然的感觉；乐曲的结尾也较为简单，只是重复一遍第一主题之后，利用第一主题的旋律加以变奏，干净利落地结束全曲。

四、准爸爸胎教指南

让宝宝听到你的声音

从怀孕第5个月开始，胎儿就已经能听到你的声音了。所以，准爸爸多对着妻子的大肚子说说话。可以在每次对宝宝说话的时候多重复一些简短的句子，比如什么“你好啊！小家伙”，“我的乖宝宝”，“爸爸来了”等等。等孩子出生后再重复同样的话，你会惊讶地发现宝宝会回过头来找你。

讲个声情并茂的故事

准爸爸定时念故事给腹中的胎儿听，可以让胎儿有一种安全与温暖的感觉，尤其是如果一直反复念同一则故事给胎儿听，会令其神经系统变得对语言更加敏锐。

那些读来非常有意思，能够使人感到身心愉悦的儿童故事、童谣、童诗等都是准爸爸可以选择的，准爸爸可以轮流将作品中的人事物详细、清楚地描述出来，比如：太阳的颜色、家的形状、主人公穿的衣服等，让胎儿融入到故事所描绘的世界中去。

准爸爸可以想象胎儿正在身边聆听故事，根据故事情节的变化，变化多种音调。还可以利用自己的创造力，以周围常见的事物为题材，自编童话故事，并带感情地讲给胎宝宝听。

准爸爸下厨

◎ 虾片粥

材料 大米、大虾、淀粉、花生油、料酒、白糖、盐、葱花各适量。

做法 将大米洗净，加盐拌匀备用；将大虾洗净，且成薄片，加淀粉、花生油、料酒、白糖和少许盐，拌匀上浆。将米熬粥，熬至米粒开花、汤汁黏稠时，倒入腌好的虾肉片，用旺火烧滚即可，食用时，盛出撒葱花即可。

功效 大虾含钙丰富，具有补肾益气、健身壮体的作用。

◎ 扒银耳

材料 银耳100克，豆苗50克，盐、香油各适量。

做法 将银耳泡发，去蒂，洗净，撕小朵，焯水后沥干；豆苗洗净，焯水后沥干，备用。锅置火上，放入适量清水，加盐、银耳煮沸，捞出盛入碗内过凉，撒上豆苗，加盐拌匀，淋上香油即可。

功效 银耳能增强机体抗辐射的能力，促进骨髓的造血功能。

第20周

无意识的顽皮

一、本周宝宝与胎教要点

胎宝宝可以转动身体了

20周胎宝宝已经长到25厘米左右，体重约320克，生长趋于稳定。皮下脂肪开始生成。视觉、听觉、味觉、嗅觉等各类器官的神经细胞得到全面发展。这时，胎儿能在羊水里任意伸展身体，用手抓东西，并且可以转动身体。

左边照片显示的是17周女性胎儿的外生殖器。

眼和眼睑发育良好

全身覆盖着细毛（胎毛）

耳已发育

胎儿性别在受孕时已经确定。现在已经可以通过B超看出宝宝性别了。

本周胎教要点

·美学胎教： 这一时期的美学胎教依然很重要。生活中的美无处不在，孕妈妈可以带着胎宝宝一起去发现、捕捉以及分享那些美好，不方便远行的话，孕妈妈可以通过看旅游风景光盘、看地理画册和游览日记来获得自然之美的感受。

·营养胎教： 必要的脂肪，可保证胎宝宝正常的生长发育，尤其一些不饱和脂肪酸，更是合成胎宝宝神经髓鞘的重要物质。海鱼、海虾、核桃、奶酪、三文鱼、杏仁、开心果、花生等含有有益于智力发育的不饱和脂肪酸，孕妈妈可以多吃一些。

二、胎教理论

对话胎教

父母亲通过动作和声音与腹中的胎儿对话是一种积极有益的胎教手段。在对话过程中，胎儿能够通过听觉和触觉感受到来自父母亲爱的呼吸，对促进胎儿的身心发育具有十分有益的影响。对话可从怀孕3～4个月开始，每天定时刺激胎儿，每次时间不宜过长，1分钟足够。对话内容不限，可以问候，可以聊天，可以讲故事，以简单、轻松、明快为原则。例如早晨起床前轻抚腹部，说声“早上好，宝宝。”打开窗户告诉胎儿：“哦，天气真好。”等等，最好每次都以相同的询问开头和结尾，这样循环往复，不断强化，效果较好。晚上父亲临睡前也要和胎儿说说话，这些熟悉的声音可促进胎儿听觉发育，记忆增强。

孕妇在对胎儿做听觉胎教时，应细致地观察胎儿有何反应。若是胎儿反应强烈，就应该暂停。

每天适当增加对话次数

随着妊娠的进展，每天还可适当增加对话次数，可以围绕父母的生活内容，把每一件新鲜事物，把美好的感受反复传达给胎儿。最后还需提醒大家：由于胎儿还没有关于这个世界的认识，不知道谈话内容，只知道声音的波长和频率。而且，他并不是完全用耳听，而是用他的大脑来感觉，接受着母体的感情。所以在与胎儿对话时，孕妇要使自己的精神和全身的肌肉放松，精力集中，呼吸顺畅，排除杂念，心中只想着腹中的宝宝，把胎儿当成一个站在面前的活生生的孩子，娓娓道来，这样才能收到预期的效果。

孕中期是胎宝宝处于相对安定的时期。当孕妈妈外出散步、买东西、郊游、参观时，要善于与周围的人微笑相处。只有这样，才会捕捉到生活中不少充满乐趣的新话题，以便富有情感、绘声绘色、自言自语地对宝宝讲授。

诸如人们生活中的友善相处、居处的环境、维持社会机构的机关和设备、自然界不同季节的变化、动物的生态情况等，让宝宝在母体内生活的过程中逐渐熟悉自然界及人类社会的知识，让宝宝在胎儿时期就对自己将要降临的人间有所感知。

三、本周胎教课

◎语言胎教——童话《快乐的天使》

贝贝生长在一个甜蜜的家庭。爸爸爱妈妈，妈妈爱爸爸，他们都爱乖巧、可爱的小贝贝。街坊邻居都说：贝贝是个快乐的天使！

贝贝五岁的那年春天，妈妈生下了一个小妹妹——柔柔。贝贝不习惯妹妹的来临，居然和妹妹抢奶瓶呢！一天傍晚，妈妈替小柔柔洗澡，贝贝十分嫉妒，他觉得全家人好像不再关心她了！哼！我最可怜了……

第二年春天，小柔柔满周岁，家里来了许多客人真是热闹。贝贝却在大门外，东张西望地等着胖叔叔。我的胖叔叔来喽！胖叔叔老远的走来，他右手提着礼物，左手擦着汗。贝贝的心跳得像爆米花似的。却没想到，胖叔叔的礼物竟然是给柔柔的！他还夸赞小柔柔是白雪公主。贝贝生气地哭了：我讨厌柔柔！但是，自从贝贝开始讨厌妹妹的那一天起，快乐天使就好象离开了贝贝。

一天，家里来了一位客人——杜婆婆。杜婆婆发现贝贝不快乐，就拿出两张图画来。一张图画有光明灿烂的天堂，也有痛苦可怕的地狱。贝贝不愿意将来去可怕的地狱。杜婆婆说：凡是要去天堂的人，他的心灵要先改变。于是，又拿出另一张图画。图画上有两颗心，一颗心快乐，一颗心不快乐。再看看！这两颗心的内容大不相同。

小贝贝看了图画，好伤心哪！她想起许多在暗中做过的事，就羞愧地哭了。贝贝紧紧地抱着妹妹说：柔柔！姐姐以前对不起你，姐姐爱你，姐姐要永远爱你。贝贝真的改变了，她不再嫉妒妹妹，她们彼此相亲相爱，直到长大，再也没有吵过架。

朋友，你知道吗？自从贝贝开始爱护妹妹的那一天起，快乐天使这个名字，早已不知不觉地又回到贝贝身上了。

◎运动胎教——孕期瑜伽（孕中期篇）

1.阿帕那式

做法：

❶仰卧，将膝盖并拢，双脚分开，弯曲至胸前。

❷双手分别放在两膝上，整个练习中双手都要放在这个位置。

❸吸气时伸直手肘，缓慢推动膝部与身体分离。

❹呼气时双膝收回至胸部。

❺重复10～20次。

练习时臀部要一直与地面接触。孕妈妈还可以非常安全地练习双腿分开的姿势，减轻背部疼痛，另外这个简单而重要的瑜伽姿势可以帮助恢复身体的协调，做起来也非常舒适。

益处：这是一种有助于排除体内毒素的孕妈妈瑜伽姿势，可以帮助清除肺部的二氧化碳，促进消化和吸收，起到按摩腹部器官的作用。

2.婴儿式

做法：

❶仰卧，双膝屈于胸前。

❷双膝保持弯曲，向上举起双脚，小腿与地面垂直。

❸双手握住两脚外侧边缘，两腿膝盖靠近腋窝，尾椎骨贴紧地面。

❹保持这个姿势，以感觉舒适为限度，然后双脚放回地面，双膝弯曲。

❺双膝屈于胸前，吸气。

❻呼气，双膝置于身体右侧并贴地。注意不要向上抬脚。

❼吸气，双膝回复起始姿势。

❽呼气，双膝置于身体左侧并贴地。

❾吸气，回复起始姿势。

❿身体每侧动作各重复5次。

第❺步以后的动作可以减轻练习时髋部所产生的紧张感。

益处：可以帮助孕妈妈伸展髋部和骨盆部位。

◎胎教活动——简笔画（三）

花卉

生活用品

四、准爸爸胎教指南

一起替宝宝取名字

对宝宝进行语言胎教时，不妨首先给宝宝起个乳名，并时时呼唤，此外在宝宝出世前准爸爸孕妈妈也可以一起发挥自己的聪明才智，给未来宝宝把名字取好。

在怀孕5～6个月的时候，胎宝宝就有了听觉，这个时候如果准爸爸孕妈妈经常呼唤胎宝宝的乳名，他会记忆深刻，等到出生后，当他听到有人呼唤他的乳名时，这种熟悉的感觉会使他产生一种特殊的安全感，烦躁、哭闹明显减少，有时会露出高兴的表情。

虽然宝宝出世以前并不知道是男孩还是女孩，但是这并不妨碍准爸爸孕妈妈给宝宝起个中意的名字，反而还能让爸爸妈妈对宝宝的未来充满期待，激发他们的慈爱之心，不会觉得取很多个名字备用会很麻烦。

准爸爸下厨

◎ 番茄土豆牛肉

材料 番茄50克，土豆150克，卷心菜50克，煮牛肉原汤750克，葱姜末、精盐、芝麻油各适量。

做法 土豆去皮洗净，切小丁；卷心菜洗净，切小片；番茄洗净后用开水烫一下，剥去皮，切小块。汤置火上，倒入牛肉汤，加葱姜末，投入土豆和卷心菜，烧开后撇去浮沫，倒入番茄块，再烧8分钟，放入精盐调味，至土豆酥烂，淋上芝麻油即成。

功效 此菜菜酥软、汤鲜美、微酸，富含维生素C，是孕妈妈的滋补佳品。

◎ 虾皮烧冬瓜

材料 冬瓜1块（约300克），虾皮、盐各适量。

做法

(1)冬瓜去皮，切块；虾皮浸泡洗净待用。

(2)锅旺火热油，冬瓜快炒，下入虾皮和盐，并加入少量水，烧透入味即可。

功效 冬瓜含大量水分和维生素C，虾皮含丰富的钙、碘等成分，可提高免疫力，有力胎儿骨骼生长。

第21周

动来动去的幸福

一、本周宝宝与胎教要点

胎宝宝变得滑溜溜的

21周胎宝宝的身长约26厘米，体重约390克。胎宝宝现在看上去变得滑溜溜的，身上覆盖了一层白色的、滑腻的物质，这就是胎脂。胎宝宝的眉毛和眼睑清晰可见，渐渐变得“眉清目秀”。

本周胎教要点

· **语言胎教：** 色彩丰富、富于幻想的儿童图书《匹诺曹》、《狐狸列那的故事》、《尼尔斯骑鹅旅行记》、《阿拉丁》等都是绝佳的故事蓝本，孕妈妈根据故事内容，调动想象力在自己脑海里编排出故事情节，传递给胎宝宝，这些更有利于宝宝将来拥有丰富的想象力和创造力。

· **营养胎教：** 在妊娠6月，孕妇和胎儿的营养需求猛增，因此孕妇要注意适当地增加营养，以保证身体的需要，孕妇体内能量及蛋白质代谢加快，对B族维生素的需要量增加，所以要多食用富含B族维生素的食物。

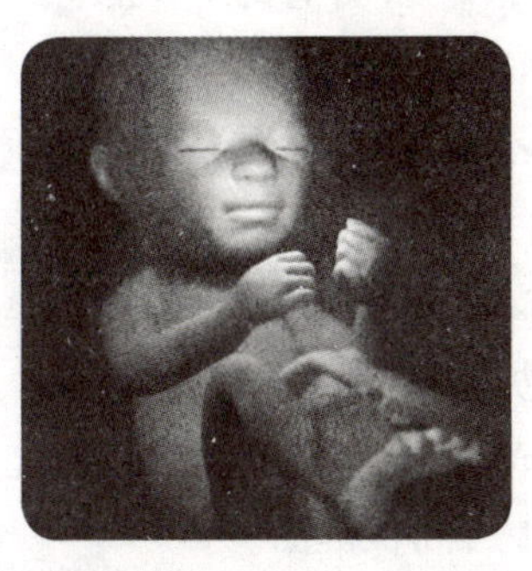

小宝宝的眉毛和眼睑清晰可见。

二、胎教理论

胎动与胎宝宝安全

怀孕3个月后，宝宝初具人形，他在羊水中像鱼儿一样自由游动。因为此时宝宝较小，羊水较多，虽然宝宝在活动，甚至活动幅度较大，孕妈妈也不一定能感觉到。到怀孕16周后，有的孕妈妈可能会感觉到胎动，而初次怀孕的孕妈妈由于缺乏经验，往往要到18～20周时才能明显觉察到胎动。

胎动是宝宝正常生理活动之一，它与宝宝肌肉张力、神经系统功能以及母体供氧有关。安静型宝宝胎动比较柔和，次数较少；兴奋型宝宝胎动动作大，次数多。宝宝受到外界刺激如声音、振动时，胎动会增多；宝宝缺氧时胎动会减少；一天中下午2～5时胎动最少，下午6时到晚上11时胎动最活跃，次数最多，早晨和上午介于两者之间。如果胎动消失24～48小时，宝宝即可能死亡，胎心也随之消失。

数胎动胎教

胎动，是子宫内胎儿生命健康的重要标志。孕妈妈数胎动可以成为一种很好的胎教施教方式。

在通常情况下，第1次胎动是在妊娠18～20周之间。此时，孕妇应该坚持有规律地数胎动，时间最好固定在每天晚间8～9点，胎动一般平均每小时3～5次。

孕妇每天坚持自数胎动，既是十分简便而且是行之有效的对胎儿进行监护的办法，又可以与多种基本的胎教方法结合起来，成为一种很好的胎教施教方式。

数胎动时，由于母亲对胎儿的高度注意，所以是实施胎教理想的时机。通过对胎儿身体姿态的丰富想象，自然而然地就可以对胎动进行生动描绘，这时对胎儿进行对话，就能够增进母子之间的感情交流。

比如说："这一下是头撞，练的是头功；这一下是击拳，拳功真棒；这一下是踢脚，大有足下生风、临门劲射之势。又来了，这回可是全身运动，舒展开怀……"

一边联想，一边轻声地喝彩鼓励。母亲这些意念作用，无疑会增加母子之间的依恋之情，对于胎儿出生后的心理、智力、意志、爱好、情趣以及生长发育都将产生良好的影响。

许多胎教成功者最深刻体会是：胎儿蕴藏着神秘莫测而又巨大的生命力。孕妇每天看电视中的新闻联播以及天气预报之后，定时自数1小时的胎动，并且把胎动次数记录下来，逐日逐月绘成一张胎动图，只要持之以恒，这幅图将会是一份保健图。

这幅图如果保存起来，也是很有意义的，这何尝不是一份母爱示意图。

三、本周胎教课

◎语言胎教——读绕口令

1.鹅过河

哥哥弟弟坡前坐，
坡上卧着一只鹅，
坡下流着一条河，
哥哥说：宽宽的河，
弟弟说：白白的鹅。
鹅要过河，河要渡鹅。
不知是鹅过河，还是河渡鹅。

2.慢表表慢慢半秒

表慢，慢表，慢表慢半秒。
慢半秒，拨半秒，
拨过半秒多半秒。
多半秒，拨半秒，
拨过半秒少半秒。
拨过拨去是慢表，
慢表表慢慢半秒。

3.姥姥有个宝宝

姥姥有个宝宝，
宝宝有位姥姥，
姥姥疼爱宝宝，
宝宝喜爱姥姥。
姥姥天天抱宝宝，
宝宝天天亲姥姥，
姥姥老，走不好，
抱着宝宝摔一跤，
跌了姥姥，摔了宝宝，
宝宝连忙扶姥姥，
姥姥赶快抱宝宝。

4.种冬瓜

东门童家门东董家，
童、董两家，同种冬瓜，
童家知道董家冬瓜大，
来到董家学种冬瓜。
门东董家懂种冬瓜，
来教东门童家种冬瓜。
童家、董家都懂得种冬瓜，
童、董两家的冬瓜比桶大。

◎意念胎教——将意念传导给胎儿

孕妈妈逐步放松身体各部位，慢慢入静，进入静、空、自然的心境及思维状态中。然后集中注意力，大脑意想胎儿，好似胎儿的形象浮现在脑海里(如没有这种感觉，胎教可照样进行下面的步骤)。

这时孕妈妈可以通过意识波沟通与胎儿的联系，将信息逐一的、若有若无地通过意念并可以配合语言传导给胎儿，逐步激发胎儿的脑细胞活力，挖掘并强化胎儿的潜意识功能，使胎儿具有接受外界信息的功能。

比如，你想让胎儿知道什么是花，你轻轻闭上双眼，先在头脑中浮现或想一下胎儿的形象，接着在头脑中浮现或想象一种或多种花的样子，同时说：这就是花；接下来，你可以用意念并配合语言告诉胎儿，花的种类、颜色、香味等各种花的知识。

你想培养胎儿勤劳的品德，在你做家务活时，大脑时时意想小宝宝，并将自己的动作像放电影一样，时时在头脑中过一过，同时对胎儿讲，人为什么应该勤劳。

逐渐地，你可以将各种期望以及科学知识由浅入深、由感性到理性灌输给胎儿。在这一阶段，每次以10分钟的时间为宜，一天一至两次，根据大人的精力情况及胎儿的反应情况决定是否逐步延长胎教时间。

◎胎教活动——帮宝宝起个好名字

现在该考虑给心爱的宝宝起名喽！根据你和妻子不同的审美观念，不一样的愿望和追求，就有不一样的取名构思，你们可以一起为未出生的宝宝取个好名字。

1.色彩组合

大自然因为有了色彩才如此多娇、美丽，色彩是美化自然的神笔，也是通向“美名”的一座虹桥。登上这座虹桥，就会看到许多美丽的风景，会寻觅到大量光芒四射、令人倾倒的“美名”。所谓“色彩组合”，就是用绚丽色彩的字制作名字，使名字熠熠生辉、闪耀着七彩的光泽。

2.愿望理想

愿望理想命名法，就是将父母的所思所想、所念所盼、所求所望等内心情感，通过姓名的方式表达出来，展示于人，如兴邦之国、敬业之道，这类名字常常用“国”、“华”、“振”等字眼。

3.一语双关

双关起名法即一箭双雕，一个名字表达两种不同的语义。所起的名字往往相当精彩，蕴含多种内涵，使人不易忘怀。

4.动态显神

动态显神法的关键是动词和名词、形容词的选择与组合。通常情况下，选取准确生动的动词，并由它组成动宾词组，是构成动态画面和意境的中心环节。如麦结华、吕振羽、云照光、李醒尘等名字，就是运用这种方法来命名的。这些用名字描绘的画面生动、鲜明、感染力强，并且给人带来启示，容易理解，内涵相当丰富。

5.美好寓意

爸爸妈妈希望宝宝健康、聪明、品德好、快乐、优秀，就可以选用一些中国文字：聪（聪明）、辉（光明）、乐（快乐）、嘉（优秀）、秀（美好），很多字词都能表达你的美好意愿。

四、准爸爸胎教指南

与胎宝宝一起“看图说话”

孕妈妈准爸爸用富于想象力的大脑将图画中的幻想世界放大后传递给胎儿，能够很好地促使胎儿的心灵健康成长，最常见的方式是看画册。

在看画册的时候，既要欣赏画册的美，也要把画册的内容或小知识讲给胎儿听。在讲的时候，如果对植物了如指掌，可以多讲讲植物；如果对美术造诣较深，不妨介绍美术；若是擅长绘画和写作，可以将图画赏析给胎儿听。

选择画册时，准爸爸孕妈妈应尽量找一些色彩丰富、内容愉快、富于幻想、情节独特，能唤起人幻想、幸福和希望的幼儿画册。最好将那些描绘残酷和恐怖场面的画页删除，以免胎儿感到不必要的恐惧。孕妈妈还可以自己绘制一些图画。绘画的过程本身也是一种修身养性、陶冶身心的行为，还可以培养自己的美学修养，一举两得。

准爸爸下厨

◎ 发菜蚝豉粥

材料 粳米100克，发菜(干)3克，蚝豉(牡蛎肉的淡干品)60克，猪瘦肉60克，盐适量。

做法 先将发菜、蚝豉洗净，猪瘦肉剁烂，制成肉丸。用沙锅加适量清水煮沸，放入粳米、发菜、蚝豉，一同煮至粳米开花，再加入肉丸同煮至粥稠，最后加入盐调味即可。

功效 此粥有滋阴潜阳、润肠通便的功效，适于患有妊娠高血压疾病的孕妈妈食用。

◎ 归参炖母鸡

材料 当归15克，党参15克，母鸡1只（约750克），葱、姜、料酒、盐各适量。

做法

(1)母鸡宰杀后，取出内脏，洗净。

(2)将当归、党参放入鸡腹内，用牙签固定，放入沙锅中，加葱、姜、料酒、盐、清水，炖烂即可。

功效 补血壮体，适用于肝脾血虚的慢性肝炎和贫血。

第22周 自由自在舒展

一、本周宝宝与胎教要点

胎宝宝的牙胚开始发育了

22周的胎宝宝身长约27厘米，体重约470克。这个时候的胎宝宝皮肤依然是皱的、红红的。这皱折也是为皮脂肪的生长留有余地。此外，这时宝宝的牙齿也开始发育了，主要是恒牙的牙胚在发育。

本周胎教要点

· **美学胎教：**优秀的美学作品，能够开拓人的视野和思维模式，使人头脑更加灵活。如果孕妈妈选修了插花或者布艺等手工艺班，对胎宝宝来说就是一个非常好的美学胎教机会，缝纫、画画、串珠、剪纸、陶艺……亲自动手，让胎宝宝和你一起感受美、创造美吧！

· **营养胎教：**这个阶段胎宝宝需要更多的铁，来制造血液中的红细胞和辅助其他器官的发育，许多食物的铁含量都很丰富，如猪肉、牛肉、动物肝脏、木耳、紫菜、发菜、荠菜、黑芝麻、藕粉、黑豆、胡萝卜、黄花菜等，孕妈妈平时注意补充，能够预防缺铁。

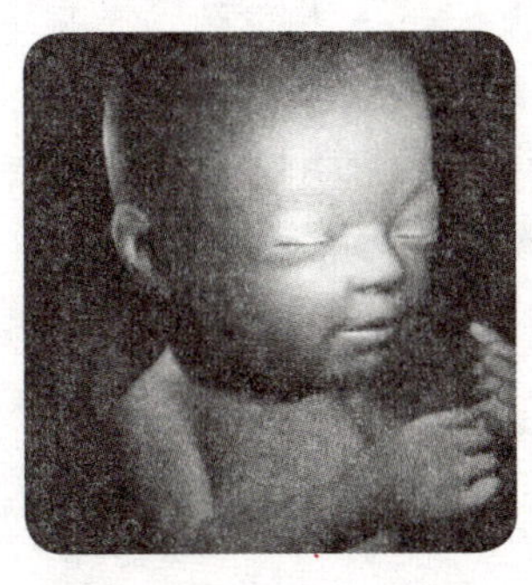

手指甲长出来了，小眉毛也长出来了。

二、胎教理论

美术欣赏与胎教

人要保持身心健康，就要适当丰富自己的精神活动。例如听音乐、看书、读诗、旅游或欣赏美术作品等，这些美好的情趣有利于调节情绪，增进健康，陶冶人的情操，而且对下一代也是非常重要的。

准爸爸和孕妈妈可以一起去看美术展览，边欣赏边谈论自己的观点。有些美术作品要反复揣摩，才能品味出艺术的醇美，步入艺术的境界，才能油然而生美的感受和遐想。通过对这些美术作品的欣赏，潜移默化中也让你的宝宝受到了熏陶。

另外，孕妈妈要提高自己的艺术鉴赏力，因为对美术作品欣赏能力的程度，直接关系到孕妈妈传递给胎儿信息的丰富程度，它是每一个孕妈妈都应该不断学习和提高的一种文化艺术修养。它要求孕妈妈在理解美术作品的基础上，用心去体会，引起情感上的共鸣，产生美的感受，从而达成对胎儿的美育胎教。

绘画与胎教

由于胎儿生长在子宫这个特殊的环境里，胎教就必须通过母体来施行，并通过神经来传递到胎儿未成熟的大脑中，对其发育成熟起到良性的刺激，而且一些刺激可以长久地保存在大脑的某个功能区，一旦遇到合适的机会，惊人的才能就会发挥出来。因此，除了听音乐外，孕妈妈还应当多接触美丽的图画，还可以抽出时间学习绘画。

心理学家认为，画画不仅能提高人的审美能力，产生美的感受，还能通过笔画和线条释放内心情感，调节心绪平衡。画画具有和音乐治疗一样的效果，即使不会画画，你在涂涂抹抹之中也会自得其乐。

画画的时候，不要在意自己是否画得好，孕妈妈可以持笔临摹美术作品，也可以随心所欲地涂抹，只要孕妈妈感到是在从事艺术创作，感到快乐和满足就可以了。孕妈妈还可以向胎宝宝解释自己所画的内容。当然能临摹一些儿童画就更好了。

三、本周胎教课

◎语言胎教——故事《没有朋友的老鼠》

从前老鼠和小猫、小狗是邻居也是好朋友，他们每天一起在温暖的阳光下唱歌，在柔软的草地上跳舞，非常快乐。

有一天，猫妈妈送给小猫一个蝴蝶结，小猫系着美丽的蝴蝶结唱歌，神气极了。小狗、老鼠见了都非常羡慕，特别是老鼠，他想："如果我有这样美丽的蝴蝶结该多好。"

到了晚上，老鼠悄悄地把小猫的蝴蝶结偷回家，系在头上，对着镜子，心里美滋滋的。

第二天，小猫发现蝴蝶结不见了，伤心得"呜呜"直哭，小狗赶来安慰，并提醒他今后要保管好自己的东西。只有老鼠不吱声。

过了几天，小狗爸爸送给小狗一个铃铛，小狗戴着铃铛在草地上跳舞，帅极了。小猫、老鼠见了都非常羡慕，特别是老鼠，他想："如果我也有这样一个铃铛该有多好呀。"

到了晚上，老鼠悄悄地将小狗的铃铛偷回家，戴在脖子上，对着镜子，心里甜滋滋的。

第二天，小狗发现铃铛不见了，伤心的"呜呜"地哭起来。小猫赶来安慰他，并提醒他今后要保管好自己的东西。只有老鼠不吱声。

到了晚上，静悄悄的。小猫突然听到清清的铃铛声，他想："小狗的铃铛不是丢了吗？哪里来的铃铛声呢？"他叫醒小狗，一起随着铃铛声找，一直找到老鼠的家里。他们看见老鼠头上系着小猫的蝴蝶结，脖子上戴着小狗的铃铛正在照镜子呢。

小狗、小猫气得不得了，一齐叫喊起来，老鼠吓得赶紧钻进地洞里，再也不敢出来了。直到现在，老鼠依然经常待在地洞里，没有朋友，一见到猫、狗就躲躲藏藏的。

◎美学胎教——名画欣赏·《向日葵》

《向日葵》是凡·高在法国南方时画的。南方阳光的灿烂令画家狂喜，他用黄色画了一系列静物，来表达内心的感受，《向日葵》便是这时的代表作。

画家以短暂的笔触把向日葵的黄色画得极其刺眼，每朵花如燃烧的火焰一般，细碎的花瓣和葵叶像火苗一样布满画面，整幅画犹如燃遍画布的火焰，显出画家狂热般的生命激情。16朵形态各异的向日葵，或绚烂或枯萎，或隐或现，以淡黄色为背景，以深黄色为向日葵的主色调，另有几朵含苞未放以淡黑色点缀花蕊，颜色上给人一种强烈的对比，画面总体上让人感受到明亮而又强烈的生命力，让人感到生活充满希望，阳光是那样的明媚，天空是那样的广阔。

【名称】《向日葵》　【作者】文森特·凡高（荷兰）
【类型】油彩（布）　【尺寸】91里厘米X72厘米

[凡高简介]

文森特·凡高（Vincent van·Gogh,1853.3.30～1890.7.29）出生在荷兰一个乡村牧师家庭。他是后印象派的三大巨匠之一，是19世纪人类最杰出的艺术家。

年轻时在画店当店员，算是他最早受的“艺术教育”。后来到巴黎和印象派画家相交，在色彩方面受到启发和熏陶。为此，人们称他为“后印象派”。

凡高的地位比印象派崛起人莫奈还高，这主要是因为他对艺术精神上的执着！其作品追求的是纯艺术，而不是商业价值，从而产生艺术精神上无法衡量的价值。

◎胎教活动——书法赏析·《难得糊涂》

郑燮(1693～1765)，字克柔，号板桥，江苏兴化人，乾隆元年进士。曾任山东范县、潍县县令，为人疏放不羁。因为饥民请赈得罪官吏，罢归后返扬州，有“三绝诗书画，一官归去来”之誉，为“扬州八怪”之一。

[板桥书法] 郑板桥善画兰竹，笔致飘逸。他以兰草画法入笔，极其潇洒自然，参以篆、隶、草、行、楷五体的字形，穷极变化，从而形成了独特的个人风貌。板桥对其别具一格的新书体，自称为“六分半书”。

[“难得糊涂”的来历] 郑板桥题过几副著名的匾额，其中最为脍炙人口的是“难得糊涂”与“吃亏是福”这两副。题写“难得糊涂”还有一段故事。

有一年，郑板桥专程至山东莱州的云峰山去观赏郑文公碑，流连忘返，天黑后不得已借宿于山间茅屋。屋主为一儒雅老翁，自命“糊涂老人”，出语不俗。他的室中陈列了一块方桌般大小的砚台，石质细腻，镂刻精良，郑板桥十分叹赏。老人请郑板桥题字以便刻于砚背。板桥认为老人必有来历，便题写了“难得糊涂”四字。

因砚台尚有许多空白，板桥说老先生应该写一段跋语。老人便写了“得美石难，得顽石尤难，由美石而转入顽石更难。美于中，顽于外，藏野人之庐，不入宝贵之门也。”他用了一块方印，印上的字是“院试第一，乡试第二，殿试第三。”

板桥看后一惊，原来老人是一位隐退的官员。有感于糊涂老人的文词，见砚背空处较大，便也在题写的“难得糊涂”下应和了一段：“聪明难，糊涂难，由聪明而转入糊涂更难。放一著，退一步，当下安心，非图后来福报也。”

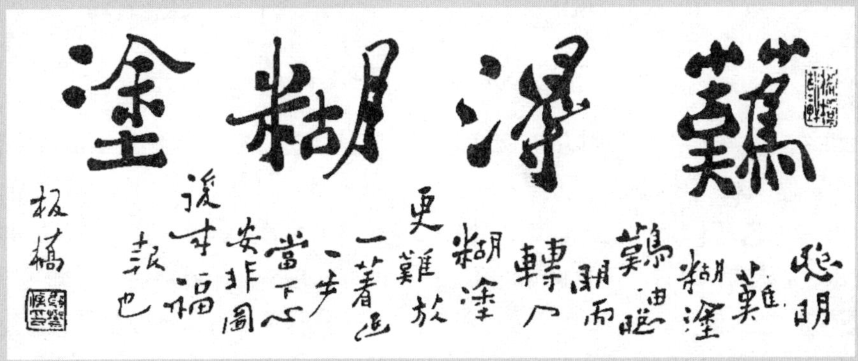

四、准爸爸胎教指南

向当爸爸的朋友吸取经验

孕妈妈怀孕意味着准爸爸要“升格”做爸爸了。这个新角色对年轻准爸爸来说是完全陌生的，遇到很多以前从来没有经历过的事情是肯定的，当然也就难免会犯一些错误。所以，准爸爸最好在孕妈妈怀孕期间了解一下哪些是新爸爸应该避免的，从准爸爸顺利晋升为一个合格的新爸爸。

准爸爸可以通过很多途径学习孕期经验，与同事和朋友交流是最直接有效的方式。同事和朋友是准爸爸比较熟悉的群体，他们中当爸爸的人往往能提供十分有价值和中肯的信息，同时，作为过来人，他们还可以帮助准爸爸规避一些在孕期很容易犯的小错误，另外同事和朋友的经验要比从网络和书本上看到的更鲜活、更具有操作性，印象也更深一些，不容易忘记。

从老公到准爸爸再到爸爸的角色转变认知，对准爸爸自己以及小家庭来说，都十分重要。以一种为人父的成熟心态和责任感来对待孕育，可以让小家庭更加和睦与团结起来。

准爸爸下厨

◎ 红枣莲藕章鱼汤

材料 莲藕1节（约200克），章鱼1条（约300克），红豆2把（约100克），红枣20克，猪肚、碱、盐适量。

做法 莲藕洗净切片；红豆洗净；红枣去核洗净；章鱼切丝。猪肚用碱洗净，煮5分钟，取出过冷水洗净，切丝。把适量水煮开，放入莲藕、红豆、章鱼、猪肚猛火煲滚，再慢煲3小时，下盐调味即可。

功效 补血健身。

◎ 丝瓜鸡胗面

材料 面条300克，鸡胗150克，丝瓜100克，植物油、盐、淀粉、葱花、料酒、鲜汤各适量。

做法 将鸡胗洗净，切成小薄片，用盐、淀粉、料酒稍腌；丝瓜洗净切成片，面条用开水煮熟后，捞起放入碗中备用。油锅下鸡胗片、丝瓜片炒熟，加调料、鲜汤调好味后，盛起淋在面条上即可。

功效 鸡肝有补肝益肾的功效，鸡胗有健脾和胃的作用。此面可防治缺铁性贫血。

感受母子情

一、本周宝宝与胎教要点

胎宝宝具备微弱的视觉了

23周的胎宝宝身长大约28厘米，体重大约550克，这个时候的胎儿听力基本形成，具备了微弱的视觉。宝宝肺中的血管形成，呼吸系统正在快速地建立。

本周胎教要点

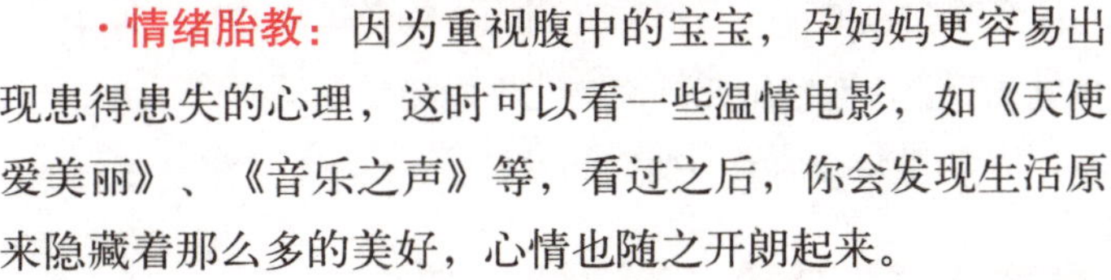
·情绪胎教： 因为重视腹中的宝宝，孕妈妈更容易出现患得患失的心理，这时可以看一些温情电影，如《天使爱美丽》、《音乐之声》等，看过之后，你会发现生活原来隐藏着那么多的美好，心情也随之开朗起来。

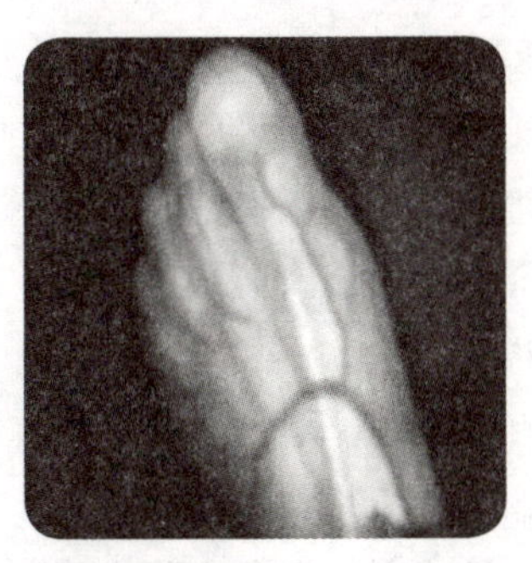
尚未形成足够的皮下脂肪，皮下血管清晰可见。

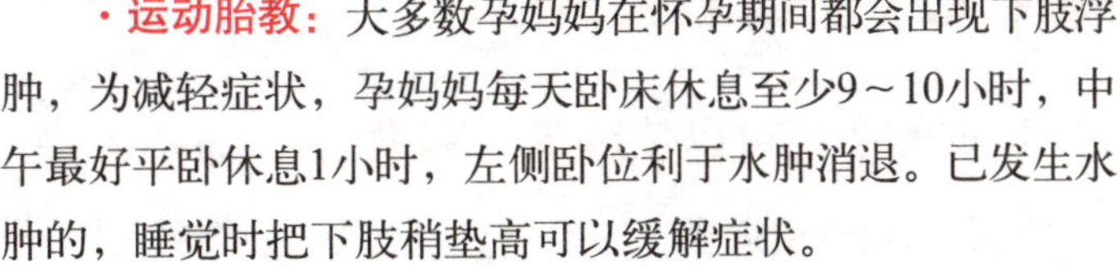
·运动胎教： 大多数孕妈妈在怀孕期间都会出现下肢浮肿，为减轻症状，孕妈妈每天卧床休息至少9～10小时，中午最好平卧休息1小时，左侧卧位利于水肿消退。已发生水肿的，睡觉时把下肢稍垫高可以缓解症状。

二、胎教理论

实施胎教忌懒惰

许多妇女怀孕后，由于体内激素发生变化，很容易出现倦怠无力、发困的情形，也有的妇女认为在怀孕后胎儿尚小，害怕过多的活动会惊动或伤着胎儿，对胎儿不利，所以也都不愿活动。有的人还美其名曰为“顺其自然”。实际上，这对胎儿是不利的。

根据研究，胎儿能够感知母亲的思想，孕妇与胎儿之间是有信息传递的，如果母亲既不思考也不学习，胎儿也会深受感染，变得懒惰起来，这对于胎儿的大脑发育是极为不利的。

因此，怀孕的母亲要始终拥有浓厚的生活情趣，保持强烈的求知欲和好学心，充分调动自己的思维活动，从自己做起，勤于动脑、勇于探索，在工作上积极进取，在生活中注意观察，把自己看到和听到的事物通过视觉和听觉传递给胎儿，使胎儿不断接受刺激，促进其大脑神经和细胞的发育。

十字绣胎教

1.锻炼手指可以使脑部变和发达

我们都知道锻炼自己的手指可以使脑部变得发达。在进行手工作业时，手指上的神经会对脑部产生一定的刺激作用，所以一直以来，我们都非常注重让儿童参加动手的活动。

需要进行手工作业的活动有折纸、陶艺、缝纫和编织等，其中因技法简单、费用低廉而广受大众欢迎的则当属十字绣了。做十字绣可以使孕妇的心情很快得以平静，对提高其集中注意力的能力也有一定的作用。

2.孕妇的色彩感也可以得到提升

在一幅十字绣作品里往往要用到数十种颜色的丝线，所以在一针一线的编织过程中，孕妇的色彩感和调和颜色的能力也不知不觉得到了提高。孕妇若能在怀孕时多接触一些美丽的颜色和形状，生出的孩子也将拥有较高的审美能力。

3.不要让自己太疲劳

刺绣使人眼光和神经都集中在了针尖那一点上，所以很容易产生疲倦的感觉；另一方面，孕妇也不适合长久保持刺绣的姿势。因此，孕妇最好把每次刺绣的时间控制在1个小时之内。

孕妇还可以在刺绣的同时与胎儿聊天。可以说一说正在为其制作的东西，比如枕头、围兜和儿童被等，也可以说对各种颜色的喜好，最好能在刺绣的同时达到胎教的效果。

三、本周胎教课

◎语言胎教——儿童诗

1.春的消息

风，摇绿了树的枝条，
水，漂白了鸭的羽毛，
盼望了整整一个冬天，
你看，春天已经来到！
让我们换上春装，
像小鸟换上新的羽毛，
飞过树林，飞上山岗，
到处有春天的欢笑。
看到第一只蝴蝶飞，
它牵引着我的双脚；
我高兴地捕捉住它，
又爱怜地把它放掉。
看到第一朵雏菊开放，
我会禁不住欣喜地雀跃，
小花朵，你还认得我吗？
你看我又长高了多少！
来到去年叶落的枝头，
等待它吐出新的绿苞；
再去唤醒沉睡的溪流，
听它唱歌，
和你一起奔跑。
走累了，
我就躺在田野上，
头顶有明丽的太阳照耀。
是谁搔痒了我的面颊？
啊，身边又钻出嫩绿的小草……

2.渔火

夜静悄悄的
河水
是一个乖孩子
听月亮妈妈的话
睡觉了
渔夫点亮了渔火
河水
就像睁开了眼睛
在说着梦话

◎胎教活动——绣十字绣

十字绣是一种古老的民族刺绣，只要有耐心，任何人都可以绣出同样的效果，是非常适合孕妈妈的一种手工。

1.十字绣方法简单易学

即使你没有刺绣经验，五分钟之内也能学会，比起中国传统刺绣得学十年八年才上手，那简直就太容易了。

2.能使准妈妈放松心情

在十字绣过程中，你会沉浸在十字绣所带来的乐趣之中，不知不觉就忘记烦恼，经过自己一段时间的努力，完成作品那一刻的喜悦是什么也替代不了的。

3.培养耐心和专注力

十字绣是很需要时间的事情，如果不够耐心，很容易半途而废，因此十字绣能培养你和宝宝的耐心和专注力。

4.材料易买

市场上有很多十字绣的专卖店，只要你选中自己喜欢的图案，店员就会按照十字绣图纸上的说明为你配针、线、绣布，十分方便。

孕妈妈多动手，可以促进胎宝宝的大脑发育，正所谓“手巧而心灵”。只要用心去做，带着好心情去做，就能起到有利胎宝宝大脑发育的作用。

◎胎教活动——给孕妈妈拍漂亮的写真

爱美能调节心情，拍照也能调节心情，同时孕影是珍贵的，大多数女人一生就一次。拍套专业写真也是值得的，大城市越来越流行。摄影师说：适合拍专业写真的时间要到7个月后，此时肚形与孕味才充分显现。

摄影师的故事

我为何执著孕妈妈写真？这得从一张黄历说起。

父亲给我留下的是一张纸片：我出生那天的黄历。这张黄历有我出生那天的公历和农历，还有芒种和适合出门等信息。见到这一张发黄的纸片时，我已经30多岁了，当时眼里一阵模糊，非常感激父亲。它已不是一张轻薄的纸片，保存了几十年，也承载了几十年的厚爱。我仿佛看见，我妈怀我时的形象与当时家里的各种桌桌椅椅。

如果当时要留下照片多好啊！现在可能已经发黄了，母亲也是满头白发，可照片上的形象真真实实存在过，也鲜艳过。

因为这个感慨和遗憾，我拿起了相机，决心为令人尊敬的妈妈们留下最美、最动情的瞬间。

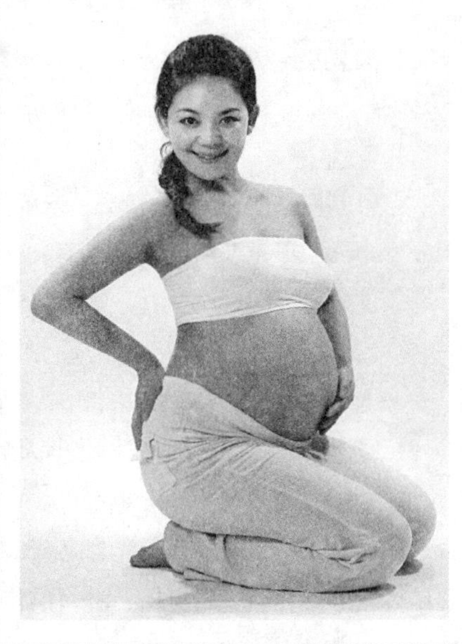

四、准爸爸胎教指南

陪孕妈妈上产前培训班

准爸爸有时间的话尽量陪孕妈妈一起上产前教育培训班，可以更多地学到孕期保健常识，除个别课程外，大部分都建议带配偶参加。通常周末白天晚上都上课，以方便孕妈妈选择，每堂课1～2小时不等。这些课程基本涵盖了所有妊娠问题，包括孕妈妈营养保健、孕期心理健康、骨盆操、分娩止痛选择、胎儿发育、母乳喂养、新生儿护理、产后保健、防止产后忧郁等。

丰富家庭业余生活

和谐的家庭氛围，可使胎儿在这种快乐轻松的胎教环境中获得良好的心灵感受，从而健康地成长。

准爸爸要创造良好的家庭氛围，丰富家庭业余生活。假日里夫妻可以共赏音乐，畅谈感受，或者是一起到河边垂钓，郊外踏青，散步谈心，欣赏摄影作品，使孕期生活充满情趣，富有活力。

准爸爸下厨

◎ 发菜蚝豉粥

做法 粳米100克，发菜（干）3克，蚝豉（牡蛎肉的淡干品）60克，猪瘦肉60克，盐适量。

做法

(1)先将发菜、蚝豉洗净，猪瘦肉剁烂，制成肉丸。

(2)用沙锅加适量清水煮沸，放入粳米、发菜、蚝豉，一同煮至粳米开花，再加入肉丸同煮至粥稠，最后加入盐调味即可。

功效 此粥有滋阴潜阳、润肠通便的功效，适于患有妊娠高血压疾病的孕妈妈食用。

◎ 栗子煲鸡翅

材料 鸡翅150克，板栗80克，鲜香菇2朵，葱段、姜片、盐、料酒各适量。

做法

(1)将鸡翅洗净，焯水，捞出沥干水分；板栗去壳及内皮，洗净；鲜香菇洗净，去蒂，切片，备用。

(2)沙锅置火上，倒入适量清水，放入鸡翅、板栗煮沸，撇去浮沫，加入香菇片、葱段、姜片煮沸，改用小火炖约40分钟，加入盐、料酒调味即可。

功效 板栗含有丰富的糖、脂肪、蛋白质等营养素，有养胃健脾、补肾的作用。

第24周

优化内外环境

一、本周宝宝与胎教要点

胎宝宝对声音更敏感了

24周的胎宝宝身长30厘米左右，体重约630克。宝宝开始充满整个子宫。宝宝的身体比例越来越匀称了。皮肤薄而且有很多的小皱纹，浑身覆盖了细小的绒毛。宝宝对外界的声音更加敏感。

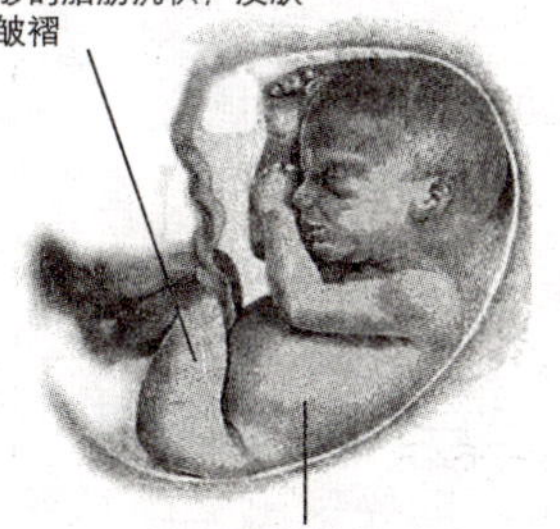

宝宝皮肤薄而发红，浑身覆盖着细小的绒毛。

本周胎教要点

·**情绪胎教：**分娩前的心理准备远远胜过了学习各种知识及练习，不善于控制情绪的准爸妈容易给胎宝宝成长留下阴影。平时准爸爸要尽量避免让孕妈妈受到刺激，多创造轻松和谐的外环境，开动脑筋，丰富孕妈妈的业余生活。

·**营养胎教：**很多时候，孕妈妈的饮食会出现结构单一、过于精细或偏食以及过度补钙、营养不均衡等。容易引发缺铁性贫血或巨幼红细胞性贫血。通过合理膳食，可以有效预防这两类营养性贫血。多吃富含维生素C的果蔬，有助于铁的吸收。

二、胎教理论

环境色彩对胎教的影响

人的第一感觉是视觉，对视觉影响最大的因素是色彩。一位心理学家曾经做过一个非常有趣的实验，题目叫做“色彩与人”。他的实验目的是为了了解人在不同颜色的房间里的工作及心理状况。研究结果发现，长期处在黑色调房间里的人，即使不做任何体力及脑力活动，也会感到心烦意乱、情绪低沉、躁动不安、极度疲劳。

在淡蓝色、粉红色和其他一些温柔色调的房屋里工作的人，一般比较宁静、比较友好、性情比较柔和。

在红色房间里工作的人，也会感到心情压抑，万分疲劳。

实验还表明，改变环境的色彩能够立即改变人们的心情。烈日炎炎的夏季。人们走在拥挤不堪的大街上，进入琳琅满目、色彩缤纷的商店都会感到心中烦躁不安。相反进入色调清爽、凉气袭人的冰淇淋室，望着墙壁上一幅幅引人食欲的消暑佳品广告，顿时会觉得温度下降了许多，一种清凉之感便油然而生。

目前人们已经认识到，色彩能够影响人的精神和情绪。它作为一种外在的刺激，通过人的视觉产生不同感受的结果，给人以某种作用。因此，精神上感到舒畅还是沉闷，都与视觉有着直接的关系。可以说，不舒服的色彩如同噪音一样，使人感到烦躁不安，而协调悦目的色彩则是一种美的享受。一般说来，红色使人激动、兴奋，能鼓舞人们的斗志；黄色明快、灿烂，使人感到温暖；绿色清新、宁静，给人以希望；蓝色给人的感觉是明静、凉爽；白色显得干净、明快；粉红和嫩绿则预示着春天，使人充满活力。

对孕妇来说，因体内激素的变化，孕妇往往性情急躁，情绪波动较大。因此，要有意识地多接触一些偏冷的色彩，如绿色、蓝色、白色等，以利于情绪稳定，保持淡泊宁静的胎教心境，使腹内的小宝宝安然平和地健康成长，而不宜多接触红、黑等色彩，以免产生烦躁、恐惧等不良心理，影响胎儿的生长发育。因此，在布置孕期居室，选购日常生活用品，以及居家旅行时要有意识地注意这个问题。

色彩搭配对情绪的作用

居室的色彩具有强烈的暗示作用。孕妈妈如果在纷繁复杂的环境中工作，居室色彩应该简洁、温柔、清淡，如乳白色、淡蓝色、淡紫色、淡绿色等。因为白色给人一种清洁、朴素、坦率、纯洁的印象，其他如淡蓝色、淡青色等给人一种深远、冷清、高洁、安静的感觉。孕妇从繁乱的环境中回到宁静优美的房间，内心的烦闷便会趋于平和、安详，心情也会稳定。如果孕妇是在紧张、安静、技术要求高、神经经常保持警觉状态的环境中工作，家中不妨用粉红色、橘黄色、黄褐色布置。因为这些颜色都会给人一种健康、活泼、鲜艳、悦目、希望的感觉。孕妇从单调的色彩环境、紧张的工作状态中回到生机盎然、轻松活泼的环境中，神经可以得到放松，体力也可以得到恢复。

三、本周胎教课

◎语言胎教——故事《孟母择邻》

孟子少儿时，父亲就去世了，母亲仉(Zhang掌)氏很有见识，她对孩子很注重思想品德教育。有一次，邻居家里宰猪，孟子听到猪叫声就问母亲说："东家杀猪干什么？"母亲笑眯眯地逗哄儿子说："是为了让你吃猪肉呗！"随后，母亲马上意识到如此逗哄孩子等于自己对孩子说了谎话。"为了培养孩子诚实、不撒谎的好品德，首先要为孩子树立良好的榜样。于是她便花钱向东家买了几斤猪肉，以证实自己说过的话是真实的。她就是这样依靠正当的言行潜移默化地去诱导，教育孩子健康成长。

起初，孟子的家在偏僻的郊区，附近是墓地，城乡的人们经常在那里进行祭祀，祭者的孝子贤孙在墓地跪呀，拜呀，请来的巫师、道士还在那里手舞足蹈地玩弄一些祭神除邪的怪动作。年幼好奇的孟子就摹仿大人的动作与邻里的小孩一起玩一些类似葬丧之类的儿戏。孟母见儿子整日不注重读书学习而在那里搞一些无聊的儿戏，欲禁而不止，心想，在这里住下去必定不会使孩子受到良好的教养，就决计迁居他地落户。

孟母领着孟子从郊外迁居到城郊附近，这里靠近城区，邻近住着几家作屠宰生意的商人，由于儿童具有模仿的禀性，年幼的孟子就，，模仿大人经营宰杀之类的动作，甚至在日常的言行举止上都流露出宰商的习气。孟母担心孩子不能受到良好的环境薰陶，更怕影响孩子的学业，又决计迁居到他地落户。

最后，孟母迁居到一家学馆附近。在这里年幼的孟子每天见到的，全是一些读书知理的现象，听到的都是书声妙语。这对少年的孟子影响很大。从此，孟子发愤笃志，朝夕勤学，终于成了儒家学派著名的学者。

"近朱者赤，近墨者黑"，年幼的心灵，更具有可塑性。"孟母三迁择居"之所以传为佳话，流传至今，就是因为蕴含着深刻的育人哲理。

◎胎教活动——插花

孕妈妈除了可以欣赏美术作品，还可以通过插花来培养情操，插花也是一种艺术胎教。孕妈妈可不要小看了插花这一小小的动作，这里面可是饱含着思想感情，即使是孕妈妈随手一插，也是蕴含着意境的。孕妈妈不妨动手来试一试，或许可以平静心绪。

下面教孕妈妈做一个纸筒插花。

材料准备 废弃纸筒一个（茶叶筒、饼干筒等均可），试管数支（可用玻璃杯代替），小菊花数枝，龟背叶两片（可用栀子花叶代替）。

插花步骤

❶将装好水的试管放进纸筒里，装满纸筒为止。

❷将修剪好的小菊花插入试管中，摆出自己喜欢的造型。

❸将龟背叶插放到小菊花枝叶间，遮住纸筒口，调整到看不到试管。

四、准爸爸胎教指南

学学测量宫高的方法

在第5个月时，医生常常会通过腹壁触摸，测量出耻骨上缘到子宫底的长度，这就是在测量宫高。

通过宫底高度的变化，可以推测胎儿的生长情况。例如，当胎儿由纵产式变为横位时，宫高会有所降低，臀位的胎儿端坐在宫腔内，宫高会显得高一些，怀孕末期时，胎儿的入盆会让宫高降低。准爸爸也可以学一学怎么测量宫高，这样在家的时候也可以帮助孕妈妈测量，随时了解孕妈妈子宫的情况，从而推测出胎儿的生长情况。

宫高是指耻骨联合上缘至子宫底最高点的距离，表示子宫的长径，脐水平的腹围代表子宫横径及前后径。这三个径线综合起来，能较准确地反映子宫大小，是产科检查中简便又可靠的方法。

为孕妈妈测腹围

准爸爸应该从本周开始每周一次用皮尺围绕孕妈妈脐部水平一圈，为孕妈妈进行腹部测量。通常孕妈妈的腹围在第18～24周时增加最快，到第34周后，腹围增长速度较慢。若此期间孕妈妈的腹围增长过快，应警惕羊水过多或是双胞胎等。

准爸爸下厨

◎ 牛奶麦片羹

材料 免煮麦片50克，牛奶200毫升，黑芝麻适量。

做法

(1)将麦片放在带盖的杯子中，适量开水冲入，加盖闷5分钟。

(2)喝的时候加入200毫升热牛奶。泡麦片时，也可以加一大勺炒熟打碎的黑芝麻。

功效 主食里麦片含钙量最高，与牛奶、黑芝麻同食，可以起到很好的补钙作用。

◎ 鲜奶油水果沙拉

材料 青苹果1/4个，红苹果1/4个，香蕉1/2个，凤梨罐头4片，鲜奶油2大匙，糖1小匙，柠檬汁1小匙，豆蔻粉1/4小匙。

做法 将鲜奶油加糖打至起微泡状后加入柠檬汁。香蕉去皮切成圆块，苹果及凤梨切成半月形。将水果在盘中组合好，挤入少许打过的鲜奶油并撒上豆蔻粉即可。

功效 此沙拉营养丰富，可以预防和治疗孕妈妈孕期便秘。

第25周 浅笑低语最温情

一、本周宝宝与胎教要点

胎宝宝大脑发育高峰期

25周胎宝宝身长大约有31厘米，体重不到720克。大脑发育进入一个高峰期，脑细胞迅速增殖分化，脑体积增大。视网膜发育完全，眼皮也会动了，小眼睛时睁时闭。舌头上的味蕾正在形成，这时，小家伙能通过准妈妈尝到食品的味道了。

视网膜发育完全，眼皮也会动了，小眼睛时睁时闭。

本周胎教要点

· **语言胎教：**每天尽可能与胎宝宝聊天，讲故事，听音乐，并结合这些内容抚摩肚皮。抚摩肚皮除可了解胎动的情况之外，也可以让子宫内的胎宝宝感受到妈妈的关怀。

· **情绪胎教：**孕妈妈的修养、品位对胎宝宝的情绪、性格、健康、心理起着至关重要的作用，正因如此，孕妈妈更应乐观坚强，经常自己给自己加油。准爸爸也要及时给予支持和鼓励，这对孕妈妈增强自信有极大的帮助。

二、胎教理论

语言胎教

富于哲理和韵律的语言，有目的地对子宫中的胎儿讲话，给胎儿期的大脑新皮质输入最初的语言印记，能为后天的学习打下基础。

实施的时间和方法

胎儿从4个月的时候开始就对声音有了感觉能力，语言胎教就可以在胎儿4个月时开始。但如果考虑孕妇愉悦的心情、充满爱意的抚摸和言语对胎儿早期气血形成方面的好处，语言胎教在胎儿开始形成时就可进行。

早期可配合抚摸胎教一起进行，孕妇边轻轻抚摸腹部，边说些温柔的、充满爱意的话，这对胎儿不会有任何伤害，只有促使胎儿气血调和的好处。也可与音乐胎教交替进行，有时说话，有时孕妇哼歌曲，有时播放音乐，配合抚摸胎教一同进行。

胎儿满6个月时，孕妇可以借鉴国外专家的一些方法，对胎儿开始系统性的语言胎教，即进行“胎儿对话”。同时也可配合音乐胎教和抚摸胎教，或轮流进行这几项胎教内容。如能坚持，胎儿出生后会有不同的素质表现。

语言胎教的要领

为了让母亲的感觉与思考能和胎儿达到最充分的交流，最好是保持平静的心境并保持注意力的集中。

❶在念故事前，最好先将故事的内容在脑海中形成影像，以便比较生动地传达给胎儿。

❷如果没有太多的时间，只能匆匆地念故事给胎儿听，至少也要选择一页图画仔细地告诉胎儿，尽量将书画上的内容“视觉化”地传达给胎儿。

“视觉化”就是指将鲜明的图画、单字、影像印在脑海中的行为。研究发现，每天进行视觉化的行为，会逐渐增强将讯息传达给胎儿的能力。

❸在选择胎教书籍时，不要有先入为主的观念，自以为宝宝会喜欢哪些书籍，尽量广泛阅读各类书籍。

语言胎教的题材

1.生活内容

可以告诉胎儿一天的生活。从早晨醒来到晚上睡觉，你或家人做了什么、遇到什么事、有什么想法等，都可以用你的语言讲给胎儿听。这是母子共同体验生活节奏的一个方法。比如：早晨起来，先对胎儿说一声“早上好!”告诉他（她）早晨已经到来了。打开窗帘，啊，太阳升起来了，阳光洒满大地，这时你可以告诉宝宝：“今天是一个晴朗的好天气。”

气候也是不错的话题，如阴天、下雨、下雪等，外界气温的冷热、风力的大小、湿度的高低等都可以作为胎教的话题。

还可以介绍每天习以为常的行为，如洗脸、刷牙，爸爸为什么刮胡子，妈妈为什么化妆，肥皂为什么起泡沫，吹风机为什么能把头发吹干？即使一个小小的洗脸间也有着足够让你不间断地每天讲一点话题。然后是衣着、打扮。

总之，要把生活中的一切都对胎儿叙述，这是胎教中最重要与最基本的。对一天的生活通过和胎儿一起感受、思考和行动，使母子之间的纽带更牢固，并培养胎儿对母亲的信赖感及对外界感受力和思考力的基础。

2.文学语言

不要忽视文学语言对胎教的作用。文学和音乐一样，容易对人的情绪产生影响，将优雅的文学作品以柔和的语言传达给胎儿，是培养孩子的想象力、独创性以及进取精神最好的教材。让胎儿与母亲一起感受文学的趣味，培养艺术的情感，增进大脑的发育。

阅读文学作品需要选择，许多文学名著思想性、艺术性都好，但对孕妇不一定适宜。悲欢离合、缠绵悱恻的小说引人入胜，但容易引起情绪波动、增加心理负担。至于含有描写暴力、色情的小说，更应该回避。

最好读一些童话、寓言、幼儿画册，并将其所展示的幻想世界，运用你富于想象力的大脑放大并传递给胎儿，从而促使胎儿心灵健康成长。读一些古代散文、古诗词，在高尚纯洁的文学中，感受文学的趣味，达到怡情养性的目的。

孕妇阅读并与胎儿交流时，一定要倾注情感，喜怒哀乐都将通过富有感情的声调传递给胎儿。而且，不只是朗读文字，还要通过你的感受使它形象化，以便更具体地传递给胎儿。胎儿对你的语言，不只用耳而且也用脑来接受的。

三、本周胎教课

◎语言胎教——纪伯伦散文诗选

著名诗人纪伯伦要唱出“母亲心里的歌”，作品以爱和美为主题，通过大胆的想象和象征的手法，表达深沉的感情和远大的理想。诗人把美当成上帝、真理。她无所不包、无处不在，其力量也非常神奇，可主宰生死存亡，可令你获得爱情、灵感，可以使人变得聪明、美丽，净化人的心灵，使社会变得崇高起来。同时，她也可以“赛过狂风暴雨”，摧毁一切。准妈妈在语言胎教和美学胎教过程中，经常阅读纪伯伦的散文诗，不仅可以体会美文中演绎的哲理问题，更可以得到美的享受，形象而鲜明地触发准妈妈的美好情绪，给胎宝宝以潜移默化的影响。

美之歌

我是爱情的向导，是精神的美酒，是心灵的佳肴。我是一朵玫瑰，迎着晨曦，敞开心扉，于是少女把我摘下枝头，吻着我，把我戴上她的胸口。

我是幸福的家园，是欢乐的源泉，是舒适的开端。我是姑娘樱唇上的嫣然一笑，小伙子见到我，霎时把疲劳和苦恼都抛到九霄云外，而使自己的生活变成美好的梦想的舞台。

我给诗人以灵感，我为画家指南，我是音乐家的教员。

我是孩子回眸的笑眼，慈爱的母亲一见，不禁顶礼膜拜，赞美上帝，感谢苍天。

我借夏娃的躯体，显现在亚当面前，并使他变得好似我的奴仆一般；我在所罗门王面前，幻化成佳丽使之倾心，从而使他成了贤哲和诗人。

我向海伦莞尔一笑，于是特洛伊成了废墟一片；我给克娄巴特拉戴上王冠，于是尼罗河谷地变得处处是欢歌笑语，生机盎然。

我是造化，人世沧桑由我安排，我是上帝，生死存亡归我主宰。

我温柔时，胜过紫罗兰的馥郁；我粗暴时，赛过狂风骤雨。

人们啊！我是真理，我是真理啊，你们要把这一点牢记在心里。

◎语言胎教——故事《青蛙王子》

那是一个令人神往的时代，梦想可以成真。有一位国王，他的女儿都很漂亮，尤其是小公主，美丽得如同天鹅。

王宫附近有一片树林，林中有一个水潭。小公主有一个心爱的金球，她常到潭水边抛球玩耍。

一天，金球不慎掉到水潭里，小公主伤心地哭了。哭着哭着，她突然听见有人说："公主，你怎么了？听见你的哭声石头都会心疼的。"小公主四处张望，在水中发现一只小青蛙，丑得如同癞蛤蟆。

小公主说："啊，是你，我知道你是游泳能手！我的金球掉进了潭里。"青蛙回答说："哦，别哭了！我可以帮你捞回金球。但你可以答应做我的好朋友吗？我想跟你同桌吃饭，连睡觉都在一起。"

小公主心里想："我和你做亲密朋友，别梦想了。"为了拿到金球，她嘴里却说："好，只要你捞起金球，我就答应你。"

青蛙高兴地潜入深深的水潭中，一会儿就把金球捞起来了。公主高兴地拿到金球，转身就跑了。青蛙追不上小公主，只能大声叫喊："别跑啦，带上我呀！"

第二天，国王和公主们正准备吃饭，突然有人敲门，并高喊："小公主，快开门！"小公主开门一看，竟然是那只小青蛙，心里慌乱极了，急忙关上门。国王问小公主："怎么吓成这个样子？难道门外有个巨人要把你抓走吗？"

小公主只好把昨天的事告诉国王，最后说："我压根儿没想到那只青蛙会爬出水潭，一直跑到这里来。"这时，门外又喊："公主开门，别忘记昨天的诺言！"

公正的国王让小公主信守诺言，并开门请青蛙和他们一起吃饭。

饭后，青蛙想去小公主卧室睡觉。小公主不敢违背父亲的旨意，皱着眉用两只手指捏起青蛙，带到卧室，扔到一个角落里。

小公主躺下后，青蛙就爬到床边说："把我抱上来，不然我就告诉你父王。"

小公主怒容满面，一把抓起青蛙朝墙上摔去。青蛙摔落到地上，竟然变成了一位英俊的王子。

青蛙王子笑容满面，这才告诉小公主，原来他被巫婆施了魔法，只有小公主才能打破魔咒。

那确实是一个令人神往的时代，梦想果然成真了，青蛙变成了王子和公主结婚了。

第二天，青蛙王子的忠实仆人亨利驾着华丽的马车把他们接回了自己的王国，开始快乐地生活。

◎抚摸胎教——推胎儿在宫内“散步”

怀孕六七个月以后，当孕妈妈可以在腹部明显地触摸到胎宝宝的头、背和肢体时，就可以给胎宝宝增加推动散步的练习了。下面就开始吧!

1.具体方法

孕妈妈平躺在床上，全身放松，轻轻地来回抚摸、按压、拍打腹部，同时也可用手轻轻地推动胎宝宝，让胎宝宝在宫内“散步”。

2.注意事项

此种练习应在医生的指导下进行，以避免因用力不当或过度而造成腹部疼痛、子宫收缩，甚至引发早产。

练习时间每次5～10分钟，动作要轻柔自然，用力均匀适当，切忌粗暴。如果胎宝宝用力扭动身体，孕妈妈应立即停止推动，可用手轻轻抚摸腹部，胎宝宝就会慢慢平静下来。

四、准爸爸胎教指南

准爸爸爱抚胎宝宝

抚摸胎教就是孕妈妈或者准爸爸用手在孕妈妈的腹壁轻轻地抚摸胎儿，引起胎儿触觉上的刺激，以促进感觉神经及大脑的发育。

抚摸胎教能使胎儿神经系统活动更加旺盛，从而通过分泌激素让他情绪放松，内心安定，加速生长发育速度。出生后，也容易拥有乐观和自信的生活态度，能自然融入新环境，适应各种情绪变化。同时，还可增进胎儿在子宫里的活动能力。

在给宝宝进行抚摸胎教的时候，准爸爸孕妈妈如果心里怀着能让宝宝长得更好的期望去做，会更激发自己的慈爱之心，能使宝宝感到舒服和愉快。

如果胎儿在子宫中活动较强，出生6个月后，要比活动较差的小宝贝动作发育快，在站立、爬行、行走等运动方面的能力，要比一般的婴儿超前发育，手脚较灵活，步履也更稳健。

准爸爸下厨

◎ 虾仁草菇菠萝饭

材料 菠萝1个（约750克），虾仁、草菇、火腿、葡萄干、虾仁、熟豌豆、盐、油、白米饭各适量。

做法

(1)虾仁、草菇洗净，火腿切丁，菠萝洗净去皮，拦腰切成两半，取1/2个菠萝，挖中间的果肉、切丁，做成菠萝盅，放入盘子备用。

(2)炒锅上火放油烧热，加入葡萄干、虾仁、火腿、熟豌豆、草菇、菠萝丁，加入盐和白饭炒匀，盛入菠萝盅即可。

◎ 香菇荞麦粥

材料 粳米50克，荞麦30克，香菇30克。

做法 香菇浸入水中，泡开，切成丝。粳米和荞麦淘洗干净，放入锅中，加适量水，开大火煮。沸腾后放入香菇丝，转小火，慢慢熬制成粥即可。

功效 荞麦中含有丰富的亚油酸、柠檬酸、苹果酸和芦丁，对预防妊娠高血压疾病有一定的作用，但荞麦较难消化，所以孕妈妈一次不宜多食。

第26周 进行心灵对话

一、本周宝宝与胎教要点

胎宝宝可以睁开眼睛了

26周胎宝宝身长不到33厘米，体重820克左右。宝宝的皮下脂肪已经开始出现，眼睛、嘴唇、鼻孔慢慢形成。宝宝开始有了呼吸，但不是呼出吸入真正的空气。这个时候胎儿的大脑对触摸反应很敏感。宝宝已经可以睁开眼睛了，视觉神经功能已经在起作用，关节也渐渐灵活。

本周胎教要点

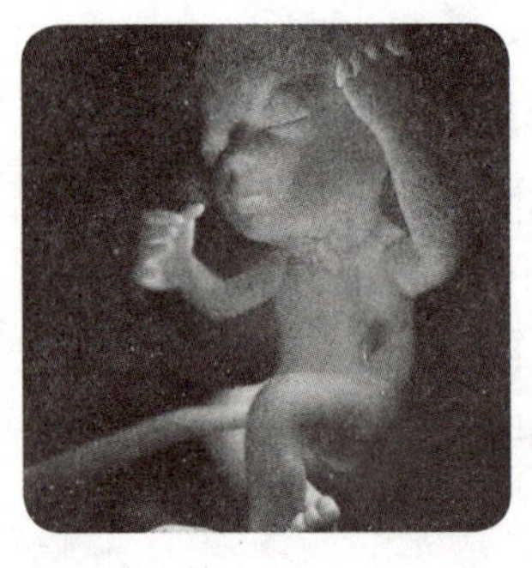

10个手指已经齐全，能握住成拳头，关节也渐渐灵活。

· **音乐胎教：** 音乐胎教和运动胎教一样，是贯穿整个孕期的内容，孕妈妈每天都要坚持给宝宝听好听的、他熟悉的音乐。

· **营养胎教：** 胎宝宝的发育和功能的维持，需要有充足的热量和蛋白质的保证，为将来顺利分娩打下坚实基础。奶和奶制品、大豆和豆制品、鱼、虾等食物富含优质蛋白质，各种坚果、畜肉、面点能够提供高热量，孕妈妈可以酌情选择食用。

二、胎教理论

用经典诵读进行胎教

对胎儿进行经典诵读，效果也非常好。

1.孕妇亲自诵读经典

孕妇可以定时诵读经典给腹中的胎儿听。一直反复念同一经典给胎儿听，会令胎儿神经系统变得对语言更加敏锐。怀孕第8个月直至生产前，是施行阅读胎教的最佳时机。医学研究发现，胎儿的意识萌芽大约发生在怀孕第7～8个月的时候，此时胎儿的脑神经已经发育到几乎与新生儿相当的水平。为了让母亲的感觉与思考能和胎儿达到最充分的交流，母亲要保持平静的心境，并保持注意力集中。

孕妇的喜、怒、悲、思皆可以使血气失合而影响胎儿，所以孕妇宜心境平和，心情舒畅，遇事乐观，不要喜怒无常。孕妇通过诵读经典，可以安母体心神，让“心中之水”平静，为体内的胎儿提供最好的身心环境。

2.丈夫为妻子和胎儿诵读经典

胎教不仅是母亲的责任，也是父亲的责任。父亲在创造良好的胎教环境、调节孕妇的胎教情绪等方面发挥着重要作用。因此，丈夫为妻子和胎儿诵读经典，可以提升夫妻两人的道德修养，改善夫妻关系，促进家庭和睦，保证孕妇精神愉快，身心健康。一个融洽、和谐、温馨和充满爱心的家是保证胎儿身心正常发育的必要条件。

同时，父亲的声音对胎儿的影响是母亲无法取代的。美国的优生学家认为，胎儿最喜欢爸爸的声音，也许是因为男性特有的低沉、宽厚、粗犷的嗓音更适合胎儿的听觉功能，也许是因为胎儿天生就爱听父亲的声音，所以胎儿对父亲的声音都表现出积极的反应。

3.听经典诵读的录音

通过播放经典诵读的录音进行胎教，具有较好的便利性。不论是在休息或者做事时，都可以将录音作为一种背景音乐来听。经典诵读录音对胎儿的影响类似于经典音乐对胎儿的影响，但比音乐的内涵更具有丰富性和价值性。

通过经典诵读实施胎教，不仅提高了夫妻两人自身的心性修养，同时也熏陶和强化了胎儿的德性与慧性，可谓一举多得。因为教育具有连续性，如果能在胎儿出生后，继续对他进行经典诵读的早期教育和智力开发的话，那效果会更好。

三、本周胎教课

◎语言胎教——伊索寓言（一）

1.站在屋顶的小山羊与狼

小山羊站在屋顶上，看见狼从底下走过，便谩骂他，嘲笑他。狼说道："啊，伙计，骂我的不是你，而是你所处的地势。"这故事说明，地利与天机常常给人勇气去与强者抗争。

2.公鸡和宝玉

一只公鸡在田野里为自己和母鸡们寻找食物。他发现了一块宝玉，便对宝玉说："若不是我，而是你的主人找到了你，他会非常珍惜地把你捡起来；但我发现了你却毫无用处。我与其得到世界上一切宝玉，倒不如得到一颗麦子好。"这是说自己需要的东西才是真正珍贵的。

3.两只口袋

普罗米修斯创造了人，又在他们每人脖子上挂了两只口袋，一只装别人的缺点，另一只装自己的。他把那只装别人缺点的口袋挂在胸前，另一只则挂在背后。因此人们总是能够很快地看见别人的缺点，而自己的却总看不见。这故事说明人们往往喜欢挑剔别人的缺点，却无视自身的缺点。

4.蚂蚁与屎壳郎

夏天，别的动物都悠闲地生活，只有蚂蚁在田里跑来跑去，搜集小麦和大麦，给自己贮存冬季吃的食物。屎壳郎惊奇地问他为何这般勤劳。蚂蚁当时什么也没说。冬天来了，大雨冲掉了牛粪，饥饿的屎壳郎走到蚂蚁那里乞食，蚂蚁对他说："喂，伙计，如果当时在我劳动时，你不是批评我，而是也去做工，现在就不会忍饥挨饿了。"这是说，尽管风云变化万千，未雨绸缪的人都能避免灾难。

◎运动胎教——做孕妈妈减压操

孕中期的孕妈妈随着腹部和胸部的变大，会经常出现酸痛的感觉，特别是颈部和背部。然而一些轻柔的伸展运动则能够缓解这种不适，促进血液循环。

1.锻炼前胸和肩部肌肉

坐在椅子上，双脚平放在地面上，两肩向后放平，将两手交叉放到头部后面，手肘弯曲手掌向前，挺胸。保持30秒。这个动作可以伸展脊椎和腹部的肌肉。

2.锻炼后背和颈部肌肉

背部和臀部靠墙，站立，膝盖弯曲，两腿张开稍比臀部宽，上身向前稍倾，将两手放在大腿上，头抬起，保持30秒。然后站直，头部和肩部靠墙，左手用力轻轻将头部转向左边，右手将头部转向右边，每一侧保持30秒。

3.锻炼臀部、大腿和小腿肌肉

站立离椅背大约一臂远的距离，用手抓住椅背。左脚在前右脚在后，成弓步姿势，脚趾向前，弯曲左膝，右膝保持伸直。向前缩紧臀部，直到感觉臀部、大腿和小腿后侧肌肉出现舒服的拉伸感为宜。保持这个姿势30秒，然后换方向练习。

儿童画

◎胎教活动——书法《吃亏是福》及其故事

不计得失，是郑板桥养生之道。他一生当中，为人处事不为名利、不计得失、言行一致、表里如一。板桥先生写过两条最著名的字幅，除前面介绍过的“难得糊涂”外，就是这幅“吃亏是福”。这两幅字蕴含了深刻的哲理，不计得失，求于心安，是他一生中为人处事的准则。“吃亏是福”耐人寻味，值得借鉴。

［故事：“吃亏是福”的由来］

郑板桥在署潍县任知县期间，接到堂弟郑墨的信，为了祖传房屋一段墙基与邻居诉讼，要他函告兴化知县相托，以便赢得这场官司。郑看完信后，立即赋诗回书：“千里捎书为一墙，让他几尺又何妨？万里长城今犹在，怎么不见秦始皇！”

稍后，他又写下“吃亏是福”这幅大字。并在“吃亏是福”大字下加注：

“满者损之机，亏者盈之渐，损于己则盈於彼，外得心情之平.内得我心之安，既平且安福即在是矣。”

能吃亏是做人的一种境界，善于吃亏是处事的一种睿智。

吃亏未必亏，惜福才有福！

“吃亏”不光是一种境界，更是一种睿智。

吃小亏往往就是得大便宜。

吃得亏中亏，方得福外福。贪看无边月，失落手中珠。

……

四、准爸爸胎教指南

给孕妈妈按摩的注意事项

在对于妊娠纹、下肢水肿等不良妊娠反应时，准爸爸可以做的有很多，按摩就是帮助孕妈妈缓解这些症状的好方法之一。

按摩不一定非得有什么专业手法，只要找到让孕妈妈感觉舒适的手法即可。不过，给孕妈妈做按摩时，有诸多的注意事项：

1. 在开始按摩前，准爸爸应先去掉戒指、手镯或手表，并搓暖双手。
2. 在开始时，要轻轻按摩，逐渐增加力量，但要保证让孕妈妈感到舒服，而且动作一直要慢。
3. 孕妈妈的合谷、三阴交、肩井穴位是不能承受强刺激的，按摩这些穴位易引起堕胎。
4. 准爸爸的手比较粗糙，可以在按摩时准备一瓶按摩油或者润肤油。

准爸爸下厨

◎ 山药瘦肉煲乳鸽

材料 乳鸽1只（约400克），瘦猪肉、山药、莲子、姜片、葱段、盐各适量。

做法 将山药、莲子洗净。乳鸽洗净，与姜片、葱段、清水一同放入锅中，水开后煮3分钟，捞出乳鸽冲净。将瘦猪肉洗净，切成小块。瓦煲注入清水煲滚，加入乳鸽、肉块、山药、莲子煲30分钟，改慢火再煲2小时，下盐调味即可。

功效 除了供应丰富的蛋白质外，更含有丰富的铁质及B族维生素，有助生成红细胞，预防妊娠期贫血。

◎ 枸杞牛肝汤

材料 牛肝100克，枸杞子30克，盐3克，花生油25克，牛肉汤适量。

做法 将牛肝洗净，切成块状，枸杞子洗净。锅置火上，放入花生油烧八成热，放牛肝煸炒一下。锅洗净置火上，注入适量牛肉汤，然后放入牛肝、枸杞、盐，共煮炖至牛肝熟透即可。

功效 牛肝能补肝明目，养血；枸杞子可以滋阴明目，益精填髓。此汤有滋补肝肾，明目益精的功效，对妊娠贫血等症有辅助治疗作用。

第27周 我的性格我做主

一、本周宝宝与胎教要点

胎宝宝爱吸吮大拇指

27周的胎宝宝身长大约34厘米，体重910克左右。宝宝这时候眼睛已经能睁开和闭合了，同时也有了睡眠周期。宝宝大脑活动在27周时已经非常活跃。大脑皮层表面开始出现特有的沟回，脑组织快速增长。宝宝有时也会将自己的大拇指放到嘴里吸吮。此时，宝宝已经长出了头发

本周胎教要点

· **语言胎教**：孕妈妈可以给胎宝宝朗读朱自清、冰心、秦牧等作家的散文作品，优美隽永，耐人寻味。

· **营养胎教**：B族维生素对胎宝宝大脑的生长发育有重要作用，但因其全是水溶性维生素，在体内滞留的时间只有数小时，必须每天补充。富含B族维生素的食物，包括黑米、鸡肝、胚芽米、香菇、奶酪、肉类、牛奶、鱼类、豆类、蛋黄、坚果类、菠菜等。孕妈妈可挑选自己喜欢的来享用。

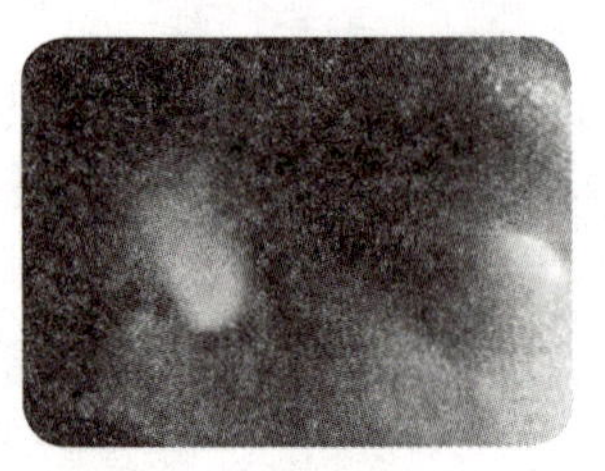

随着皮下脂肪的增加，宝宝变得越来越丰满起来。

二、胎教理论

绘画、剪纸与胎教

1.折纸

折纸是一种不错的艺术胎教方式。在折纸的过程中，孕妈妈不仅可以暂时忘记身体的不适和孕期的种种烦恼，还能锻炼自己的审美观。

孕妈妈经常折纸，还可以回想起童年的乐趣，就心情更加愉悦。另外，胎宝宝出生及长大后，也很可能成为一个心灵手巧的人。折纸的同时，也可以使孕妈妈的手指变得更灵活。

折纸的时候，孕妈妈要想到宝宝。可以一边折纸，一边和宝宝交流，告诉宝宝孕妈妈折的是什么，怎样折的，这样在折纸的过程中就会其乐无穷，好像在和宝宝做游戏。

关于折纸的实例，本书中都有所介绍，孕妈妈可以参照着实例进行尝试。关于折纸的书籍很多，可以选择一两本参考尝试。

2.剪纸

剪纸也是一种艺术胎教。孕妈妈可以先勾轮廓，而后再剪。剪个胖娃娃、“双喜临门”、“喜雀登梅”、“小放牛娃”或孩子的属相，如猪、狗、猴、兔等。别怕麻烦，别说没有时间，别说你不会剪，因为问题不在于你剪得好坏，而在于你在进行艺术胎教，你在向胎儿传递深深的“爱”，传递“美”的信息。

曾有专家对多名孕妈妈的行为研究发现，那些勤于动手动脑的孕妈妈生出的宝宝智商很高，而过于慵懒的孕妈妈生出的宝宝反应缓慢的比例要高于勤劳的孕妈妈。

三、本周胎教课

◎语言胎教——《新月集》诗选（三）

孩童之道

只要孩子愿意，他此刻便可飞上天去。

他所以不离开我们，并不是没有缘故。

他爱把他的头倚在妈妈的胸间，他即使是一刻不见她，也是不行的。

孩子知道各式各样的聪明话，虽然世间的人很少懂得这些话的意义。

他所以永不想说，并不是没有缘故。

他所要做的一件事，就是要学习从妈妈的嘴唇里说出来的话。那就是他所以看来这样天真的缘故。

孩子有成堆的黄金与珠子，但他到这个世界上来，却像一个乞丐。

他所以这样假装了来，并不是没有缘故。

这个可爱的小小的裸着身体的乞丐，所以假装着完全无助的样子，便是想要乞求妈妈的爱的财富。

孩子在纤小的新月的世界里，是一切束缚都没有的。

他所以放弃了他的自由，并不是没有缘故。

他知道有无穷的快乐藏在妈妈的心的小小一隅里，被妈妈亲爱的手臂所拥抱，其甜美远胜过自由。

孩子永不知道如何哭泣，他所住的是完全的乐土。

他所以要流泪，并不是没有缘故。

虽然他用了可爱的脸儿上的微笑，引逗得他妈妈的热切的心向着他，然而他的因为细故而发的小小的哭声，却编成了怜与爱的双重约束的带子。

◎胎教活动——折纸两例（一）

电话

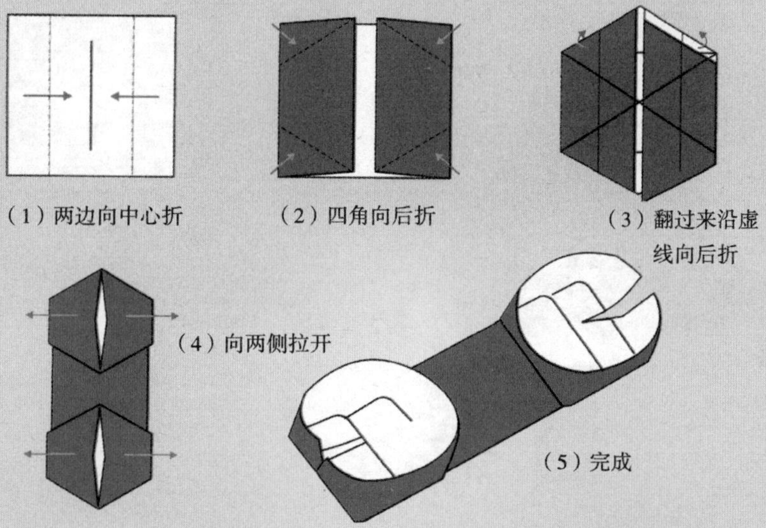

（1）两边向中心折

（2）四角向后折

（3）翻过来沿虚线向后折

（4）向两侧拉开

（5）完成

钢琴

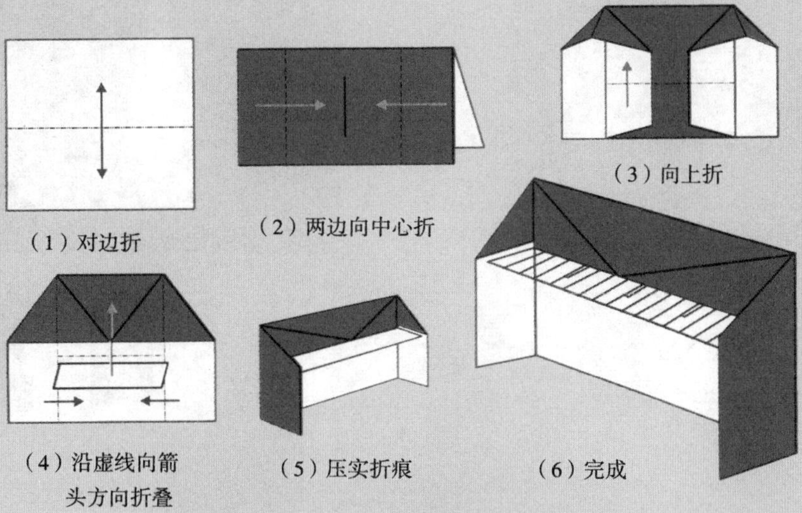

（1）对边折

（2）两边向中心折

（3）向上折

（4）沿虚线向箭头方向折叠

（5）压实折痕

（6）完成

◎胎教活动——剪纸四例（服装）

四、准爸爸胎教指南

为孕妈妈准备衣服、鞋子

越到怀孕后期，孕妈妈就越需要舒服和容易穿脱的衣服，而到了妊娠后期孕妈妈买衣服鞋子就会稍有不便，此时，准爸爸就要帮孕妈妈准备好了。

舒适应该是选择孕妈妈服饰最重要的因素。一般说来，宽松的服饰会舒适许多，如果只考虑在家里穿，准爸爸不妨买稍大号的孕妈妈装，这样不但在任何时期都会舒服一些，而且不必担心肚子渐大后穿不下。

另外，孕妈妈也不宜穿高跟鞋，不然会使腿脚部的水肿加剧，因此一旦孕妈妈觉得脚部不舒服，准爸爸就应该尽快准备一双稍大且舒服的鞋，注意鞋跟不要超过2厘米。

为爱妻穿衣系鞋带

有些孕妇装，特别是孕妇裙都是在背后有个拉链。行动越来越“笨”的孕妈妈想要自己拉好拉链还是挺吃力的，系鞋带也同样有难度。有眼力的准爸爸这时如能主动上前帮妻子的忙，一定会让她心情大悦。关键是要主动，别总是等着妻子要求你做这做那。这样才能让妻子时刻感觉到你对她的爱。

准爸爸下厨

◎ 番茄荸荠鸡片

材料 鸡脯肉、荸荠、盐、蛋清、淀粉、油、白糖、番茄汁、醋各适量。

做法 鸡脯肉洗净切片，放入碗中，加入盐、蛋清、淀粉腌渍待用；荸荠去皮切片。锅置火上，油烧至3成熟时，加入少量盐，随后放入鸡片，大火炒鸡片至变白后捞出。锅中放入荸荠、清水、精盐、白糖、番茄汁、醋，大火将其烧开，用湿淀粉勾芡，倒入鸡片，炒匀即可。

功效 荸荠含淀粉、蛋白质、脂肪、粗纤维，有健脾开胃、清热化痰的功效。

◎ 糯米爆谷汤

材料 糯米200克，精盐3克，植物油5毫升。

做法

(1)米铺买糯谷（连壳）800克，分四次制作服用，每次用200克。

(2)将糯谷炒至爆烈开花为爆谷（连皮），在盅煲中加入清水一碗，和油、精盐调味，隔水炖半小时，即可饮汤。

功效 此汤具有补中益气、暖脾胃、益气固表的作用。

第28周

对光明的渴望

一、本周宝宝与胎教要点

胎宝宝活动更频繁了

28周胎宝宝身长约35厘米，体重1000克左右。小男孩的阴囊明显，睾丸已开始由腹部往阴囊下降；女孩的小阴唇、阴核渐渐突起。大脑皮层已变得发达，大脑发育进入第二个高峰期。内耳与大脑发生联系的神经通路已接通，对声音的分辨能力大为提高。胎宝宝的动作可能比较频繁，常常活动筋骨或是干脆翻个身。

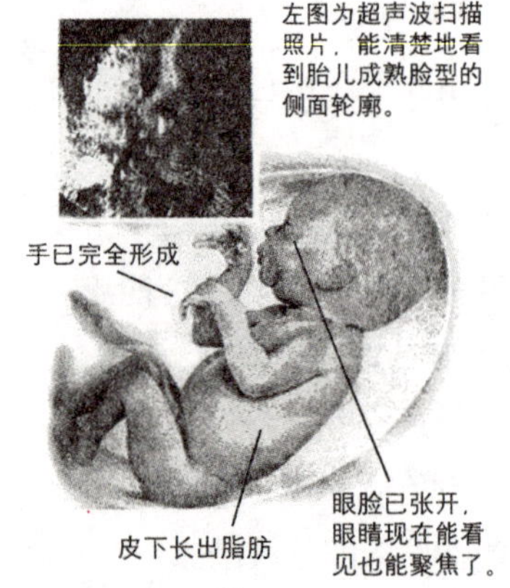

宝宝喜欢吮吸自己的手指头。

本周胎教要点

·光照胎教： 现在的胎宝宝已经有光感了，此时对胎宝宝进行光照训练，不仅可以促进视觉功能的健康发育及胎宝宝对光线的灵敏反应，而且有益于出生后动作行为的成熟。

·营养胎教： 很多孕妈妈此时会发现，自己脚面或小腿的浮肿状况因站立、蹲坐过久或腰带过紧而加重了。这属于孕期的正常现象。在运动的基础上，通过饮食可以改善。孕妈妈可以多吃一些鲤鱼、鲫鱼、黑豆等有利水作用的食品，可以缓解水肿症状。

二、胎教理论

其他胎教法——斯瑟蒂克胎教

1.关于斯瑟蒂克胎教

美国俄亥俄州的斯瑟蒂克夫妇十分重视胎教，他们俩智商平平，但4名女儿智商超高，均达到160以上。对此，他们归功于成功的胎教。斯瑟蒂克夫妇后来对自己的胎教方法进行了总结，并被人们称为“斯瑟蒂克胎教”。斯瑟蒂克坚信：只要以父母对孩子的爱为基础制订完全的怀孕和胎教计划，并积极地将其付诸实践，无论是谁都可以生下聪明伶俐的小孩。

2.斯瑟蒂克胎教主要思想

（1）一切源自心底无限的爱。斯瑟蒂克夫妇的成功告诉我们，应该让自己的内心对胎儿的爱变为胎教的根源和基础，而不是某一种简单的期望或者目标，只有做到这一点，胎教这棵树才能结出最饱满的果实。他们告诫人们：准父母的心中不能有一丝急功近利的思想，而应该怀着即将与胎儿相见的喜悦心情进行胎教。

（2）看重宫内教育。他们认为：“孩子在出生前就开始学习了”，但究竟应该怎样怎样做却是个难题。斯瑟蒂克夫妇一直坚信“每一个胎儿都是天才”，在这种观念下他们从怀孕开始的时候起就坚持对胎儿说话，还利用卡片教授胎儿文字和数字。除此以外，他们的胎教方法还包括听音乐和浏览图书，以及将准爸爸和孕妇的生活趣事用非常自然的语调说给胎儿听。

3.读物推荐

介绍斯瑟蒂克胎教法的图书很多，选择时要注意，有些书内容不够全面，甚至不是原始的思想内容。这里推荐本社出版的：《斯瑟蒂克胎教真经（全真全息版）》。这本书是比较全面和完整的版本，新华书店和各大网站有售。

其他胎教法——babyplus胎教系统

1.关于babyplus胎教系统

babyplus胎教系统由美国一位著名的专科医生Brent Logan 研发，已经有二十多年历史了。他认为，babyplus胎教系统能发出如母体心跳的自然声音，适合在孕期的第18周开始采用，直至宝宝出世为止。由“BabyPlus”发出的声音尽管对成年人来说是单调乏味的，但它的节拍随着孕期不同而微妙的变化，据称十分有助胎儿大脑的发育。

胎儿在母体内的四十周都在羊水中生长发育，被妈妈体内的心跳声、肺部呼吸声、血液流动的声音、肠道消化的声音等共约90分贝的声音包围着。因此，一般使用音乐声作为载体的胎教工具，虽然能令妈妈身心感到愉快、情绪稳定，但音乐声却未必能传送到胎儿耳中，因此无法达到胎教的效果。胎教必须以简单并且能让胎儿明白的声音来进行，而妈妈的心跳声无疑是胎儿最熟悉的一种声音。有效的胎教必须要以“安全”的音量把讯息传送给胎儿。研制BabyPlus胎教系统的专家注意到这些，他们把BabyPlus胎教系统的声量按研究数据调节，声音传达胎儿耳中时已变为45～60分贝，因此应该是非常安全的。

2.原理描述

产品研发者对产品原理是这样描述的。以音乐、读书、唱歌作传递内容的胎教产品的功效是有限的，而使用BabyPlus胎教系统进行胎教，最初“BabyPlus”的搏动频率为每秒1次（1赫兹），这与孕妈妈的心 跳频率和新生儿的脑波频率（1～2赫兹）非常接近。这种搏动的声音传递到胎儿耳中，会使胎儿听到与妈妈体内动脉血液流经子宫的声音非常相似的声音。随着模拟声音节拍速度的加快（每周进行一次频率调整）胎儿会将这种声音与他所听到的周围背景“噪音”，如：妈妈的呼吸心跳、胎盘血流、静脉血流声等，进行对比，从而辨认出节拍的变化。模拟音节拍的加速，能促使胎儿不得不提高大脑抓取和处理这些声音信号的速度。以便将其与其他背景“噪音”进行比较，这就自然激励了胎儿脑神经网络和大脑记忆库的发育。

三、本周胎教课

◎斯瑟蒂克胎教——施教方法

❶多播放旋律优美节奏明快的音乐或歌曲，将幸福与爱的感觉传递给胎儿。

❷经常用悦耳、快乐的声音唱歌给胎儿听。

❸随时与胎儿交谈。由早上到晚上就寝，一天里在做着什么，想着什么，都可以跟胎儿说。例如，早上起床，跟胎儿说早安，告诉他现在是上午，可以顺便给胎儿说说当天的天气什么的。

❹讲故事给胎儿听。自己必须先了解故事的内容，然后用丰富的想象力，把故事说给胎儿听。说故事时，自己要兴趣昂然，声调要富感情，不要单调乏味。

❺多出外散步，增长见识。出外散步，无论是看到什么，诸如车辆、商品、行人、植物等，都可以将它们变成有趣的话题，细致地描绘给胎儿听。例如，路上偶然遇见邮差，便告诉胎儿邮差穿怎样的制服，邮差可以帮我们派信等。

❻利用形象语言。在白色的图书纸上，利用各种色彩来描绘文字或数字，加强视觉效果。教导文字时，除反复念之外，还要用手描绘字形，并牢牢记住文字的形状与颜色，而且要有形象化的解说，以A为例，可以对胎儿说，A好像是一顶高尖的帽子，然后选出一个以A为首的单词教给胎儿，如Apron，并跟胎儿说，这是妈妈在厨房烹饪时要穿的，今天这件的图案很大，此外，妈妈还有好多件。以后，妈妈会穿着它做饭给你吃。教导数学时，也要用形象的教导法，如告诉胎儿1加1等于2时，不妨说妈妈有一个苹果，如果爸爸给我一个苹果，那么，我们有两个苹果。

❼出世后跟进。等孩子出生后，最好把胎教所用过的东西，放在婴儿的面前，如此一来，婴儿会慢慢“回忆”起以前学过的东西。

◎美学胎教——名作欣赏·《马踏飞燕》

奋发向上 豪迈进取

马踏飞燕，形象矫健俊美，一足踏燕，三足腾空，飞驰向前，这中华精神的体现。

马嘶鸣着，额鬃、尾巴都迎风飘扬，充满了“天马行空”的骄傲；龙雀似乎正回首而望，惊愕于同奔马的不期而遇。这简直就是古人“扬鞭只共鸟争飞”诗句的真实再现！

一匹躯体庞大的马踏在一只正疾驰的龙雀背上，其大胆的构思，浪漫的手法，给人以惊心动魄之感，令人叫绝。艺术家巧妙地抓住闪电般的刹那，将一只凌云飞驰、骁勇矫健的天马表现得淋漓尽致，体现出汉朝大汉民族代奋发向上、豪迈进取的精神。

作品不仅构思巧妙，而且工艺精湛；不仅重在传神，而且造型准确。按古代相马经中所述的良马标准尺度来衡量铜奔马，几乎无一处不合尺度，故有人认为它不仅是杰出的艺术品，而且是相马的法式。

[马踏飞燕] 东汉青铜器，1969年出土于甘肃省武威雷台墓。东汉时期镇守张掖的军事长官张某及其妻合葬墓中出土，现藏甘肃省博物馆。奔马身高34.5厘米，身长45厘米，宽13厘米。

四、准爸爸胎教指南

协助孕妈妈做自我监护

准爸爸是辅助孕妈妈进行自我监护的最佳帮手。家庭自我监护的内容包括：

数胎动

利用胎动次数可以监护胎儿安危。胎动的计数一般应在32周开始，每天早、中、晚3次固定时间数1小时，3次总数乘以4就是12小时的胎动数，正常胎动次数每天约30～40次，存在个体差异。

听胎心音

观察胎心率变化是最简单实用的自我监护方法。准爸爸应每天听胎心音1～2次，每次1～2分钟。正常胎心在120～160次/分钟，范围之外表示胎心异常。

测宫底高度

通过量宫底高度可以了解胎儿在子宫内生长的情况。准爸爸可以每周帮孕妈妈测量一次宫底高度。

如果准爸爸和孕妈妈能掌握足够的自我监护知识，就可以做到临阵不乱，还能及时发现妊娠并发症，预防早产，减少难产的发生率，从而保障母子的健康和安全。

准爸爸下厨

◎ 红枣黑豆炖鲤鱼

材料 鲤鱼一条（约300克）、黑豆、红枣各适量。

做法

(1)将鲤鱼去鳞去腮，洗净。

(2)黑豆放锅中炒至豆壳裂开，洗净。红枣去核洗净。

(3)将鲤鱼、黑豆、红枣放入炖盅里并加入适量的水，盖好。温火炖3小时既可。

功效 可预防妊娠期四肢水肿。

◎ 凉拌芹菜叶

材料 芹菜嫩叶200克，酱香豆腐干40克，精盐、白糖、芝麻油、酱油各适量。

做法 将芹菜叶洗净，放入开水锅中烫一下，捞出摊开晾凉，剁成细末。酱香豆腐干放开水锅中烫一下，捞出切成小丁。将芹菜叶和豆腐丁放入大碗中，加入精盐、白糖、酱油、芝麻油拌匀即可。

功效 此菜清爽可口，富含胡萝卜素、维生素C、磷、铁等，适合孕妈妈食用。

第29周 最深的关怀

一、本周宝宝与胎教要点

胎宝宝大脑发育迅速

29周胎宝宝身长约36厘米，体重已经有1100多克。胎宝宝颅骨非常柔软，以适应发育迅速的大脑需要。大脑的表面，出现了越来越多的不规则皱褶和沟痕，即大脑的沟回，它们是神经细胞建立联系的结果。大脑功能相当完善，能够控制呼吸和体温。

本周胎教要点

· **语言胎教：** 孕妈妈可以找出自己的小学课本，或者买一本小学语文课本，按照课本上的要求进行拼音讲解。或者多买一些单独的拼音练习卡片，闲下来时多进行一些拼音训练。到宝宝牙牙学语的时候，今天给予胎宝宝的拼音训练在今后一定会起到让你惊奇的效果。

· **情绪胎教：** 孕妈妈保持愉快的心情，可以促进胎宝宝的身体和智力朝着更加健康的方向发展。孕妈妈此时可以看一些经典动画片，比如《猫和老鼠》、《聪明的一休》、《樱桃小丸子》等，这些我们小时候就很喜欢的动画片，现在依然是孕妈妈调节情绪的好选择。

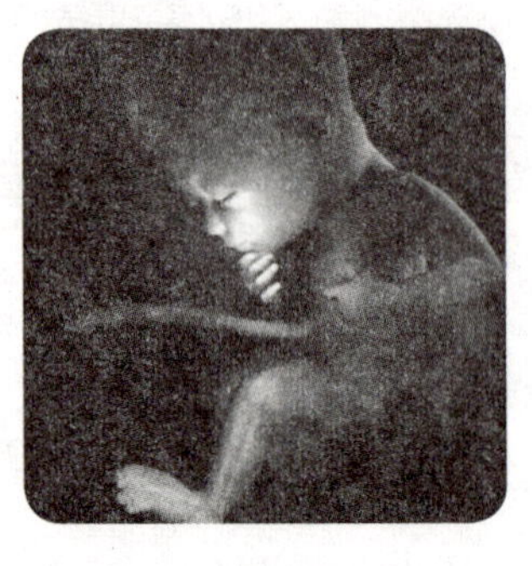

头部与身体的比例更加匀称。

二、胎教理论

胎教提升宝宝智力

据国外神经学专家研究，胎儿从第5周之后形成神经细胞，因此父母亲希望宝宝有什么样的智力，希望能够在有利的条件下增进遗传中大脑潜力的发展，这在一定程度上是可以预先设计的，其方法很简单，那就是胎教。所谓胎教，是指孕妇在怀孕期间的一切心理、生理状态对胎儿将来的身心、智力发展上产生的一切影响。

一般说来，父母身体健康、心情愉快而且营养充足并且有充分的智力刺激环境，所生出的婴儿身体较健康，智力较高。

1.生理方面

要想生育一个健康聪明的宝宝，母亲的身体素质是优生的前提条件，所以孕妇应尽量保持良好的健康状况，有病及早治疗，并使自己身体都能得到全方位的调养。

建议

❶营养充足——饮食上既重质量，又适量，所有养分，尤其是蛋白质、维生素、糖类、矿物质等都要充足，但在量的方面，不要过度进补，免得造成胎儿过度肥胖，影响生产过程。

❷衣物干净卫生舒适——不要怕身材难看而束腰束腹，如此会影响胎儿的正常发展，鞋子也要以舒适为主，不要穿高跟鞋，以免跌倒造成危险。

❸孕妈妈的休息与睡眠一定要充足，不能过度劳累。

❹适当的运动——夫妇通过体育锻炼保持身体健康，能为下一代提供较好的遗传素质，例如散步、慢跑、登山、郊游，这些轻微的活动有助于顺利生产，但切忌做太强烈的运动或繁重的体力劳动。

❺保持身体清洁，避免染上疾病。

❻定期产前检查——不但可以帮助孕妇了解自己目前的身体状况，早期发现疾病，早期治疗，也能给孕妇提供一个良好的生存环境。

2.心理方面

孕妇在怀孕期间如果能保持愉快稳定的心情，所生的孩子也能较好地适应外界环境，情绪也会较稳定。

建议

❶接受孩子的来临——不要因为他不是在父母亲期待中降临而拒绝孩子，自己必须先从心理上接受这个现实，这才能有利于胎儿的成长。

❷接受孩子的性别——不要苛求孩子的性别及容貌，如果重男轻女，希望孩子出生时把父母亲相貌上所有的优点都一一具备，这种期望太大，会给孕妇造成

不必要的心理压力，使她无法保持平静的心态。

❸夫妻关系和谐——首先丈夫要给予妻子足够的关心，帮助妻子尽快适应怀孕所带来的不便与不安，使之保持平和的心情；其次妻子出现失常的心理状态时，另一方要善于引导，帮助其恢复到正常的心境；第三，夫妻双方在解决某些问题时要能够大度地“容忍”对方，以免发生激烈的争吵；第四就是双方共同安排有规律的生活程序，以消除某种容易导致心理失调的状况；第五则是不要看刺激性强烈的杂志、刊物、报纸、电影，以免出现孕妇心理过于激动的现象。

3.智力方面

胎儿在母亲子宫里，与母亲血脉相通，母亲通过一些刺激手段，完全可以促进孩子各种潜力的发展。

建议

❶孕妇听音乐——每天听一些欢快、优美动听的音乐或活泼有趣的儿歌、童谣，并随着轻轻吟唱，这能够为胎儿提供丰富的精神刺激和锻炼，也为培养智力打下了基础。

❷给宝宝听音乐——怀孕中期，将一些优美的乐曲通过母亲的腹部源源不断地灌输给胎儿，培养胎儿的听力，也刺激大脑神经细胞的形成。

❸固定地阅读优美的散文、诗歌。

❹经常欣赏名画、美好的事物与大自然中美丽的山水花草鸟鱼等。

❺每天和宝宝固定地说话，如早晚同胎儿打招呼，对胎儿讲讲话，把胎儿当作一个能听、能看、能理解父母的、有生命、有思想、有感情的谈话对象，而不是对牛弹琴。通过父母亲充满爱意的呼唤与谈话，给予胎儿良性的刺激，这能够丰富胎儿的精神世界，开发他的智力。

三、本周胎教课

◎语言胎教——读《三字经》

《三字经》自南宋以来，已有七百多年历史，共一千多字，是家喻户晓、脍炙人口的传统儿童启蒙读物，现已被联合国教科文组织列入《世界儿童道德教育丛书》。在传统教育中，小孩子们都是通过背诵《三字经》来识字知理的，它是中国传统文化的缩写，短小的篇幅蕴含着深刻的道理，是国学中的经典。

人之初，性本善。性相近，习相远。苟不教，性乃迁。教之道，贵以专。
昔孟母，择邻处。子不学，断机杼。窦燕山，有义方。教五子，名俱扬。
养不教，父之过。教不严，师之惰。子不学，非所宜。幼不学，老何为。
玉不琢，不成器。人不学，不知义。为人子，方少时。亲师友，习礼仪。
香九龄，能温席。孝于亲，所当执。融四岁，能让梨。弟于长，宜先知。
首孝悌，次见闻。知某数，识某文。一而十，十而百。百而千，千而万。
三才者，天地人。三光者，日月星。三纲者，君臣义。父子亲，夫妇顺。
曰春夏，曰秋冬。此四时，运不穷。曰南北，曰西东。此四方，应乎中。
曰水火，木金土。此五行，本乎数。曰仁义，礼智信。此五常，不容紊。
稻粱菽，麦黍稷。此六谷，人所食。马牛羊，鸡犬豕。此六畜，人所饲。
曰喜怒，曰哀惧。爱恶欲，七情具……

给胎宝宝朗诵的时候，准妈妈要在心里感受所朗诵的句子讲的是什么道理，一颗共鸣的心可以让胎宝宝更加受用。

◎美学胎教——孕期美容（孕晚期篇）

1.化妆美容

怀孕后期，皮肤很容易过敏，所以，不要随意改用化妆品，可以用自己习惯了的，否则，可能会使皮肤粗糙或留下斑点。

这时，到医院检查的次数越来越多。体检时，就不要化妆了，不要涂胭脂、眼影、口红、指甲油，因为孕妇的脸色与指甲的颜色往往是医生判断孕妇身体情况的指标。如果它们被化妆品掩盖住，就很难做出正确的诊断了。

2.保持清洁

怀孕后期，阴道分泌物增多，外阴部容易污染，所以，要每天清洗以保持清洁。由于局部充血，皮肤黏膜特别容易受伤，所以，洗澡时动作千万要轻缓，浴毕可使用爽身粉，保持身体舒适与清爽。在住院待产前，就要事先洗好头，保持全身的清洁。

3.穿衣打扮

要想美丽，还得在着装、姿势方面下点工夫。到了怀孕中期，孕妇的身体日渐粗大。质地太软、颜色灰暗、皱褶明显的衣料，都不应该选择。紧身的衣裙、粗毛绒衫等服装都不适。这些样式，孕妇穿了不仅很别扭，而且很不雅观，愈加显得笨重了。

应该尽量让脖子都露出来，到了夏天可以穿短袖或完全无袖的连衣裙。衣服衬托头及胳膊的效果会使人产生错觉，你便变得轻盈，且惹人喜爱了。

四、准爸爸胎教指南

准爸爸应经常跟胎宝宝说话

胎儿不仅喜欢孕妈妈的声音，对准爸爸低沉宽厚的声音更是情有独钟。

在胎儿期间，胎儿就产生了最初的意识。准爸爸孕妈妈多和宝宝朗读一些优美的诗歌，或者是多跟宝宝聊聊天都会对宝宝的智力有促进作用。

准爸爸可以面对孕妈妈的腹部和胎儿进行“对话”，比如，先用亲切的语调呼唤孩子的名字，夸宝宝一下，如“晓晓真听话！”等，以此逐步刺激宝宝的听觉，经常这样抚慰可以增进一家三口的亲情。

准爸爸还可以在陪伴孕妈妈散步时，把所看见的景色悉心描述给宝宝听，让宝宝领略一下大自然的美好，就寝以前，准爸爸可以一边爱抚孕妈妈的腹部，一边跟宝宝道晚安等，话题可以随心所欲。

准爸爸孕妈妈与宝宝对话可以随时进行，但每次时间不宜过长，一般3～5分钟最好。

跟胎儿对话的内容不限，可以问候，可以聊天，可以讲故事、朗诵诗词、唱歌等，但应以简单、轻松、明快为原则。

准爸爸下厨

◎ 章鱼炖猪蹄

材料 猪蹄1000克，章鱼200克，料酒10毫升，大葱10克，精盐适量。

做法 将章鱼洗净，用开水浸泡10分钟，脱去黑皮，切成条；猪蹄镊尽猪毛，洗净，放入沸水锅氽一段时间捞出。锅中放入章鱼、猪蹄、料酒、精盐、葱（切段）、肉汤，烧沸；文火炖至肉熟烂，盛出即可。

功效 此汤可以帮助孕妈妈补气血，有调理妊娠贫血的作用。

◎ 海带燕窝豆腐汤

材料 海带丝25克，燕窝25克，紫菜25克，豆腐3块。葱、姜、盐各适量。

做法

(1)同时将海带丝、燕窝、紫菜放入砂锅内煮汤。

(2)煮熟后，放入葱、姜、盐调味，最后放入豆腐小块稍煮即可。

功效 补碘补钙，预防妊娠高血压。

第30周

塑造良好品格

一、本周宝宝与胎教要点

胎宝宝眼睛可以自由开闭了

30周胎宝宝身长约37厘米，体重约1300克。大脑发育非常迅速，大脑和神经系统已发达到了一定程度，一旦遇到强烈的声音刺激和震动，胎宝宝就会大惊失色，做出非常惊愕的样子。大多数胎宝宝此时对声音都有了反应，眼睛也可以自由开闭、能辨认和跟踪光源。胎宝宝的头部逐步下降，进入骨盆。

本周胎教要点

· **语言胎教：** 孕妈妈和准爸爸要多和胎宝宝聊天或者讲些小故事，让胎宝宝更熟悉你们的声音，使胎宝宝获得更多的安全感。一首浅显的古诗、一个温馨的小童话、一支明朗欢快的童谣都是很好的语言胎教素材，重要的是要经常和胎宝宝交流。

· **情绪胎教：** 孕妈妈的自我心理暗示也是帮助孕妈妈调节心情的好办法。孕妈妈可以经常暗示自己："现在我的身体所承受的沉重和不适，都是为了宝宝能够健康地成长，只要宝宝很健康，我就会很开心。"这样想了，心情也会慢慢好起来。

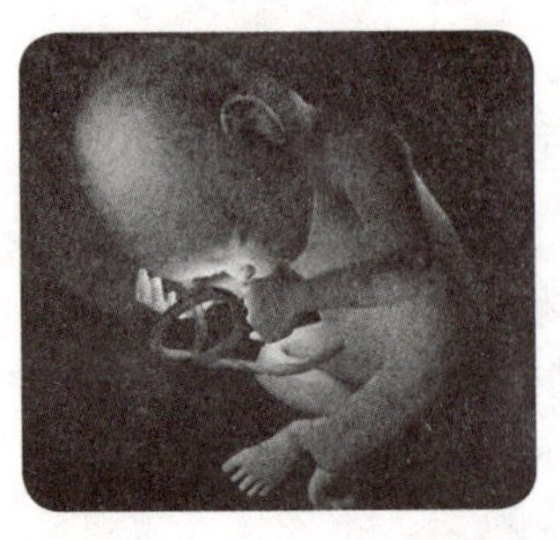

胎宝宝的头部逐渐下降，进入骨盆。

二、胎教理论

音乐有利于开发胎宝宝右脑

国外专家经研究发现，人的左半边大脑管逻辑思维，管语言能力和分析、判断能力；右半边大脑管形象思维，管感情和直觉能力。一般右半边大脑发达的人创造力较强，如画家米开朗琪罗、达·芬奇、发明家爱迪生等一些伟大的艺术家、发明家都是右脑比左脑发达的人。

音乐训练有助于开发促进人的右脑、增强人的创造力，所以对胎儿进行音乐胎教是一种直接培养孩子音乐素养、兴趣的好方法，也是培养孩子创造力的最好开端。因为这时孩子的大脑可以说还是一张白纸、一片净土，你画什么就出什么图，种什么就长什么。

美妙的音乐能唤起孕妇美好的情感和艺术想象力，同时能使她气血畅通、细胞活动活跃、心情愉快，这对孕妇的生理、心理都极有好处，胎儿也会产生共鸣，感到身心愉悦，从中受益。由于音乐是一种依赖直觉的艺术，又是对生理、心理有双重作用的艺术，它在潜移默化之中，就能对人的情绪、个性、品性、智力和身体的健康起塑造作用，所以是胎教的最理想教材和途径。

音乐除了艺术上的价值之外，还有各种生理的、心理的效应。

心理学家认为，音乐能渗入人们的心灵，激起人们无意识超境界的幻觉，并能唤起平时被抑制了的记忆。胎教音乐能使孕妇心旷神怡，浮想联翩，从而改善不良情绪，产生良好的心境，并将这种信息传递给腹中的胎儿，使其深受感染。同时，优美动听的胎教音乐能够给躁动于腹中的胎儿留下深刻的印象，使他朦胧地意识到，世界是多么和谐，多么美好。

在生理作用方面，胎教音乐通过悦耳怡人的音响效果刺激孕妇和胎儿听觉神经器官，引起大脑细胞的兴奋，改变下丘脑递质的释放，促使母体分泌出一些有益于健康的激素如酶、乙酰胆碱等，使身体保持极佳状态，促进腹中的胎儿健康成长。

胎教新工具BabyPlus

近年来，胎教越来越受到重视。国外发明出一种叫“BabyPlus”的胎教工具，经过18年的科学研究证明，这一工具确实有效，全世界6万名儿童从中受益匪浅。

这种胎教工具使用简单，每天孕妇只要佩带两小时，即早晨1小时，晚上1小时，就能收到良好的胎教效果。

“BabyPlus”由16种经科学设计的不同节奏的声音组成，这些音节模仿孕妇的心跳声并随着孕期的增加，节拍逐渐加快，胎儿可非常清晰地听到这些有节奏感的声音，同时，将听到的来自“BabyPlus”的声音与来自妈妈声音加以区别。

尽管由“BabyPlus”发出的声音对成年人来说是单调乏味的，但它的节拍随着孕期不同而有微妙的变化，却对胎儿的大脑发育非常有利。

最初“BabyPlus”的搏动频率为每秒1次（1赫兹）。这与孕妇的心跳频率和新生儿的脑波频率（1～2赫兹）非常接近。这种搏动的声音传递到胎儿耳中，使胎儿听起来非常像孕妇体内动脉血液流经子宫的声音。

随着“BabyPlus”模拟声音节拍速度的加快（每周进行一次频率调整）胎儿会将这种声音与他所听到的周围背景“噪音”（孕妇的呼吸心跳、胎盘血流、静脉血流声等）进行比较对照，从而辨认出节拍的变化。

模拟音节拍的加速，促使胎儿不得不提高大脑抓取和处理这些声音信号的速度，以便将其与其他背景“噪音”进行比较。这就自然激励了胎儿脑神经网络和大脑记忆库的发育。

使用“BabyPlus”进行胎教的益处，还有如下表现形式：

1. 婴儿生下来后眼睛和手都是张开的，精神放松，很少哭泣；
2. 婴儿睡眠好；
3. 能够及早辨别出父母的声音；
4. 注意力能较长时间集中。

三、本周胎教课

◎语言胎教——故事《离群的小绵羊》

太阳快落山了，在外边玩了一天的羊群也要回家了。这时，一只脖子上挂着铃铛的小绵羊趁大家不注意，悄悄地离开羊群。啊，那边的花真美，草好嫩啊！她一路又蹦又跳，玩得好快乐。

突然，她发现草丛中一只大灰狼正偷偷地跟过来，小绵羊拼命地逃，没跑几步便被大灰狼抓住了。

小绵羊虽然很害怕，但她却假装轻松地笑着说：“狼先生，你根本不会吃羊肉，这样吃法，羊肉又酸又涩，很难吃的！我刚刚吃了好多青草还没变成肉，不如让我蹦蹦跳跳，把青草都变成肉你再吃，那样多香啊！”

大灰狼听了说：“嗯，有道理，那你就好好跳跳吧。”

小绵羊解下铃铛递给狼说：“请你用铃铛打拍子，这样我会跳得更好。”

小绵羊随着节拍跳起来，小绵羊又说：“再使劲摇，你摇得越快乐越响，我消化得越快。”

狼听了拼命摇起来。铃铛声随风传到了远远的牧羊人的耳朵里。

“这是小绵羊的铃声，响得这么急，一定是有危险了！”牧羊人马上命令几只牧羊犬去援救。

大灰狼牧羊犬扑过来，扔下铃铛逃跑了。小绵羊赶快回到羊群中，以后再也不敢离开大家乱跑了。

宝宝，不守规矩，离开集体到处乱跑，就像这只小绵羊一样，是很危险的。而一旦遇到危险，不要惊慌，要开动自己的脑筋，运用智慧，就能想出化险为夷的办法。

◎音乐胎教——古筝名曲《春江花月夜》

古筝名曲《春江花月夜》，原为琵琶曲，曲名《夕阳箫鼓》（又名《夕阳箫歌》，亦名《浔阳琵琶》《浔阳夜月》《浔阳曲》）。约在1925年，此曲首次被改编成民族管弦乐曲。至中国成立后，又经多人整理改编，更臻完善，深为国内外听众珍爱。

后改用古筝演奏，更具特色，《春江花月夜》也成了古筝名曲，A调，抑扬顿挫，柔柔似水，优雅优美，非常好听。

《春江花月夜》内容丰富，含有摇指，下滑上滑，按音等技巧，是经典的古筝练习曲，可使学者弹奏技巧得到精进。

全曲由引子、主题乐段、主题的八次变奏及尾声构成，是一道独具特色的变奏曲。这种曲式由一个音乐主题乐段作基础，其他各乐段运用各种变奏的手法加以变化，丰富了音乐表现力，推进了音乐发展。这种手法善于细腻、深刻地从不同的意境和角度，去揭示乐曲主题内容，塑造音乐形象。乐曲通过优美质朴的抒情旋律、流畅而富于变化的节奏、丰富多彩的各种演奏技法，有如一幅动人的长卷山水画，贴切地表现了乐曲的诗情画意。下面就曲中的几段音乐做简要的介绍：

引子部分及乐曲第一段江楼钟鼓，是引子及主题显示部分，由清脆嘹亮的古筝滚指连重奏法起奏开始，形象的模拟鼓声由慢渐快。接着引出具有江南风格的音乐主题，抒情、优美、婉转如歌。

句尾的大鼓滚奏音形，描绘出夕阳西下、泛舟江上，游船箫鼓齐鸣的动人情景。紧接着音乐进入主题做“接头合尾”式的变奏，即变奏部分集中在每个乐段的前半部，而后半部则基本相同，也就是前变后同，故有变化对比，又有重复统一，不断推进音乐向前发展。

[其他关联作品]

值得一提的是，另有一首号称“孤篇盖全唐”的名诗也叫《春江花月夜》。

建议孕妈妈在熟读这首著名的诗篇后，再回过来重新听听这首名曲，感受可能会更丰富、更陶醉。

四、准爸爸胎教指南

和孕妈妈一起布置婴儿房

1.居室环境

婴儿居室应选择向阳、通风、清洁、安静的房间。婴儿居室的室温应控制在18℃～22℃之间。

2.室内湿度要适宜

婴儿居室的湿度在50%～60%左右为佳。过于干燥的空气使婴儿呼吸道黏膜变干，抵抗力低下，也可发生上呼吸道感染，故需注意保持室内的一定湿度。加湿方法，如有空气加湿器更好，也可在冬季时往暖气片上放些干净的湿布。夏季时地面上洒些清水。

3.居室的装修布置

婴儿居室的装修、装饰要简洁、明快，可吊挂一个鲜艳的大彩球及一幅大挂图，以刺激婴儿的视觉，为以后的认物打基础，但勿将居室搞得杂乱无章，使婴儿的眼睛产生疲劳。不能让婴儿住在刚粉刷或刚油漆过的房间里，以免中毒。

准爸爸下厨

◎ 腐竹豆芽炒木耳

材料 腐竹、姜、绿豆芽、黑木耳、油、盐、水淀粉、香油各适量。

做法 腐竹泡好切断；姜洗净切末；绿豆芽洗净焯水，黑木耳洗净，撕成小块，焯水。锅置火上，放油烧热，下姜末略炸，下绿豆芽、黑木耳炒几下，加入炒绿豆芽的汤、盐，倒入腐竹，用小火煮3分钟，水淀粉勾芡收汁，淋香油即可。

功效 含丰富的蛋白质、碳水化合物、微量元素和维生素C，有助于补气健脾胃、利水消肿，还有利于胎宝宝骨骼发育。

◎ 党参老鸽汤

材料 党参20克，老鸽700克，枸杞子15克，枣（干）10克，猪肉（瘦）200克，精盐3克。

做法

（1）将老鸽剖洗净，去除内脏；其他用料也洗净，瘦肉原块使用。

（2）用清水5碗，全部原料一起放入，煮约4小时，加入精盐调味便可饮用。

功效 此汤具有补胃气、滋阴、益智、宁神的功效。

第31周

多交流多沟通

一、本周宝宝与胎教要点

胎宝宝更像个小婴儿了

31周胎宝宝身长39厘米左右，体重约1500克。胎宝宝身体和四肢继续长大，直到和头部的比例相当。皮下脂肪更加丰富，皱纹减少，看起来更像一个初生的婴儿了。各个器官继续发育完善，这时胎儿的肺部和消化系统已基本发育完成，可以分泌消化液。味蕾更加发达。这时小家伙喝进去的羊水已经可以经过膀胱排泄在羊水中，这是在为出生后的小便功能进行锻炼。

本周胎教要点

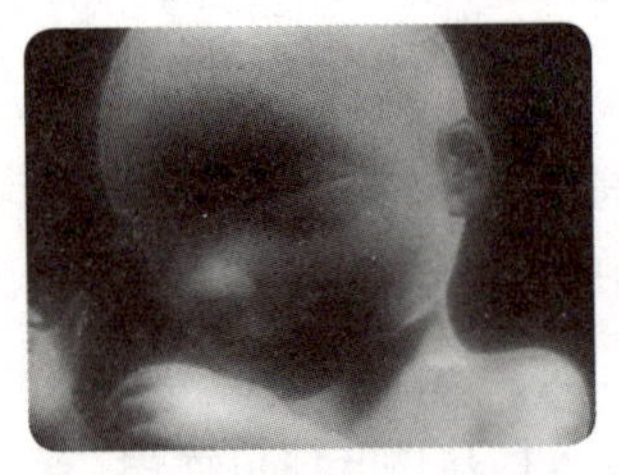

皮下脂肪更加丰富，皱纹减少，更像一个初生的婴儿了。

· **运动胎教：** 这一时期，孕妈妈可能会更明显地发现自己的乳房有少量的乳汁出现，当然也有些孕妈妈不会出现这种情况，但不管你是否在分泌乳液，乳房都在为哺乳做准备，所以此时进行相应的运动，有助于将来更顺利地哺乳。

· **语言胎教：** 孕晚期的胎宝宝更喜欢有韵律的声音刺激。这时候，孕妈妈可以随时给宝宝朗读一些节奏抑扬顿挫的文学作品，在宝宝还未出生前就打下良好的语言基础。

二、胎教理论

对于蒙特梭利，许多人并不陌生，她对早期教育有着杰出的贡献。但为许多人所不知的是，蒙特梭利在胎教领域也有极深造诣，她所提出的系统胎教训练法，对胎儿发展的影响也非同小可，我们一起来了解一下吧!

性格训练法

蒙氏和一些科学家的研究发现，人的性格是从胎儿期开始形成的。虽然遗传基因对性格起着一定的作用，但胎儿所生长的环境却对未来宝宝性格的形成有着更深远的影响。

子宫是胎宝宝性格形成的第一个环境。胎宝宝住在孕妈妈的子宫里，能敏锐地感知孕妈妈的思维活动、情绪波动及母亲对自己的态度，这些感受都将直接影响到胎宝宝性格的形成和发展。

孕妈妈要注意提升自身性格修养

❶ 孕妈妈在怀孕的每一天，都要注重对自身性情的调节与提升，要多去从事能使自己产生良好感受和愉快心情的事情。

❷ 要让自己的心态放宽广、戒骄戒躁，可以通过欣赏音乐、艺术品来陶冶自己的情操。尽量促使家庭的和谐与美满，并让整个身心充满对宝贝的爱和期待。

记忆训练法

国外的研究结果表明，胎儿对外界有意识的刺激行为的感知体验，将会长期保留在记忆中，并对其未来的个性、智力及体能产生相应的影响。

记忆能力从胎宝宝期就开始萌芽了。

目前，医学界多数人认为胎宝贝具有记忆、感觉能力，并且这些能力会随胎龄的增加而逐渐增强。

1.教胎宝贝学习

别以为教胎宝贝学习是无稽之谈，蒙氏和其他科学家们发现，孕妈妈可以通过视觉和感觉把外界信息传递给胎宝贝，这会使他们出生后具有超常的记忆力和才能。

使用彩色教学卡片

怀孕5个月时，就可以用自制的或购买的彩色教学卡片教宝贝学习了，每天4~5个汉语拼音，韵母教完后可以继续教声母甚至汉字，也可以教宝贝数字、图形，甚至是计算。

诵读经典

其实，除了诵读脍炙人口的经典作品外，你可以诵读任何你喜欢的东西，如诗歌、散文、儿歌、故事。但要注意诵读时情绪饱满热情，语调抑扬顿挫，诵读的时间无需过长，以不感到疲劳为好。

2.孕妈妈保持平静心情

研究证实，怀孕时期保持放松的心情，对胎宝贝记忆力的成长有很大帮助。如果常处于过度兴奋，或极度不安的状态，就会使自己的脑部产生负面的刺激，抑制胎宝贝的激素因子分泌，以至记忆力受到抑止。

孕妈妈要经常亲近大自然，放松自己的心情。多去绿树成荫的地方或森林、田野、江边或河边去散步，呼吸新鲜的空气，聆听鸟儿悦耳的叫声。

3.发展胎宝宝的听觉记忆

以前认为，宝贝只能记得出生前一或两个月前发生的事情，但蒙氏和科学家们发现，1岁多的宝贝还能记得在孕妈妈子宫里听到的音乐。这项研究显示，宝贝出生前3个月，在孕妈妈子宫内听到的音乐，出生一年后还能记得清楚。

坚持给胎宝宝听音乐

宝贝喜欢感受愉快的音乐，这会让他们记忆深刻。如果孕妈妈会弹奏乐器或自己唱歌，那也是非常好的选择；如果时间充裕，也可以自己去参加一个乐器学习班或社区合唱团，这对促进宝贝记忆力的发展都是很有好处的。

和胎宝宝复习聊天的内容

和胎宝贝聊天是有技巧的，每天不仅和胎宝贝聊一些新鲜的东西，也要和他一起“复习”以前说过的东西，比如家庭的成员啊、居住的环境啊、爸爸妈妈对他的爱啊。

给胎宝宝听玩具的声音

可以给胎宝贝听悦耳玩具发出的声音，这对未来哄宝贝是很有意义的。当宝贝出生后，或者哭闹难哄时，拿出这个玩具让他听听熟悉的声音，宝贝就会安静下来了。

三、本周胎教课

◎运动胎教——孕晚期普拉提

很多孕妇在怀孕后期都会感到呼吸不畅和异常疲惫，并且会经常出现手、足、脚腕浮肿的现象。在这一时期，轻柔的运动和摄取充足的水分会减轻浮肿症状。

抬腿

❶靠墙而坐，两腿向前伸直。在右腿下垫两个枕头，左脚紧贴地面并曲起左膝。

❷慢慢地完全伸直右腿，并继续尽力拉伸。保持脚趾向上并对脚后跟用力。在这之后让腿放松下来，并舒适地放在枕头上面。重复10次后换另一只腿。

靠墙抬腿

❶用垫子垫住头部，尽量让自己的臀部贴在墙壁上。保证背部处于舒适状态后，在尽可能的范围内让双腿自然伸至墙的上端。保持这一姿势5分钟。

❷双腿向两侧分开，直至起到拉伸的效果为止，但注意不要太过吃力。保持这一姿势5分钟。

◎语言胎教——诗歌《再别康桥》

在阳光充足的午后，轻柔地朗读一首优美的散文诗，和胎宝宝一起品味诗歌的美好，共同感受诗人浪漫的情怀，这对于准妈妈来说，肯定会是一次美好的体验。徐志摩的《再别康桥》，是一首优美的抒情诗。它的语言清新秀丽，节奏轻柔委婉，和谐自然，伴随着情感的起伏跳跃，犹如一曲悦耳徐缓的散板，轻盈婉转，轻轻地沁入你的心脾，滋润你的心田。

再别康桥

轻轻的我走了，
正如我轻轻的来；
我轻轻的招手，
作别西天的云彩。
那河畔的金柳，
是夕阳中的新娘；
波光里的艳影，
在我的心头荡漾。
软泥上的青荇，
油油的在水底招摇；
在康河的柔波里，
我甘心做一条水草。
那榆阴下的一潭，
不是清泉，是天上虹；
揉碎在浮藻间，
沉淀着彩虹似的梦。
寻梦？撑一支长篙，
向青草更青处漫溯；
满载一船星辉，
在星辉斑斓里放歌。
但我不能放歌，
悄悄是别离的笙箫；
夏虫也为我沉默，
沉默是今晚的康桥！
悄悄的我走了，
正如我悄悄的来；
我挥一挥衣袖，
不带走一片云彩。

四、准爸爸胎教指南

陪孕妈妈参加社交活动

怀孕期间，孕妈妈情绪会比未孕时期差，和朋友见面、聊天是个不错的排解方式。所以孕妈妈应适当参加社交活动。

但是，到了怀孕后期，孕妈妈出门往往不太方便，活动量会减少。除了必须要做的事，比如上下班，孕妈妈的其他外出活动应能少则少。可是这样每天局限在家里，面对的只是准爸爸及家人，缺少了以前的社交活动，孕妈妈难免会觉得生活乏味，情绪低落。

准爸爸这时应担起“护花使者”的责任，陪孕妈妈去参加社交活动，让孕妈妈的这种状况得以改变。在朋友聚会时，准爸爸应事先打听聚会环境是否适合孕妈妈，如果适合就积极陪同孕妈妈去参加。周末有空，还可以带孕妈妈去看看朋友，尤其是去有孩子的朋友家做客，让孕妈妈和自己都能实地感受一下家有“小天使”的氛围。

准爸爸不妨在自家举行一些小派对，这样孕妈妈就可以在家里参加社交活动了。

准爸爸下厨

◎ 生姜羊肉汤

材料 羊肉500克，生姜、山药各20克，盐、牛奶各适量。

做法 将羊肉洗净，切成小片，生姜洗净，切片，一起放入沙锅中，加适量清水、盐，用文火炖6小时，用筷子搅匀；山药去皮，洗净，切片。另取一锅，倒入羊肉汤1大碗，加入山药片煮烂，倒入牛奶煮沸，即可饮汤食肉。

功效 健脾益气、温补肾阳。孕妈妈可以在冬天食用。如果晚餐吃，就可以不再吃主食了，因为它含淀粉较多。

◎ 蒜末茄条

材料 茄子400克，大蒜20克，葱2根，醋、酱油、白砂糖、淀粉各适量。

做法 将葱洗净、大蒜去皮，均切末；茄子洗净，切成3～4厘米的长段。茄子放入开水中，大火煮软，捞起，沥干水分，平铺于盘中待凉。锅中倒入1小匙油烧热，爆香葱、姜末，加入醋和1大匙水，中火煮滚，再加入淀粉勾芡，盛起淋在茄子上即可。

功效 茄子软烂，咸鲜可口。此菜为夏令佳肴，可以清心解暑，有助于消化，孕妈妈吃茄子还可以降血压。

第32周 别让宝宝太肥胖

一、本周宝宝与胎教要点

胎宝宝变得安静很多

32周胎宝宝身长约40厘米，体重1700克左右。皮肤淡红并日益光滑起来，但皮肤皱折仍然很多，看起来像个小老头。胎动次数减少、动作也减弱，再也不会像原来那样在你的肚子里翻筋斗了，但只要你还能感觉得到小家伙在蠕动，就说明一切正常。

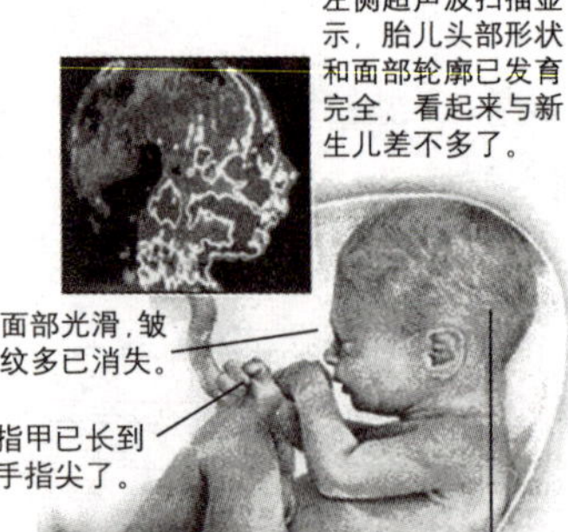

宝宝已经长出了指甲和一头胎发。

本周胎教要点

· **美学胎教：** 加强美学胎教，可以培养宝宝热情乐观地去审视生活中的美，苏杭的刺绣，尤其是苏州精美的双面绣，还有南京的云锦、河北的皮影、宜兴的紫砂壶等都可以帮助宝宝在出生后拥有一双善于发现美的眼睛和一颗敏锐捕捉美和幸福的心。

· **意念胎教：** 大多数准爸爸和孕妈妈心里都比较急切地想知道：我家宝宝长得像爸爸还是像妈妈呢？这时你不妨闭上眼睛，在心里默默冥想，想象胎宝宝可爱的模样。

二、胎教理论

帮胎宝宝寻找平衡的感觉

孕妈妈应定期给胎儿进行宫内训练，抚摸胎儿，轻轻推着胎儿转动。人为地使胎儿在宫内移动，有利于胎儿寻找平衡的感觉，能很好地促进胎儿脑部的发育，使胎儿更聪明，长大以后对旋转的适应能力更强。这是因为人的前庭系统位于脑干中央，并与内耳紧密相连。胎儿期最早发育的脑神经系统就是听觉系统，而前庭系统早在母体妊娠第16周就开始活动了。胎教时有其耳朵半规管里的液体保持流动。转动刺激了前庭系统的平衡与协调功能，同时也刺激了大脑的发育，使大脑产生更多的树突和联结。经过这种刺激胎教训练的胎儿，出生后学站、学走都会快些，身体健壮、手脚灵敏。这些宝宝在出生时大多灵敏，啼哭不多。与未经训练的同龄婴儿比，显得活泼可爱。

和胎宝宝玩“藏猫猫”

准爸爸可以和胎宝宝进行有趣的游戏胎教训练，这种通过动作刺激来达到胎教目的的方式是值得采用的。为了提高趣味性，准父母可以从简单的抚摸与拍打提升为有内容的游戏，比如藏猫猫游戏，让准爸爸轻轻拍打胎宝宝，然后对胎宝宝说：“爸爸要藏起来了，小宝宝找找看。”然后把脸贴在另一边的腹壁上，让宝宝寻找。

如果胎宝宝正好踢到爸爸的脸颊，一定要对宝宝给予表扬，如果宝宝没有找到，也要耐心轻抚宝宝，鼓励他继续。相信通过这样的游戏，胎宝宝肯定会对爸爸妈妈记忆深刻的。这种游戏胎教训练，不但增进了胎儿活动的积极性，而且有利于胎儿智力的发育。

三、本周胎教课

◎情绪胎教——向家人或朋友倾诉

孕期可把倾诉作为一项胎教课程。只要觉得心情不畅，就去找找家人或者好朋友，作一番交谈和倾诉，你必定会获得对方的帮助和启发，从而调节好自己的心情。

对于孕妈妈来说，其精神状态和心理情绪不好，不仅对自己的身体有害，而且影响胎儿的健康发育，因此，孕妈妈应学会通过各种途径来排除不良情绪。

孕妈妈可以通过诉说的方式，来排解内心焦虑与急躁的情绪，诉说也是一种很好的宣泄渠道，是调节心理情绪的一种好方法。

当然，孕妈妈倾诉心中的担忧、顾虑，进行心理调整，则需要家人耐心地“洗耳恭听”，来配合默契地作好心理因素调整。

一旦孕妈妈把心里憋着的话全都倾诉出来，精神状态就有所放松，至少，能改善失眠或晚上睡不踏实的情况。与其让自己的心里憋着、闷着，把自己弄得成天心神不宁、坐卧不安、吃不下、睡不着地难受，不如找到父母、家人或者闺密好友，干干脆脆地全部倾诉出来。一旦说出来，就会发现自己的思想负担减轻了，情绪也改善了。困扰自己睡不好觉的心理暗结，会通过倾诉而淡化掉，生理上的不适感也不至于那么难以忍受了。

此外，孕期主动改善心情、排解不良情绪，会拥有较高的睡眠质量，是确保母子健康平安的良方。

◎语言胎教——故事《说话要看对象》

孔子带着他的几名学生出外讲学、游览，一路上十分辛苦。这一天，孔子一行人来到一个村庄，他们在一片树荫下休息，正准备吃点干粮、喝点水，不料孔子的马挣脱了缰绳，跑到庄稼地里去吃了人家的麦苗。一个农夫上前抓住马嚼子，将马扣下了。

子贡是孔子最得意的学生之一，一贯能言善辩。他凭着不凡的口才，自告奋勇地上前去企图说服那个农夫，争取和解。可是，他说话文绉绉，满口之乎者也，天上地下，将大道理讲了一串又一串，尽管费尽口舌，可农夫就是听不进去。

有一位刚刚跟随孔子不久的新学生，论学识、才干远不如子贡。当他看到子贡与农夫僵持不下的情景时，便对孔子说："老师，请让我去试试看。"

于是他走到农夫面前，笑着对农夫说："你并不是在遥远的东海种田，我们也不是在遥远的西海耕地，我们彼此靠得很近，相隔不远，我的马怎么可能不吃你的庄稼呢？再说了，说不定哪天你的牛也会吃掉我的庄稼哩，你说是不是？我们该彼此谅解才是。"

农夫听了这番话，觉得很在理，责怪的意思也消释了，于是将马还给了孔子。旁边几个农夫也互相议论说："像这样说话才算有口才，哪像刚才那个人，说话不中听。"

宝宝，这个故事告诉你：说话必须看对象、看场合，否则，你再能言善辩，别人不买你的账也是白搭。

◎胎教活动——做简单的宝宝装

今天，来给宝宝做一件衣服吧，说不定将来宝宝一出生就可以穿上你为他准备的这份礼物呢，是不是有一点跃跃欲试了呢？那么现在就来学一种非常简单的宝宝装的做法吧。

1.手工材料

一块与宝宝身长差不多的方形布料（最好大于50厘米、布料尽量选择全棉料的，一些旧棉衣、睡袍等都可以拿来使用），剪刀，尺子，针线（也可用缝纫机）。

2.手工步骤

❶将布料的正面朝里对折，定出衣服的宽度，将两边折回成M状条形。

❷将折成条形的布料折成L状，一边略短做袖子。

❸沿折痕剪开，将剪口对齐成L状。

❹在对齐的尖角处剪一个弧形的口，做领口，然后将两只袖子从中间剪开。

❺缝合接口，装饰开口，安上系带，漂亮的宝宝装就做好了。

3.根据宝宝成长特点来做小衣服

❶忌选化纤布料，棉质品最好。宝宝皮肤娇嫩，抵抗力低，化纤织物对皮肤有很大刺激。应该选用吸水、通气性能好，质地柔软，无刺激，穿着舒适的棉织品。

❷以浅色布料为好。在颜色上要选用白色、浅色为宜，尤其是夏季，因为颜色深的布料对宝宝皮肤有刺激性，也易吸收阳光而产后闷热感。

❸衣服款式不可过窄过紧。处在生长旺盛阶段的宝宝，身体增高增胖很快，因此衣服以宽松、不妨碍活动，穿、脱方便为宜。

四、准爸爸胎教指南

孕晚期，孕妈妈的腹部日渐隆起，行动变得不方便，有些自己能做的事也做不了，这时候，就需要准爸爸出手帮一把了。

随时随地搀扶爱妻

孕妈妈肚子大起来时身体重心发生了变化，在下楼梯的时候极有可能踩空；由于子宫的增大，有可能压迫到坐骨神经，坐下和起来会变得很困难，尤其是在久坐的情况下，这时准爸爸需要随时随地搀她一把，让她因为有你而感觉到安全、舒适。

帮助孕妈妈翻身

孕晚期孕妈妈睡觉可不是件舒服的事。翻身变得越来越有难度，要么是身子先过去，再把肚子挪过去；要么是肚子先过去，身子再跟过去；甚至干脆翻不过去。这时，身边再有个只顾呼呼大睡、对孕妈妈的困难一无所知的准爸爸，那份心情可想而知。

所以，这一时期的准爸爸就要牺牲一点了，警醒一些，多留意身边的妻子，适时帮她翻个身。

准爸爸下厨

◎ 粳米鸡丝粥

材料 母鸡一只（约750克），粳米、盐、油菜或小白菜适量。

做法

(1)将母鸡处理干净，放入沙锅熬鸡汁。

(2)把粳米洗净，放入锅内，加入鸡汁、撕成丝的鸡脯肉、盐，煮成粥。

(3)离火前撒上油菜或小白菜，营养更加。

功效 滋补五脏、补益气血。

◎ 银鱼炒豆芽

材料 黄豆芽300克，银鱼20克，鲜豌豆50克，胡萝卜丝50克，糖、醋、盐各适量。

做法

(1)将银鱼焯水，沥干，豌豆煮熟备用。

(2)炒锅加油烧热，葱花爆香，炒黄豆芽、银鱼及胡萝卜丝。

(3)略炒后加入煮熟的豌豆，最后加入糖、醋、盐调味即可。

功效 银鱼、黄豆芽都含有丰富的钙质，胡萝卜中含有大量的维生素A。

第33周

难以施展拳脚

一、本周宝宝与胎教要点

胎宝宝的皮肤更有光泽了

33周胎宝宝身长约41厘米，体重1900克左右。呼吸系统、消化系统发育已近成熟。对于初产妇，这时候胎宝宝的头部已经降入你骨盆，紧紧地压在子宫颈上；而对于经产妇，胎宝宝入盆的时间会较晚些。随着胎儿皮下脂肪的快速积累，胎宝宝的皮肤已经开始变得富有光泽，不再像个皱巴巴的小老头了。

本周胎教要点

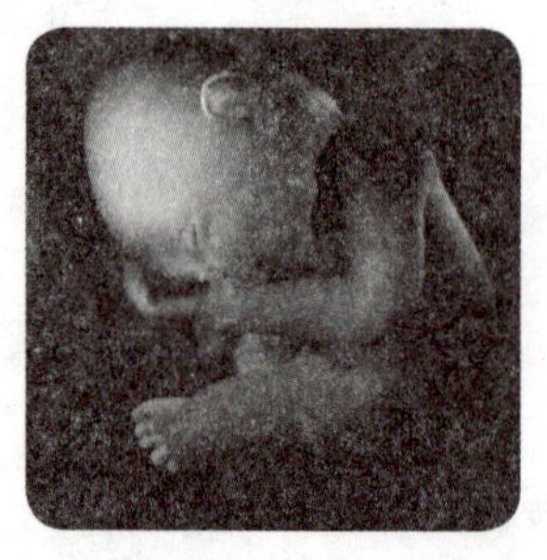

宝宝的骨骼已经变得很结实，但骨质硬度还很软。

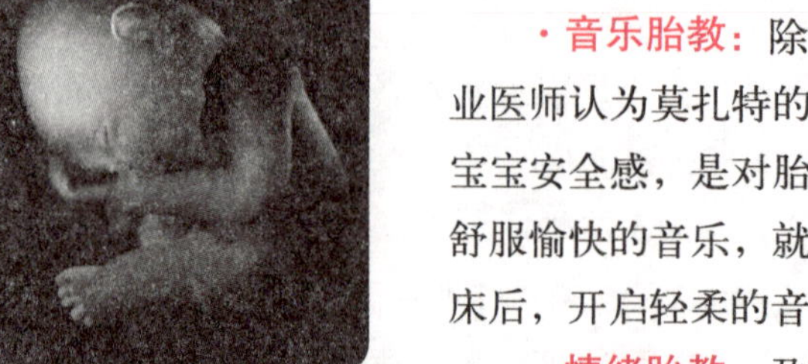

· **音乐胎教：** 除了可以选择悦耳舒服的音乐之外，有些专业医师认为莫扎特的曲子因为较类似母亲的心跳声，可以给胎宝宝安全感，是对胎教有帮助的音乐。只要是能让孕妈妈感到舒服愉快的音乐，就是适合孕妈妈的胎教音乐，可以在每天起床后，开启轻柔的音乐，以愉悦的心情迎接新的一天。

· **情绪胎教：** 孕晚期，孕妈妈焦躁不安的情绪，极有可能影响胎宝宝而造成早产，千万可别在最后时刻疏忽大意哦。准爸爸可以多搜集一些幽默笑话，绘声绘色地说给孕妈妈听。

二、胎教理论

综合胎教

孕妈妈将影响自身健康，影响胎儿发育的各种有利因素综合起来进行胎教的胎教方法称为综合胎教。

此时的胎儿已逐渐成熟，语言、对话、光照、运动等胎教可以全方位地实施，全方位胎教刺激可促使胎儿身心全面地发展。只是在实施这些胎教时要进一步加强，比如对话内容可以更复杂些，可讲故事、谈话、讲画册、教儿歌等；语言胎教可增加外语的播放；运动胎教以帮助胎儿做体操等较大的“运动”训练为主；光照胎教则建议孕妇直接到大自然中去迎着太阳走，让太阳柔和的光源照射母亲腹部，给胎儿以自然光的刺激。

此外，这几种胎教还可以在同一时间内综合运用，比如孕妇在散步时，一边让胎儿接受光照胎教，一边推动胎儿在腹内运动，与此同时孕妇再给胎儿描述温暖的阳光、美丽的景色，让胎儿在腹内通过视觉、触觉、听觉等立体感觉“外面的世界”，为他对未来世界的认识开启萌动的意识。

三、本周胎教课

◎语言胎教——《新月集》诗选（四）

祝福

祝福这个小心灵，这个洁白的灵魂，他为我们的大地，赢得了天的接吻。

他爱日光，他爱见他妈妈的脸。

他没有学会厌恶尘土而渴求黄金。

紧抱他在你的心里，并且祝福他。

他已来到这个歧路百出的大地上了。

我不知道他怎么从群众中选出你来，来到你的门前抓住你的手问路。

他笑着，谈着，跟着你走，心里没有一点儿疑惑。

不要辜负他的信任，引导他到正路，并且祝福他。

把你的手按在他的头上，祈求着：底下的波涛虽然险恶，然而从上面来的风，会鼓起他的船帆，送他到和平的港口的。

不要在忙碌中把他忘了，让他来到你的心里，并且祝福他。

◎胎教活动——折纸两例（二）

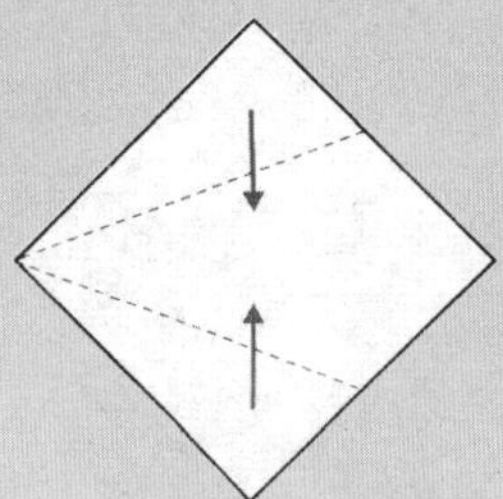
（1）沿虚线向箭头方向折叠

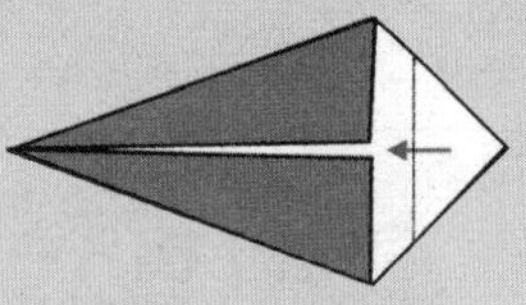
（2）沿虚线向箭头方向折叠，塞到里面

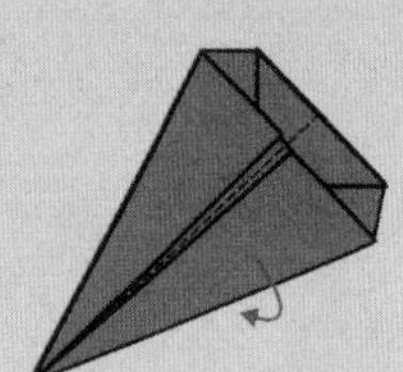
（3）沿虚线向背面折叠

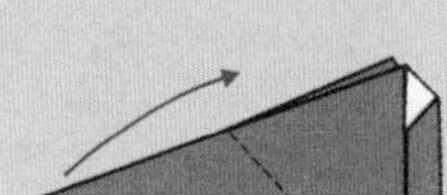
（4）沿虚线翻折

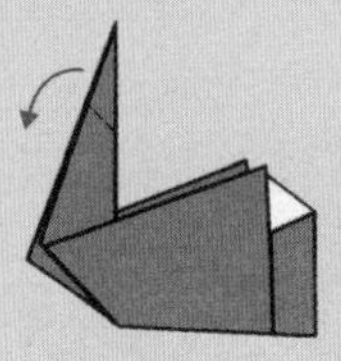
（5）如图翻折

（6）完成

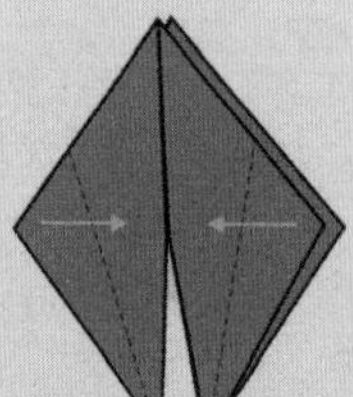
（1）先折成双菱形，再集中一角折

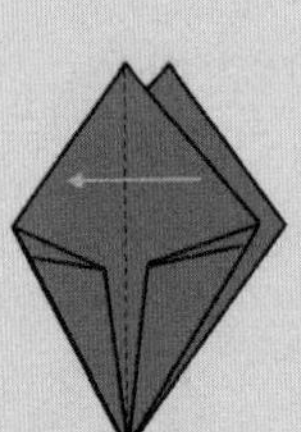
（2）对折

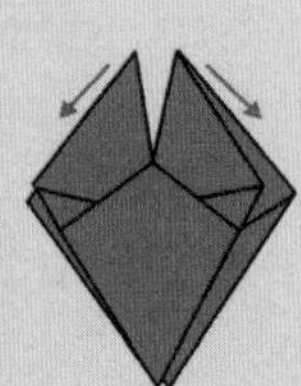
（3）沿虚线压折两角

（4）上层三角向上折

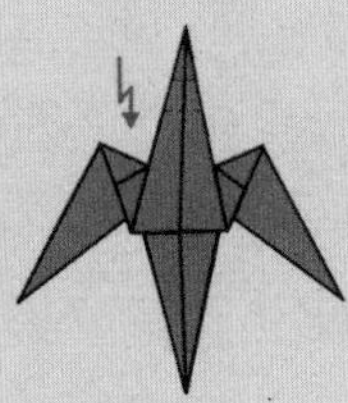
（5）曲折头部

（6）剪出燕尾

（7）完成

◎胎教活动——剪纸四例（花木鱼蟹）

四、准爸爸胎教指南

学习孕产育儿知识

据不完全统计，准爸爸们自认为的那些育儿词汇的含义，70%是含有某种误解的，比如很多准爸爸以为脐带是连接孕妈妈肚脐和胎儿肚脐的带子，而事实上脐带是将胎儿肚脐与胎盘相连的血管束，而孕妈妈的肚脐并没有与胎儿的任何内脏器官相连。

因此，在孕妈妈们努力学习孕期知识的同时，准爸爸们最好也能同样努力地学习一下，这样才不至于在必要的时候出现差错，也有助于准爸爸合理地安排孕期时间和帮助孕妈妈。

准爸爸可以并同孕妈妈一起阅读一些孕产期保健及育婴方面的书籍，有条件的话还可以参加准爸爸学习班，了解相关的孕期保健及育儿新知识，学习一些基本的保健及婴儿护理方法，比如为婴儿洗澡、学习做婴儿辅食等。

准爸爸下厨

◎ 口蘑鸡片

材料 鸡肉500克，菜心、青豆、笋片、口蘑、鸡蛋、淀粉、鸡汤、盐、料酒、香油各适量。

做法 将鸡肉切成薄片，加鸡蛋清、淀粉调匀；菜心切成片，焯一下，捞出。口蘑切片后用少许盐搓一下，洗净。锅置火上，放油烧热，下入鸡片，滑熟时捞出沥油。锅内留底油，加入鸡汤、青豆、笋片、盐、料酒烧沸，撇去浮沫，用淀粉勾芡，加上口蘑片、鸡片、菜心片，烧至入味出锅，撒上香油即可。

功效 补充优质蛋白质和多种微量元素。

◎ 猪胰脏煲山药

材料 猪肉（瘦）250克，猪胰脏150克，山药（干）50克，莲子50克，姜5克，精盐适量。

做法 猪胰脏、瘦肉放入滚水中，捞起洗净；莲子去莲心，洗净；山药洗净；姜洗净，切片。把适量水煲滚，加入瘦肉、猪胰脏、莲子、山药、姜片煲滚。煲滚后再慢火煲3.5小时，加精盐调味即可。

功效 猪肉含有丰富的优质蛋白质和必需的脂肪酸，并且可以为孕妈妈提供血红素（有机铁）和促进铁吸收的半胱氨酸，能改善孕期缺铁性贫血。

第34周 在等待中做胎教

一、本周宝宝与胎教要点

胎宝宝头朝下了

34周胎宝宝身长约42厘米，体重在2100克左右。胎宝宝的头部进入骨盆，但这时胎儿姿势尚未完全固定，还有可能发生变化，需要密切关注。原本长满全身的胎毛逐渐消退。

本周胎教要点

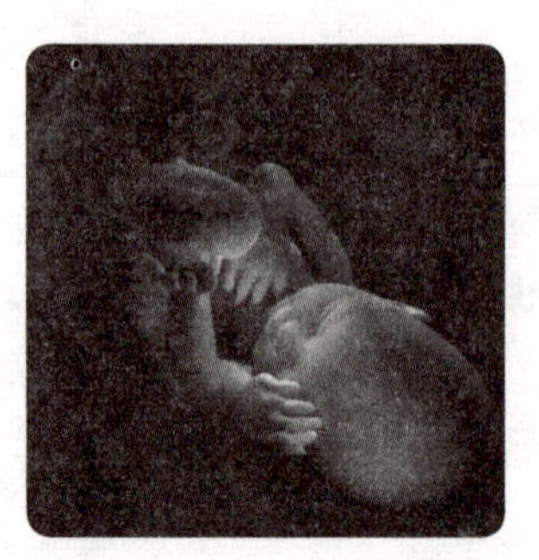

胎宝宝的头部已进入骨盆。

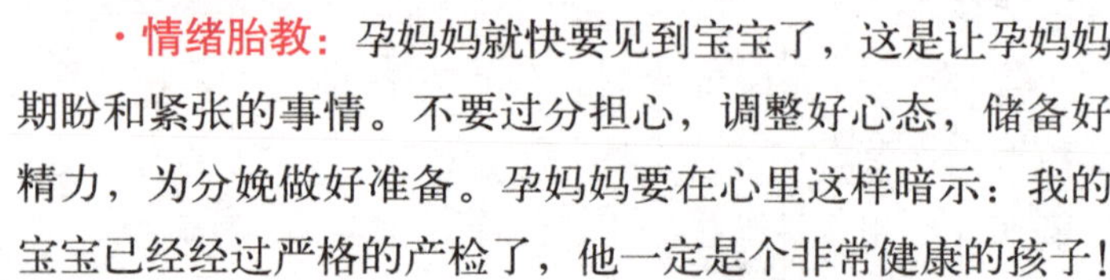

· **情绪胎教：** 孕妈妈就快要见到宝宝了，这是让孕妈妈期盼和紧张的事情。不要过分担心，调整好心态，储备好精力，为分娩做好准备。孕妈妈要在心里这样暗示：我的宝宝已经经过严格的产检了，他一定是个非常健康的孩子！

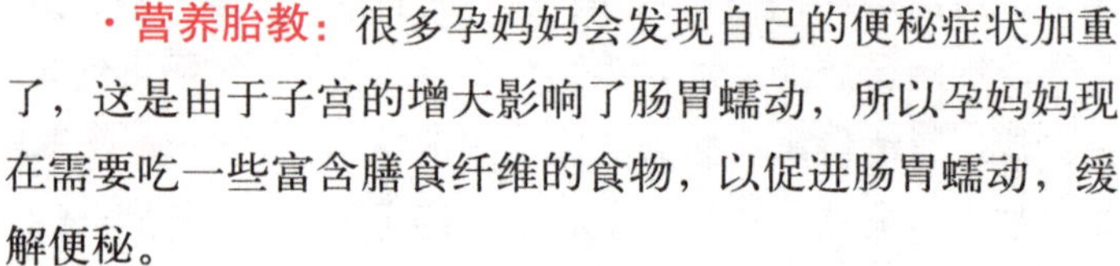

· **营养胎教：** 很多孕妈妈会发现自己的便秘症状加重了，这是由于子宫的增大影响了肠胃蠕动，所以孕妈妈现在需要吃一些富含膳食纤维的食物，以促进肠胃蠕动，缓解便秘。

二、胎教理论

孕期焦虑易使孩子出现情绪问题

英国精神病学家的研究显示，孕妇过度焦虑不只是增加胎儿的风险，还易使他们在日后的成长中发生情绪和行为方面等问题。

专家在对怀孕18～32周的孕妇进行的研究中发现，沮丧和焦虑程度高的孕妇生下的孩子在4岁左右就会出现不同程度的行为和情绪问题，如过度活跃、无法集中精力等发生率是正常人的2～3倍。专家认为焦虑和沮丧情绪使孕妇内分泌系统发生了异常，由此对胎儿大脑发育造成不良影响，增加了孩子在未来的发育过程中的异常概率。

孕妇情绪紧张可使胎儿血压升高

澳大利亚科学家通过对绵羊的实验表明，怀孕中的孕妈妈在怀孕早期精神紧张，哪怕是短短2天也可能会引起胎儿血压升高以及肾功能紊乱。

研究专家认为，在绵羊身上的这一发现与人遇到精神紧张时的情况很相似，因而对胎儿的影响也一样，并会影响以后的生活。专家指出，孕妇在孕期避免服用药物和进食某些食物固然重要，但也应想尽一切办法避免精神紧张，不过，遗传易致精神紧张在这里是一个关键因素，也就是说引起精神紧张的作用力对于不同的人有很大差异。

放下不必要的担心

怀孕9个月，距离预产期越来越近，孕妈妈一方面会为宝宝即将出世感到兴奋与激动；另一方面又会为分娩而紧张。在怀孕9个月时，孕妈妈怎样以一种平和、欢快的心情度过呢？

孕妈妈在此期，不必多思多虑，对于可能出现的问题和状况，要相信医生自会处理，对于能否顺利分娩，更用不着去多虑，让还没有发生的事徒增烦恼和压力。孕妈妈应放下这种不必要的担心，想到孕期是一个正常的生理过程，从怀孕时的“合二为一”到分娩时的“一分为二”，就像瓜熟蒂落一样自然，没必要过于紧张不安。作为生命延续的分娩，只是一个自然的生理过程，难免会有些疼痛，疼痛程度应是大多数人都能够承受的，而且疼痛也是宝宝脱离母体降临世界时第一次“按摩”，对宝宝也是有好处的。孕妈妈在此期间，应吃好、睡好，养足精神，以平稳的情绪、冷静的头脑度过此期。要是孕妈妈产前检查的指标都较为正常，就更应该去做自己感兴趣的事，既对自身有利，对宝宝也是有好处的。

三、本周胎教课

◎运动胎教——孕期瑜伽（孕晚期篇）

1.直角式

做法

❶事先在手边准备一两个枕头，坐在地面上双腿伸直，髋部一侧靠墙；

❷身体向后侧靠，手肘支撑身体的力量，双腿向墙面旋转，最后身体平躺与墙面成直角；

❸双脚靠墙向上伸直，移动臀部并尽可能靠近墙面；

❹屈膝，双脚压在墙面上，抬起臀部，在下面塞两个枕头，枕头和臀部都要靠墙；

❺双腿向上伸直，手臂在身体两侧伸直，闭上眼睛放松。

提示 一般来说，孕妇不宜练习倒立。但是这个姿势只需把腿竖起来，因此不会对孕妇构成危险。

益处 这个姿势特别能放松身体，极力推荐。它可以使内部器官和胎儿在重力压迫的状态中得到放松，减轻静脉曲张的症状，使身体恢复活力。

2.新月式

做法

❶双膝跪立，吸气、呼气时右腿向前伸直；

❷再吸气向前举起手臂，然后把手举过头顶；如果有高血压，只需双手合掌放在胸前；

❸呼气时，弯曲右膝成弓步，左臀放低，身体向上舒展，伸直手肘，但是肩部要放松。如果你没有颈椎疾病，可以轻柔地把头抬起，眼睛仰视双手；如果你的背部比较灵活，身体可以轻微地向后靠。

提示 如果有颈椎疾病，练习时不要低头。如果有高血压，手不要举过头顶。

益处 可以舒展臀部，增强脊柱的灵活性，也可以舒展胸部，刺激肾脏和肾上腺。

◎语言胎教——故事《盘古开天辟地》

一、开天

很久很久以前，没有天也没有地，不分上下左右，不辨南北东西，没有山川河流，没有花草树木，更没有世间万物。

世界到处混沌一片，就像一个中间有核的浑圆体，而我们人类的始祖就孕育在核的正中间。他的名字叫盘古，他在这一片混沌之中整整睡了一万八千年。有一天，他终于睡醒了，他睁开眼睛看看四周，奇怪！怎么什么都看不到，到处混沌一片。他伸出手去想摸到点什么，但是抓来抓去却两手空空；他大喊一声想得到回应，可是周围一片寂静，连回声都听不到一个……

他被黑暗、死寂、混沌笼罩着，感觉压抑得快要窒息了。他一刻也无法忍受，他要创造一个生机盎然的世界。

于是，他拔下自己的一颗牙齿，把它变成威力巨大的神斧，挥舞着拼尽全力向周围砍去，他要把这令人厌恶的、可怕的混沌劈开、砍碎，他需要清新的空气和自由的呼吸，他需要是一个充满生机的新世界。

终于，一番大刀阔斧、奋力劈砍之后，浑圆体破裂了，一股清新的气体散发开来，飘飘扬扬升到高处，变成天空；另外一些浑浊的东西缓缓下沉，变成大地。混沌不分的宇宙变成天和地两部分，不再是漆黑一片。

盘古终于能看清眼前的世界，这让他兴奋不已，但是他也非常清楚自己还得加把劲儿，否则这刚刚分开的天地也许还会重新合体，回复混沌，这可怎么行！

于是，为了防止天和地重新合并，他不断地施展法术。他头顶天空，脚踩大地，并让自己的身体不断长高，每当他的身体长高一丈，天空就随之增高一丈，大地也往下加厚一丈……就这样，又过了一万八千年，天空升得高不可及，大地也变得厚实无比。而盘古变成一位顶天立地的巨人，他的头在天为神，他的脚在地为圣。

二、创世

盘古就这样支撑天地，历经了180万年。他筋疲力竭，直到认为天地再也不会合二为一后，才微笑着倒下了。

但即便倒下，他也不忘自己的初衷，于是他用自己的身体创造了一个生机盎然的世界——

在他倒下去的刹那间，他的头化作了东岳泰山，他的脚化作了西岳华山，他的左臂化作南岳衡山，他的右臂化作北岳恒山，他的腹部化作了中岳嵩山；他嘴里呼出的气变成了春风和天空的云雾；他的声音变成了天空的雷霆；他的左眼飞上天空变成了太阳，给大地带来光芒和希望；他的右眼飞上天空变成了月亮，给夜晚带来光明；他的眼泪撒向天空，变成夜里的万点繁星，点缀在美丽的夜空；他的 血液变成江河湖海，奔腾不息；他的肌肉变成千里沃野，供万物生存；他的骨骼变成树木百草，供人们欣赏；他的筋脉变成了道路，供人们行走；他的牙齿变成石头和金属，供人们使用；他的精髓变成明亮的珍珠，供人们收藏；他的汗水变成雨露，滋润禾苗……

从此，天空有了日月星辰，大地有了江河湖海，世间有了阳光雨露。在这万物滋生的美丽新世界，我们的祖先迈着轻快的脚步走来，开始了生生不息的繁衍之旅。

四、准爸爸胎教指南

入院前准备好分娩用品

一般，孕妈妈都需要事先住进医院等待分娩，从分娩、出生到产后的护理，大约需要1个星期的时间，很多医院会准备一些必要的物品，但是对于孕妈妈来说这是不够的，还需要根据实际的需要准备一些住院用品和婴儿用品。

在分娩医院确定下来以后，准爸爸需要事先确认医院里有些什么必备用品，除此之外的东西准爸爸要悉心准备并整理好，放入旅行袋或者孕妈妈的专用包中备用。称心的衣服和物品能够让孕妈妈更舒心地度过分娩期，准爸爸入院前的准备是很有意义的。

因此在分娩前，准爸爸要做好经济上、物质上的准备，检查孕妇用品和孩子出生后的用具是否齐全，不够的要主动补充上。

在选择住院用品和育儿用品时，准爸爸列一个购物清单是不错的方法。

随时与妻子保持联系

孕晚期，孕妈妈特别担心孩子发生意外，如早产。因此，孕晚期以后，特别是临近预产期时，准爸爸应留在家中，使妻子心中有所依托。做不到这一点的话，准爸爸也应该按时回家，有要事外出时能随时与妻子保持联系；不要让妻子担忧，更不要让妻子在发生意外情况时处于孤立无援的境地。

准爸爸下厨

◎ 扁豆红糖粥

材料 白扁豆25克，粳米60克，红糖10克。

做法 将白扁豆洗净，用温水泡涨。将粳米淘洗净，与白扁豆一起放入沙锅，加清水，用大火烧开，改用小火煮稠时，加入红糖，焖烂后趁热食用。

功效 此粥味香甘甜，汁浓稠，健脾化湿，适合孕晚期的孕妈妈食用，可以预防缺铁性贫血。

◎ 绿豆银耳羹

材料 绿豆90克，银耳30克，粳米、山楂糕各适量。

做法 绿豆、银耳、粳米煮成粥，粥稠后放入切成小丁的山楂糕即可。

功效 含植物胶质，银耳有益气活血、滋阴降火等功效。

第35周 一切都在期待中

一、本周宝宝与胎教要点

胎宝宝生存能力增强

35周胎宝宝身长大约44厘米，体重约2300克。胎宝宝的两个肾脏已经发育完全，肝脏也具备了代谢功能。头部下降到骨盆里，因为那里空间较小，胎宝宝显得老实多了。肺部发育已基本完成，若胎宝宝提前报到，存活的可能性为99%。

本周胎教要点

皮下脂肪增加，胎宝宝开始变胖。

· **音乐胎教：**音乐的神奇作用在于能更迅速、更直接地引起大脑的反应，旋律、音调、速度这些元素变化组合，影响着大脑神经系统的功能。对胎宝宝唱歌，能够促进宝宝的大脑发育。选择一首合适的胎教乐曲，重复地听，能给胎宝宝以安全感。

· **运动胎教：**随着预产期的临近，孕妈妈身体会出现一系列变化，这些变化都是在为即将到来的分娩做准备，此时孕妈妈应多做些有利于分娩的练习。

二、胎教理论

分娩对胎教有何意义

十月怀胎，一朝分娩。经过270天的孕育，腹内的胎儿跃跃欲试，就要与急不可待的父母会面了。这是一件多么令人喜悦、令人振奋的事情啊！

然而，我们要向所有的产前父母进一言，请君切莫急躁，务必有始有终地扮演好自己的胎教角色。这是因为胎教舞台上的最后一幕还没有出场，这一幕的时间虽然很短，然而却至关重要。

虽然你们在以前的日子中曾做过令人满意的努力，使胎儿在听声音、感受刺激、激发情绪、触摸以及思维能力方面有了最初的积累，但是在这最后的时刻，如果疏忽不慎，那么你们精心培育了10个月的胎教成果就有可能付之东流。

随着产期的临近，大多数初产孕妇内心越发忐忑不安，过多地去想象分娩时的疼痛，担心分娩不顺利，忧虑胎儿不健全，甚至有传统意识的孕妇还会担心胎儿的性别等，以至于使自己终日处于惶恐不安之中，这种心态对于即将出世的胎儿是十分不利的。

一方面，孕妇的焦虑不安将导致母体内的激素改变，对胎儿产生不良刺激；另一方面，伴随着焦虑和恐惧而引起的神经性紧张往往会产生许多不适的感觉，使您肌肉紧张、疲惫不堪，并且会导致分娩时子宫收缩无力、产程延长及滞产等现象，甚至造成难产，往往使胎儿发生宫内窒息，使对缺氧敏感的大脑细胞受到伤害，进而影响胎儿智力，甚至危及生命。

因此，在分娩前您应做好心理准备。阅读一些有关分娩的书刊，了解分娩的过程，做到心中有数。要想到您的情况并不特殊，全国每天大约有5万多名婴儿出生，而其中的一名则是由您所创造的。

所以，产妇不必紧张和忧虑，要相信自己是完全能够胜任这个使命的，这样，当阵痛开始时，孕妇就会意识到，这正是腹中的小生命在投奔光明世界冲破重重阻力时向自己发出的求援信号，此时，产妇应以必胜的信念和爱心迎接新生命的到来。

三、本周胎教课

◎语言胎教——伊索寓言（二）

1.青蛙邻居

两只青蛙相邻而居。一只住在远离大路的深水池塘里，另一只却住在大路上小水坑中。住在池塘里的青蛙友好地劝住水坑的邻居搬到他那里去，说那将会生活得更好、更安全，可是邻居却说舍不得离开习惯了的地方，不想搬来搬去。结果，被过路的车子压死了。

这故事说明，习惯于环境不图变迁，不但过不上好日子，还会为旧环境所困扰，有生命之忧。

2.牧人与海

有个牧羊人在海边的草地上放牧羊群，看见海很宁静而温顺，便想去航海做生意。于是，他卖掉了羊群，买了些枣子，装船出发了。不料海上刮起了大风暴，船将要沉下去，他只得忍痛把所装的货物全都抛到海里，才乘坐着空船幸免于难。很久之后，有人路过海边，偶遇海面很宁静，大为赞美。牧羊人却对他说：“好朋友，大海又在想要枣子了，所以才显得如此宁静。”

这故事说明，人们从患难中能得到学问。

3.小猪与羊群

有头小猪混进了羊群里，和羊一起吃食料。后来，牧人发现了，捉住了它，它竭力嚎叫，又拼命挣扎。羊群指责它大喊大叫，说：“我们常常被牧人捉，可从来不这样叫喊。”小猪对它们说：“我被捉与你们被捉是两件不同的事，捉你们仅为了毛或奶，捉我却是为了吃我的肉呀。”

这故事说明，真正的危险不是关系钱财，而是关系生命。

◎胎教活动——趣味手影

手影是十分有趣的游戏，很受儿童喜爱。孕期玩是胎教，也是为日后早教备课。“像不像，三分样”，形似的手影游戏，不仅妙趣横生，更能启发儿童的联想思维。

知识链接 手影戏

手影戏起源古老，乃原始的影戏。手影戏在宋代就正式成为坊间众技之一。洪迈（1123～1202年）著《夷坚志》曾描写过宋代手影戏演出情况：“三尺生绡作戏台，全凭十指逞诙谐。有时明月灯窗下，一笑还从掌握来。”从中看出手影影窗较小，但“十指逞诙谐”已能表演简单故事了。

◎胎教活动——玩手影编故事

一边玩手影，一边给宝宝编故事，是很不错的胎教措施。孕妈妈们，伸出手来，展开想象的翅膀，马上就来体验一下吧。

飞鸟准备搭一个新窝，因为她要孵蛋，准备迎接小宝贝们的出生。

一天，飞鸟妈妈正衔来泥巴、树枝准备搭窝。一只狐狸躲在一旁看着，他肚子饿了，想吃飞鸟的蛋。他脑子里不停地想着坏主义。终于他想到一个办法，于是悄悄地溜了。

第二天，狐狸戴上白帽，穿上白衣，挎上药箱，带着针头等东西，来到飞鸟树下。狐狸看到飞鸟，他说："最近鸟病很多，小鸟出生前需要打预防针……"

狐狸还未说完，飞鸟知道是个谎言，于是，就把软泥块搓成圆形，和鸟蛋差不多。等狐狸说完，飞鸟同意了，就将泥蛋用大树叶包住系好，然后小心地放了下去，并吩咐道："接住了！小心点。"

狐狸心里乐开了花，赶忙打开药箱接住。然后，他打开树叶包，抬头告诉飞鸟："有几个蛋坏了。"他一边说一边将泥蛋放在嘴里，急不可待地就吞下好几个。没一会，狐狸突然觉得难受，忙说："你作弄我，我一定要设法捉住你！"

"哈哈！"飞鸟笑了，"你能找到我吗？"

飞鸟将新窝搭在了安全地方，过了35天孵出了小鸟。树林里鸟语花香，一切都那么美好！

四、准爸爸胎教指南

为孕妈妈准备入院待产的物品清单

证件 孕妈妈和准爸爸的身份证、户口本，孕妈妈的保健手册、病历本等。

现金 办住院手续时需要用的钱款。

卫生巾 日用、夜用多准备几包，要勤更换。

衣物 2～3套睡衣，方便更换；拖鞋1双；舒适的帽子1顶；防止乳汁渗漏乳垫2副；哺乳胸罩2个；一次性纸内裤1包。

洗漱用品 牙刷、牙膏、毛巾、脸盆等。毛巾至少3条，洗脸、擦身、洗下身各1条；脸盆至少2个，洗脸，擦身各一个。

日用品 饮水杯、饭盒等。

食物 待产有时是漫长的，要准备些食物补充能量，可准备巧克力、果汁（配上弯曲的吸管，可以方便喝水）。

宝宝用品 小衣服、小被子、小毛巾、纸尿裤、湿纸巾。

哺乳用品 吸奶器、奶瓶、奶粉、奶嘴、奶瓶、消毒锅、消毒钳、宝宝专用电暖水壶。

其他 准爸爸也要准备一些自己的必须物品。还可以准备好相机，拍摄宝宝出生后的珍贵照片。

准爸爸下厨

◎ 冬笋烧牛肉

材料 牛里脊250克，冬笋250克，淀粉、酱油、料酒、姜末、白糖、盐各适量。

做法

(1)将牛里脊切成薄片，用淀粉、酱油、料酒、姜末腌制；冬笋去皮、切片、焯熟；酱油、料酒、姜末、白糖、盐等调味料调成汁。

(2)炒熟牛肉、笋片，倒入调好的汁，翻炒均匀即可。

功效 补脾胃，益气血。

◎ 姜米拌莲藕

材料 莲藕400克，醋10毫升，芝麻油10毫升，姜1克，精盐适量。

做法 中段莲藕洗净，用刀裁去骨节，刮净外皮，切成铜钱厚的圆片，用凉水淘一下，放入开水锅内略焯，见其发白光色时捞出；姜洗净切成米粒状，备用。将莲藕放入盘内，加入精盐、姜粒、醋、芝麻油，拌匀即成。

功效 此菜具有健脾开胃，消毒解渴的功效。

生命在走向完善

一、本周宝宝与胎教要点

圆圆胖胖的胎宝宝

36周胎宝宝身长约45厘米，体重约2500克。心、肝、肺、胃、肾等器官已经发育成熟。全身呈现淡红色的皮肤也没有了皱褶，体型圆圆胖胖的。手和脚的肌肉也很发达，头部进入妈妈的骨盆中，身体位置又稍稍下移。

本周胎教要点

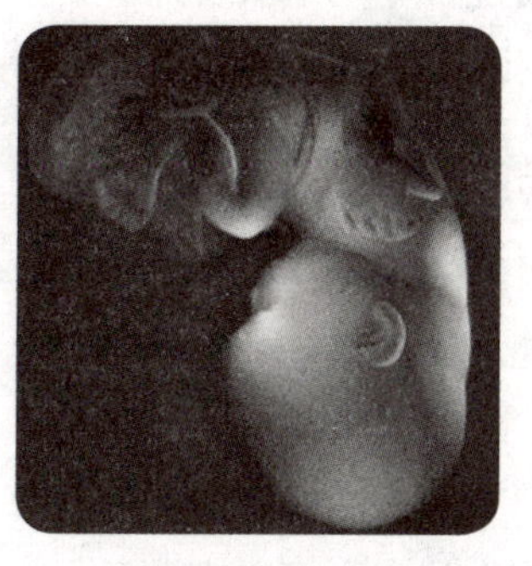
全身呈现淡红色的皮肤，没有了皱褶，体型圆圆胖胖。

· **语言胎教：** 如果已经开始了英语训练，孕妈妈就要坚持下去。这一周依然要进行一些英语方面的训练，孕妈妈可以经常用英语和胎宝宝打招呼，给胎宝宝听一些英语歌谣，或者看一些自己喜欢的英语原声电影，这些都会是很好地进行英语训练的方法。

· **美学胎教：** 胎宝宝此时已经形成了完整的五感，孕妈妈经常欣赏一些美的事物包括一些艺术作品，对胎宝宝来说也是一种美好的感官体验。

二、胎教理论

自然生产是最好的胎教刺激

如果你的体质好，产道及胎位都正常，胎儿也不算太大，也就是说，经产检查确实你关于分娩的各方面条件都不错，那么，你最好是顺其自然，由产道分娩。因为这是一条正确的分娩途径，对你的胎儿脱离你的庇护，走上独立的生活是十分有益的。

首先，分娩时强烈的子宫收缩造成的压力为胎儿在子宫外世界的生活做好准备。胎儿在子宫内是由脐带输送氧气的，他的肺并没有担任呼吸任务，他的肺里还有一些吸入的少量羊水。在产道分娩中，由于子宫的压力，使胎儿体内分泌出大量激素和一些化合物，促使胎儿肺部里面液体的吸收，并使胎儿的肺部更容易充气膨胀，为出生后立即启用胎儿的肺部呼吸创造了十分有利的条件，而且据报道，上述有关激素的分泌，还将使胎儿出生后保持一种安静、机灵的精神状态。这些都是剖宫产婴儿所不具备的。

其次，分娩过程中子宫收缩及母亲的产力造成的推力，与母体产道的阻力相对抗，可将胎儿鼻腔及口腔中的黏液挤出，防止呼吸时吸入肺部。同时，在自然分娩时，胎儿头部受压，对其呼吸中枢有一种刺激作用，有助于出生后的呼吸和啼哭，而这些经历都是剖宫产的婴儿所没有的经历。

胎儿通过产道，就是对胎教的总结。

剖宫产与胎教

剖宫产原本是一种解决难产和解救胎儿的手段，现在却作为正常生产方式备受青睐。如果没有指征，专家建议自然产。从胎教的角度也应该选择自然产。

1.消除分娩认识误区

抛开医院的因素外，一些产妇和家属应该正确认识分娩，消除某些片面观点产生的误区。比如，怕痛而拒绝试产、顾虑试产失败后再开刀“受两次罪”，是完全没必要的，而疼痛也是完全可以克服的，人类原本就是这样过来的。另外，有些孕妈妈害怕产后阴道变松弛，影响性生活，这种顾虑是多余的，以后完全可以恢复，况且与健康相比，孰重孰轻显而易见。而认为剖宫产的孩子聪明，则是错误，下面将具体分析讲解。

2.剖宫产对婴儿的影响

直接影响 由于胎儿在出生时没有经过产道挤压，胎儿气道内的黏液未受挤压排出，肺部没有经过锻炼，肺功能可能不健全，出生后不易适应外界环境的骤变，易发生新生儿窒息、呼吸窘迫综合征，甚至导致出生后湿肺、新生儿肺炎等疾病。

远期影响 剖宫产儿不像阴道产儿在限定时间内能顺势通过产道各个平面，并连续完成衔接、下降、俯屈、内旋转、仰伸等动作。胎儿娩出产道的各个动作即为“感觉统合”。也就是说，阴道分娩的过程中在神经体液调节下，胎儿受到宫缩、产道适度的物理张力改变，身体、胸腹、胎头有节奏地被挤压，这种刺激信息被外周神经传递到中枢神经系统，形成有效的组合和反馈处理，使胎儿能以最佳的姿势、最小的径线、最小的阻力顺应产轴曲线而下，最终娩出。而剖宫产却属于一种干预性分娩，绝没有胎儿的主动参与，完全是被动地在短时间内被迅速娩出。

正因为剖宫产儿未曾适应这些必要的刺激、考验，有的就表现为本体感和本位感差。任何原因使感觉刺激信息不能在中枢神经系统进行有效率的组合，则整个身体不能和谐有效地运作就称为“感觉统合失调”。

儿童画

三、本周胎教课

◎语言胎教——故事《笨老虎和小青蛙》

一只青蛙在池塘边休息，正巧碰见一只老虎出来找东西吃。青蛙从来没有看见过老虎，就问："你是谁呀？"老虎答道："我是老虎。你是谁呀？"青蛙说："我是青蛙，是这里的大王。"老虎摇摇头，不相信青蛙是这里的大王。

青蛙见老虎不相信，就说："你不信？那好，咱们来比赛，到底谁的本领大，你就知道了。"老虎说："好，由你决定比什么吧。"青蛙说："咱们就比跳远吧，往河对岸跳，看谁跳得远。"老虎答应了，把身子一弓，呼的一声跳过河去了，青蛙咬住老虎的尾巴，让老虎带过河去了。

老虎以为青蛙还在河那边呢，就朝着河对岸喊道："青蛙，你快跳啊。"青蛙在老虎的后面叫道："我在这儿呢，怎么样？我比你跳得远吧！"老虎以为青蛙真的比自己跳得远，心里发了慌。这时，青蛙张开嘴巴，从嘴里吐出几根老虎的尾巴毛来。老虎一看，更加惊奇地问："青蛙，你嘴里怎么会有老虎的尾巴毛呀？"青蛙神气地回答："是这么回事，昨天，我吃了一只老虎，连皮带肉带骨头都吃下去了，只剩几根老虎的尾巴毛了。"老虎一听，青蛙要吃老虎，吓得它转身就跑。

在路上，一只狐狸看见老虎没命地跑，问道："老虎老虎，出了什么事呀？"老虎累得上气不接下气，过了老半天才把刚才的事情说清楚。狐狸听了哈哈大笑："老虎老虎，你听青蛙瞎吹牛呢，咱们去找他算帐，把他打个稀巴烂。"老虎还是很害怕，不敢去。狐狸说："唉，有我呢，你怕什么呀？"老虎说："到了青蛙那儿，要是你自己跑了，那我怎么办呀？不是没命了吗？"狐狸笑道："哈哈，原来你是怕我自己跑了呀。那咱们把尾巴缠在一起，不就得了吗？"老虎和狐狸把尾巴缠在一起，一起去找青蛙。

青蛙看见狐狸和老虎一起来了，就说："狐狸狐狸，我一早叫你给我找个老虎来作点心，为什么这么晚才给我送来，快点，把老虎给我，我正饿着呢。”老虎一听，以为狐狸骗了他，想把自己送给青蛙作点心，吓得转身就跑。狐狸急了，大声喊到：“老虎老虎，你害怕也得先把尾巴解开再跑呀。”老虎飞快地跑了，哪里还顾得上解开尾巴。

结果呢？狐狸被老虎拖得半死，青蛙则在一边看好戏。

◎胎教活动——缝个可爱的袜子娃娃

袜子娃娃做法不复杂，取材也方便，更重要的是每个人都可以做出独一无二的娃娃，是非常有个性DIY作品。

你可以按照我们给出的方法做一个小精灵，当然如果手足够巧，你还可以与宝宝一起设计自己独有的娃娃。

1.手工材料

袜子、针线、剪刀、水溶笔、钮扣（如果没有，也可以直接用水溶笔画娃娃的眼睛）、珠针（用来固定纽扣）、棉花。

2.手工步骤

❶用水溶笔画出小精灵的样子，将脚后跟部位做脸部，然后剪出效果图。

❷翻过袜子来，将两只耳朵缝合，然后翻回正面。

❸两个耳朵分别塞两团棉花，揉搓至均匀饱满，用同样的方法将脸部塞一团，身体部位同样塞一团，然后缝合底部。

❹用珠针将纽扣定位，缝上，再画出嘴巴的线条，用线缝出来，完工。

四、准爸爸胎教指南

做好准备，随时待命

到了孕期的最后一个月，准爸爸应该随时处于待命状态，保证孕妈妈随时可以找到准爸爸。如果准爸爸因为工作原因需要暂时离开本地，也可以委托一个亲友或亲自请假来陪伴妻子。

建议准爸爸把紧急时需要打的电话号码和住所等资料做成一览表贴在电话机旁，以便孕妈妈在遇到紧急情况时不至于惊慌失措。

另个，准爸爸还要学会帮妻子计数宫缩频率，当宫缩时间间隔越来越短，疼痛时间越来越长的时候，就应该考虑马上去医院，特别是在距离医院路程较远的情况下，一定要把时间安排好。

准爸爸下厨

◎ 葱香鱼片

材料 草鱼1条（约750克），葱花，姜末，蒜末，盐，料酒、水淀粉、蛋清，花生油、老抽、醋、白糖各适量。

做法

(1)将草鱼去鳞洗净。

(2)鱼肉切片，放入葱花、姜末、蒜末、盐、料酒等调味料，用水淀粉、蛋清挂糊，热花生油炸熟。

(3)把盐、老抽、料酒、醋、白糖等倒入锅中，加水淀粉勾芡。将炸好的鱼倒入，推匀即可。

功效 含蛋白质、钙、磷等，易于消化吸收。具有暖胃和中，平降肝阳的功效。

◎ 健康牛肉烩

材料 西兰花50克，黑木耳50克，瘦牛肉（牛里脊）150克，洋葱少量，红酒、红糖、酱油、盐、山茶油各适量。

做法

(1)牛肉切小片用红酒、红糖、酱油、少量盐腌30分钟。

(2)用少量山茶油和洋葱呛锅（热锅凉油），放入牛肉、西兰花。

(3)待牛肉变色，加入适量腌牛肉的调料，翻炒均匀即可出锅。

功效 西兰花中维生素A和β－胡萝卜素的含量是所有蔬菜之首。

第37周 胜利就在眼前

一、本周宝宝与胎教要点

胎宝宝是足月儿了

本周末，胎宝宝就可以称为“足月儿”了，胎宝宝身长46厘米左右，重量约2700克。有的胎宝宝会相对瘦些，但一般只要超过2500克就算正常。胎宝宝的头现在已经完全进入骨盆，如果此时胎位不正的话，医生通常会建议准妈妈采取剖宫产的方法分娩。

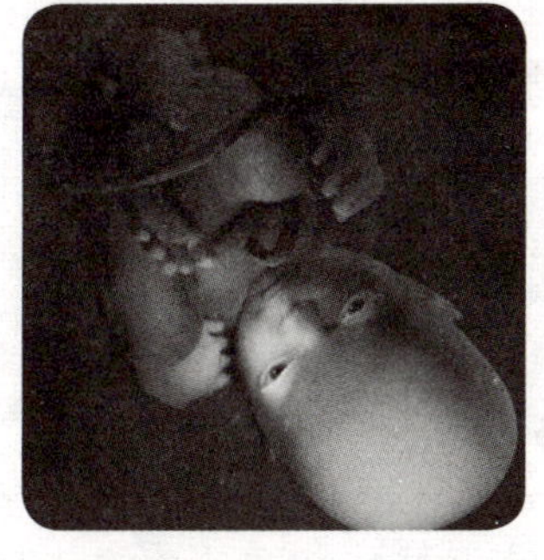

宫内空间越来越狭小，胎宝宝很难四处移动。

本周胎教要点

· **音乐胎教：**现在，胎宝宝的感官系统已经接近完善了，他对于音乐节奏的敏感度也增强了，所以节奏轻快、旋律柔和的音乐，能够很好地安抚胎宝宝的情绪，相反，节奏强烈的音乐很有可能会引起胎宝宝的不安，所以孕妈妈此时还是要多听一些轻音乐。班得瑞的放松音乐《迷雾森林》、舒柔音乐《微风山谷》、自然音乐《春野》等都是音乐胎教的好选择。

二、胎教理论

临产胎教——将胎教进行到底

1.临产前的情绪调整

我们得承认，无论怎么说，分娩对于女性，确实是一关。孕妈妈感到不安，甚至惊慌，都是正常的，也是很普遍的。

临产的孕妈妈一定记两点。第一，这种情绪没有任何作用，相反会消耗体力，造成宫缩无力、产程延长，还会对胎儿的情绪带来较大的刺激。第二，生育是女性的本能，分娩的阵痛是不可避免的，但并非不可忍受，而且医学上有很多保障措施。

2.母亲的坚韧和勇敢会传递给孩子

生育是对生命考验，是自然给予新生的神圣礼物，也是每位母亲终生难忘的伟大时刻。

母亲的承受能力和勇敢心理，会传递给即将出生的孩子，是孩子性格形成的最早期的教育之一。勇敢地把握好最后的时刻，给宝宝一次最好的胎教。

3.临产前的聊天胎教

面临分娩,妈妈可以和宝宝沟通一下如何协同作战，顺利分娩。你可以说："宝宝，你就要离开妈妈到这世界上来了，妈妈和爸爸早就想见到你了，你一定要和妈妈配合好，勇敢地走出来。"只要你们做了，就会有效果，这不仅仅是心理暗示，宝宝也应该能感应到的，十月怀胎，早就心有灵犀了。

克服分娩恐惧感

分娩前，许多孕妇不仅焦急，而且紧张。其实大可不必多虑，对于你的"高血压怎么办"、"心率过速怎么办"，医生自会处理。对于你"能否顺利分娩"的问题，更用不着去担心，还没有发生的事，想它又有什么意义呢？况且你并不一定会难产啊。让还没有发生的事，徒然增添你的精神紧张，这多可笑。

三、本周胎教课

◎语言胎教——诵读《诗经》

《诗经》是我国最早的一部诗歌总集，共收录周代诗歌305篇。原称“诗”或“诗三百”，汉代儒生始称《诗经》。现存的《诗经》是汉朝毛亨所传下来的，所以又叫“毛诗”。

《诗经》是中国韵文的源头，是中国诗史的光辉起点。它形式多样：史诗、讽刺诗、叙事诗、恋歌、战歌、颂歌、节令歌以及劳动歌谣样样都有。它内容丰富，对周代社会生活的各个方面，如劳动与爱情、战争与徭役、压迫与反抗、风俗与婚姻、祭祖与宴会，甚至天象、地貌、动物、植物等各个方面都有所反映。可以说，《诗经》是周代社会的一面镜子。而《诗经》的语言是研究公元前11世纪到公元前6世纪汉语概貌的最重要的资料。

下面这首《关雎》就是选自《诗经》：

关　雎

关关雎鸠，在河之洲。窈窕淑女，君子好逑。
参差荇菜，左右流之。窈窕淑女，寤寐求之。
求之不得，寤寐思服。悠哉悠哉，辗转反侧。
参差荇菜，左右采之。窈窕淑女，琴瑟友之。
参差荇菜，左右毛之。窈窕淑女，钟鼓乐之。

【译文】

咕咕鸣叫的水鸟，栖息在河中沙洲。美丽善良的姑娘，好男儿倾心追求。
长长短短的荇菜，顺流两边去捞取。美丽善良的姑娘，朝朝暮暮思念她。
思念追求未可得，醒来做梦长相思。悠悠思念情意切，翻来覆去难入眠。
长长短短的荇菜，姑娘左右去摘采。美丽善良的姑娘，弹琴鼓瑟亲近她。
长长短短的荇菜，两边仔细来挑选。美丽善良的姑娘，敲钟击鼓取悦她。

◎美学胎教——名画欣赏·郑板桥的画与传说

郑板桥善画竹、兰、石、松、菊等，而以体貌疏朗、风格劲健的兰、竹最为著称。他主张不泥古法，师法自然，极工而后能写意。郑板桥的画给当时清代画坛带来了一股清新的活力，人们视为珍宝，不惜重金争购，广为流传。

[画扇传说] 清朝的郑板桥在晚年时，曾在潍县当县令。秋季的一天，他微服赶集，见一卖扇的老太太守着一堆无人问津的扇子发呆。郑板桥赶上去，拿起一把扇子看了看，见是素白扇面，无字无画，且眼下又错过了用扇子的季节，自然也就没有人来买了。郑板桥在询问中得知老太太家境贫困，就决定帮助她。于是，郑板桥向一家商铺找来了笔、墨、砚台，舞笔弄墨。只见冉冉青竹、吐香幽兰、傲霜秋菊、落雪寒梅等，顷刻飞到扇面之上，又配上诗行款识，使扇面诗画相映成趣。周围的看客争相购买，不一会儿工夫，一堆扇子便销售一空。

◎情绪胎教——有趣的童言

1.淡定的小孩

今天我姐带着儿子和我一起溜达。

小侄儿走着走着就摔倒在地上，我姐那是一个心疼啊：儿子呀，怎么摔倒了？疼不疼啊？

小侄儿慢慢爬起来，拍拍身上的土，淡定地说：走累了，就趴地上歇会……

2.到时一定还回来

5岁那年我被10岁的哥哥欺负了。

我哭着说："你别得意！等我10岁时你20岁，我20岁时你40岁。到那时候我一定还回来！哼，君子报仇十年不晚！"

我哥一听怕了，说："咱和好吧！"

3.喝开水烫的

一日，老师问幼儿园的小宝宝："宝宝，为什么你的头发是卷的呀。"

宝宝一看。果然其他的小朋友头发都是直直的，这是为啥呀？

突然小宝宝明白了，眨巴眨巴眼睛说："老师，是我还在妈妈肚子里的时候，妈妈喝开水烫的。"

四、准爸爸胎教指南

帮助妻子适应生产环境

在家中待产时，准爸爸就可以根据妻子的喜好，把家中环境调节到最佳。去医院时，准爸爸也可以带上一些让她心理安慰的东西，比如她喜欢的娃娃、衣服、小摆设等，让她即使在医院里，也能感觉到家的温馨。

临产前，准爸爸应和妻子一起去了解一下病房、产房的环境，熟悉自己的医生。熟悉的环境能让人感觉舒服、放松。同时要给予妻子积极的心理暗示，多把正确、实用的生育知识告诉你的妻子。

平时可以向那些有着顺利分娩经验的人请教，并把这些好的消息带给你的妻子。你还可以常和她一起想象宝宝有多可爱，有了宝宝以后，家庭是多幸福。这样就可以用精神上的美好想象来克服焦虑和不安了。

准爸爸下厨

◎ 麻雀粥

材料 麻雀2只，糯米100克，葱、姜末10克，料酒10克，麻油25克，精盐适量。

做法 麻雀去毛和内脏，洗净，放入碗中，加姜末、料酒、精盐等，上笼蒸烂，除去骨、头、脚、翅等物。糯米淘洗干净，下锅加清水烧开，熬煮成粥，再加入麻雀肉及汤汁、麻油等调料，稍煮片刻即可。

功效 麻雀肉性味甘温，富含蛋白质、脂肪、无机盐和维生素，可以缓解妊娠期间孕妈妈水肿。

◎ 萝卜炒虾皮

材料 白萝卜300克，虾皮75克，粉丝少量，葱、姜、盐、花生油各适量。

做法

(1)白萝卜洗净、去皮、切丝。

(2)粉丝过水煮烂，拔凉控干水分。

(3)锅烧热，加入油、葱、姜、萝卜丝、粉丝炒熟，加虾皮、盐等即可。

功效 顺气通便。

宝宝，加油哦！

一、本周宝宝与胎教要点

胎宝宝继续生长

38周胎宝宝身长约48厘米，体重已经长到3000克左右了。当孕妈妈活动时，胎宝宝的脑袋会在你的骨盆腔内摇动，但尽管放心，有骨盆的骨架保护，很安全；而且骨盆里也有一定空间让胎宝宝的小胳膊、小腿、小屁股继续生长。

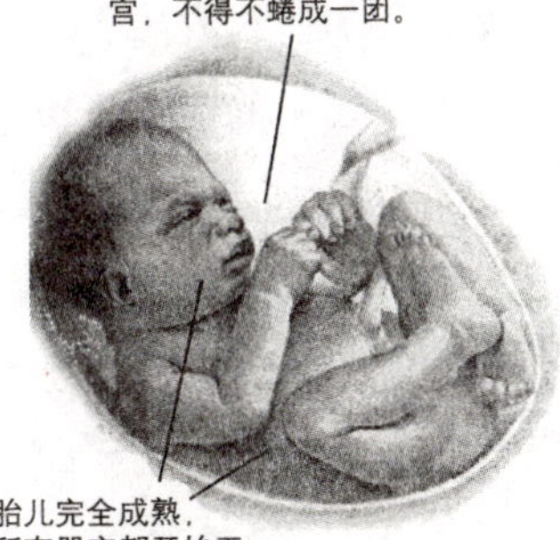

胎宝宝身体仍在生长，大脑不停地发育。

本周胎教要点

·情绪胎教：这一周情绪胎教的首要任务就是要学会平静地面对即将到来的分娩，不要过分期待，也不要过分焦虑。不要把分娩看作是很困难的事情，这是成为一位母亲必然要接受的历练。在感到焦虑的时候，进行深呼吸，缓慢地呼气、吸气，慢慢地用呼吸帮助自己恢复平静。

·营养胎教：到了现在，对于孕妈妈的饮食没有特别要求，孕妈妈可以根据自己的口感自由选择，原则上以保证营养均衡为主，但要避免摄入过多脂肪。

二、胎教理论

面对分娩充满信心

就要面对分娩，孕妈妈往往会产生某些不安，其实没什么可忧虑的，一切都将圆满如愿。用勇敢的心给宝宝上一堂勇敢的课吧。

1.不良情绪必须调整

孕妈妈越临近分娩可能越焦虑不安，这种不良情绪必须调整过来，否则将导致体内部激素的改变，对胎儿产生不良的刺激。同时，焦虑和恐惧会引起肌肉紧张、身心疲惫，导致分娩时子宫收缩无力、产程延长以及滞产等现象，这将会影响胎儿的智力和情商，甚至危及生命。

2.充满信心迎接宝宝

分娩的确是胎教的最后一课，更是最重要的一课。面临分娩，要充满信念，相信自己。人的一生中遇到困难是常事，有的人可以扛下来，有的人却受不了。能够扛下来的人往往心中有着坚定的信念，这种信念如同希望之光，让人坚定、奋发。有句话说得好：只要信念不倒，世界上没有谁能使你倒下。

预防产前忧郁

随着一天天临近生产，孕妈妈的身心负担越来越重。孕妈妈在期待孩子出生的同时，会担心分娩是否疼痛、选择顺产还是剖宫产、孩子生下是否健康、奶水是否充足、如何养育孩子等问题。这种紧张的心理负担，如不加以及时疏导，就会产生忧郁的心理障碍。忧郁主要表现为情绪不好，常为一点小事不称心而感到委屈甚至落泪，烦躁焦虑，睡眠不好。

这时，预防忧郁的心理就显得尤为重要。我们建议，当孕妈妈在孕晚期出现忧郁心理时，丈夫、家人及孕妈妈本人要有足够的认识，尽量早做心理准备，主动排遣忧郁情绪。尽量打消孕妈妈不必要的担心，把孕妈妈所担忧的问题尽早解决，让孕妈妈消除对分娩的恐惧和紧张。当妻子情绪不平衡时，丈夫要全力照料好妻子的生活，尽量耐住性子顺应妻子的情绪，以宽容来包容妻子。

只要丈夫和妻子共同努力，克服不利于分娩的恶劣情绪，就一定能平安度过分娩的关口，迎来健康、可爱、聪颖宝宝的诞生。

三、本周胎教课

◎情绪胎教——摆脱不良情绪的方法

妊娠晚期，过度的心理压力会对胎宝宝造成不良影响，孕妈妈可以用下面的方法摆脱不良情绪。这时的你，或多或少会存在某些心理压力，马上就尝试一下多种方法进行解压吧，这将会是不错的一堂胎教课。

设想

想象一下，腹中宝宝的模样，是像爸爸多一些，还是更像妈妈一些，孕妈妈不开心，宝宝肯定也会不开心、不好好生长。拿一张纸，试着画一画宝宝的小脸的样子，把自己为孩子降生而准备好的用具翻一翻，一样一样地说给宝宝听：这是妈妈为你准备的新衣服，这里是你的小床，那是你的小被子。

深呼吸

难忍难熬的时候，闭上眼睛，向着窗外，深深吸气，快速呼出，连续做上几次深呼吸，你会觉得好受得多。

告诫

不开心时，告诫自己，不要生气，不要着急，更不用害怕，宝宝正在看着妈妈呢。

转移

有时消除烦恼的最好方法就是离开不愉快的环境，可以通过一些自己喜欢的活动，如听音乐、看画册、郊游等，使情绪由焦虑转向欢乐。

释放

相当有效的情绪调剂方法，可以通过写日记给好朋友发电子邮件或向亲密的朋友诉说自己的处境和感情，使烦恼得到令人满意的“释放”，烟消云散。

社交

通过广交朋友，置身于乐观向上的人群中，充分享受友情的欢乐，使情绪得到积极的感染，从中得到愉悦。

◎语言胎教——故事《树叶娃娃》

秋天到了，秋姑娘唱着丰收谣送来了一阵阵凉凉的风。红叶娃娃、绿叶娃娃在树枝上摆过来摆过去。有一天，秋姑娘打开双臂，使劲伸了一个大大的懒腰，红叶娃娃一个一个跳下树枝。落在秋姑娘的怀里。树上的绿叶娃娃着急地喊："别跳！别跳，危险！"红娃娃们的心里也在害怕地想："是呀，我这么小，落下去干什么呢？"

红叶娃娃们刚来到地上，就赶上了一场秋雨。有的红叶娃娃吓得哭起来。这时，几只小蚂蚁爬到红叶娃娃的前面说："小树叶，谢谢你给我们挡住了风雨。"红叶娃娃高兴地说："不用谢，小蚂蚁，能为你做点事情，我们很高兴。"突然，一只小鸟飞过来说："可爱的小树叶，我们家的房子漏雨了，你能帮我们修一修吗？"红叶娃娃说："我们很愿意。"雨停了，红叶娃娃们跟着秋姑娘来到小河边，几只小瓢虫看见了，大声地喊："小树叶，小树叶，我们要过河。你给我们当小船吧！"红叶娃娃送小飘虫过了河，瓢虫们一起说："谢谢你们，我们一起去旅行吧。"红叶娃娃们说："不，我们要留在这里，和我的同伴们变成一条红色的被子，盖在树妈妈的身边。"红叶娃娃们自豪地说："是的，我们也该告别树妈妈了。"

来年，还会有满树的绿叶娃娃在春风里跳舞。

儿童画

◎音乐胎教——舒伯特《小夜曲》

舒伯特是奥地利作曲家，这支小夜曲是一首家喻户晓的名曲，孕妈妈此前很可能听过。在名曲唱片或CD里，很少没有它的。好好欣赏这支名曲，临近分娩，优美的音乐是解除焦虑的良药。

如果不说，谁也不会想到，这支曲子在作曲家生前并不为人们所知，直到舒伯特逝世以后，人们为了纪念他，把它后期写的一些艺术歌曲整理搜集在一起，编成《天鹅之歌》声乐套曲之后，人们才发现它们的美妙和价值。

《天鹅之歌》声乐套曲里，有舒伯特用德国诗人海涅、赛德尔、雷尔斯塔布的诗谱成的十四首歌。《天鹅之歌》这个书名，是引用天鹅在临死之前，必唱动听的歌这个民间传说，来比喻这是作曲家舒伯特死前的绝笔。所以，用它作为书名是很有意味的。这十四首歌彼此之间并没有联系，小夜曲是其中的第四首，是舒伯特于1828年用雷尔斯塔布的诗谱成的。

歌曲为D小调，3/4拍。开始，有四小节引子。不难听出，这里模仿了吉他伴奏的特点，情绪十分幽静，它给人们描绘出这样一幅画面：在月亮升起的时刻，一个小伙子正抱着吉他在心爱的姑娘窗下弹奏，随后，他唱出了感情真挚、表达爱慕心情的歌。

歌曲有两段歌词和一段叠歌，吉他伴奏音型作为衬景持续不断。在第一段词里，他对四周幽静的环境作了细致的描绘。它们是诗，也是画；后半段，转到D大调上，情绪显得十分激动，并推出歌曲的第一次高潮。

经过和前奏一样的间奏，给人感觉这是求爱者在侧耳倾听，可是，还听不到姑娘的回答，于是，他又继续唱："你可听见夜莺歌唱？它在向你恳请，它要用那甜蜜的歌声，诉说我的爱情。"

这时候，求爱者在感情上更加激动。由于还听不到回答，他感到痛苦，但仍然期望着。乐曲转到D大调，他以更热情的歌声表达炽热的情感，形成乐曲的第二次高潮。然后，有两小节间奏，求爱者仍痴情地等待着。虽然他那"带来幸福爱情"的歌声，已消失在茫茫夜空之中。

听到这首歌曲的人，谁能不为之动情呢？

四、准爸爸胎教指南

准爸爸陪产效果更好

准爸爸陪产，可以给予临产妈妈更大的支持力量，也能一起体验新生命诞生的喜悦。

在陪产前，准爸爸首先要询问医院是如何协助陪产的做法的。另外准爸爸在手术室陪产时所站立的位置，以及应该给予临产妈妈协助的方法，也要事先详细咨询护理人员，这样可以达到陪产的最大功效。

陪产可能是一项长期抗战，所以，准爸爸有很多需要注意的地方，以下几点可以给准爸爸提供参考：

1. 穿着舒适的鞋及宽松的衣服，随身携带医院所需的证件。
2. 身上不要带贵重物品，钱物以足够方便购物即可，不要过多。
3. 准备方便进食的干净食物及点心。
4. 方便联络的手机。
5. 带上孕妈妈的必需用品包。

进入产房时，准爸爸要记得取下手上的戒指及手表等，并穿上无菌衣。

准爸爸下厨

◎ 莲藕炖排骨

材料 排骨500克（小排为佳），长节莲藕2～3节，莲子若干，食盐适量。

做法

(1)将排骨洗净；莲藕挂净切片；莲子洗净。

(2)用半锅水，放入莲藕，以中火煮滚；然后用文火炖半小时，加入排骨和莲子，烧开后撒一些盐，再炖2小时。

(3)炖至莲藕软烂，加入调味品即可。

功效 补心益脾。

◎ 豆腐拌西芹

材料 西芹4根，豆腐1块，精盐少许。

做法

(1)将西芹洗干净之后，切成长细条状盛到盘中。

(2)在碗里将豆腐磨成豆腐泥，加入精盐拌匀，然后将豆腐泥淋在西芹上即可。

功效 西芹含有丰富的钾，可以代谢人体内的钠，有降低血压的功效，还含有丰富的维生素C、铁和纤维素，非常适合患有妊娠高血压的孕妈妈食用。

第39周 对自由的向往

一、本周宝宝与胎教要点

胎宝宝还在长肉呢

胎宝宝现在体重差不多已经达到3400克了，不过他还在继续长肉呢，脂肪的储备可以帮助他出生后调节体温。胎宝宝各部分器官都发育完全了，肺部是最后一个成熟的器官，要在他出生几个小时之后才能建立正常的呼吸模式。这时候，胎宝宝已经整个倒了过来，他没有以前那么活跃了，因为他现在主要的任务就是向下降，以便随时等待出生。

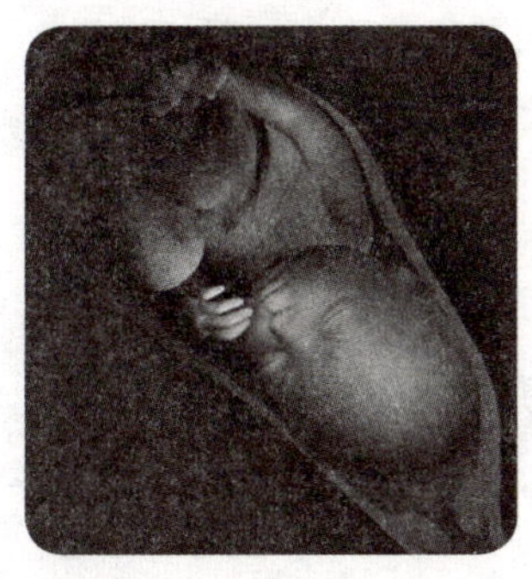

胎宝宝的头部已经固定在骨盆中。

本周胎教要点

· **运动胎教：** 本周运动胎教的要点依然是做一些促进分娩的动作，为即将到来的分娩做好身体上的准备，但要注意运动的强度和量，不要对自身和胎宝宝造成不良影响。

· **营养胎教：** 因为分娩要消耗孕妈妈很多能量，所以在分娩的前两周，孕妈妈可以吃一些热量稍稍高一些的食物，为之后的分娩储备能量。但还是要控制脂肪的摄入量，以免胎宝宝体重增长过快，增加分娩的难度。

二、胎教理论

分娩是胎教的最后一课

胎儿经过产道的挤压，是一种锻炼，但这种生命的最初磨难，对于胎儿更是艰难的。为了宝宝，妈妈要以积极勇敢的心态和胎儿共同度过这一短暂而伟大的历程。妈妈切不必焦虑不安，否则将导致身体内部激素的改变，对胎儿产生不良的刺激，同时，焦虑和恐惧会引起肌肉紧张、身心疲惫，导致分娩时子宫收缩无力、产程延长以及滞产等现象，这将会影响胎儿的智力和情商，甚至危及生命。分娩的确是胎教的最后一课，更是最重要的一课。

婴儿脑靠快感的经验而发育

“子宫外胎儿”（0岁时期），据说神经胶质细胞增加的量为脑神经细胞的5倍。神经胶质细胞在神经线上盖鞘，为了防止不良物质流向脑部而增加新的关卡，掌控神经细胞的代谢，间接与神经细胞结合，为处理许多信息而形成神经网络具有相当重要的作用。

若将0岁婴儿视为“胎儿”，其教育亦与胎儿时期的教育相同，基本上应当将重点放在脑部的发育上。

谈到0岁婴儿教育，很多人大概会联想到比胎教更上一层的天才教育或英才教育，其实并非如此。

0岁婴儿教育就是让婴儿感觉舒适，也就是让婴儿的脑部感到舒适。

为了促进脑部的发育，首先就是要母乳喂养。第二是尽可能拥抱婴儿，与之讲话。第三就是接受婴儿的要求。

这里简单谈谈为何要拥抱。拥抱是母亲与婴儿肌肤接触的最佳方法，可以促进皮肤感觉的发达。皮肤是人类的第二个脑，皮肤与脑的发达有密切的关系。用嘴唇吸吮乳房，有益皮肤感觉的发达，对婴儿脑部的发育也有良好的作用。

0岁时期既然是“子宫外胎儿”，让五感发挥作用基本上是最重要的。而且，请务必尽量以母乳哺育你的宝宝。

三、本周胎教课

◎语言胎教——读美丽的散文

胡安娜·伊瓦沃罗（1895～1979），乌拉圭著名女诗人和小说家。由于她在诗歌创作上的杰出成就，被授予“美洲的胡安娜”光荣称号。孕妈妈读读她的文字，可以使你的整个身心都放松下来，会感到一片宁静。

1.葡萄架

夏天，葡萄架的阴影多么美丽！它那碧绿的色调跟水一样，使人想起河水的怀抱。它是那么茂密，只是有时候，当一阵风把叶子分开，才让一枚颤动的阳光金币落在地面上。在我父亲家的老葡萄架下躺在摇椅上午睡，我是多么地愉快！

那时我还不会作诗，但是诗歌已经像一只不安静的蝴蝶一样在我的心里扑扇翅膀，我眯缝着眼睛，似睡非睡，梦见了最荒唐、最甜蜜的事情。唉，尽管如今我也有了一幢房子和由大葡萄架罩着的院子，但是我再也不能像那时那样作梦了。

2.向日葵

在我家，大家都感到奇怪：我们的花园那么小，决定只种奇花异草，我却开辟一个畦，种上了葵花籽。他们不明白，在高雅的玫瑰、杜鹃花、三色堇、茉莉花中间，我怎么会让那种平常而又土气的植物存在呢？但这是因为我太爱向日葵了。我和葵花之间有一种相似之处，这就像一种亲缘关系，我们都渴望天空和阳光，这种渴望像一根绳儿一样把我们拴在一起。它那硕大的花冠始终需要阳光，总是面朝着天空，像恋人那么固执，像饿汉那么如饥似渴！而害怕黑暗的我，也经常亲身感受到对阳光的本能渴望，每当望着葵花着魔似地随着太阳转，寻求着阳光，我就激动不已。所以，我爱它们：它们有着和我一样强烈需要生命、光亮和天空的愿望。

◎运动胎教——有利分娩的深呼吸操

离胎宝宝出生的日子不远了，因此，孕妈妈要选择合适的运动方式，以利于分娩。深呼吸操就是一种对分娩很有帮助的运动。方法如下：

1.仰卧腹式深呼吸

孕妈妈躺在床上，膝盖稍微弯曲，两脚轻松分开，两手轻松放在下腹部两侧，两拇指位于脐正下方，小指位于耻骨联合上3～4指远，围成三角形。用鼻子深深地吸一口气，吸气时使下腹部隆起，当不能再吸气时，再慢慢用嘴呼出气体，呼气的同时使下腹部凹陷恢复原状。

2.侧卧腹式深呼吸

孕妈妈侧卧在床上，两膝轻松自然弯曲，身体下方的手向上弯曲，手掌放在脸旁，上方的手轻轻放在下腹部，然后如腹式呼吸法，用鼻子深吸一大口气，使下腹部鼓起，不能再吸气时再慢慢用嘴呼气，使下腹部恢复原状。

当然，由于已经到了临近分娩的孕晚期，运动也要适量不能过度了，否则很容易出危险，如果把握不好，可以向医生请教。运动时稍微感觉不适就要停下来，要知道自己的身体已经处于“关键时期”了。

儿童画

四、准爸爸胎教指南

给孕妈妈准备临产食物

临产期间，由于宫缩的干扰及睡眠的不足，孕妈妈胃肠道分泌消化液的能力降低，蠕动功能也减弱，吃进的食物从胃排到肠里的时间（胃排空时间）也由平时的4小时增加至6小时左右，极易存食。因此，最好不吃不容易消化的油炸或肥肉类油性大的食物。

建议准爸爸给孕妈妈准备一些富于糖分、蛋白质、维生素且易消化的食物。根据孕妈妈自己的爱好，可选择蛋糕、面汤、稀饭、肉粥、藕粉、点心、牛奶、果汁、苹果、西瓜、橘子、香蕉、巧克力等多样饮食。每日进食4～5次，少吃多餐。

身体需要的水分可由果汁、水果、糖水及白开水补充。注意既不可过于饥渴，也不能暴饮暴食。在宫缩间歇期间，孕妈妈可以吃点巧克力，因为它营养丰富，含有大量的优质碳水化合物，而且能在很短时间内被人体消化吸收和利用，产生出大量的热能，供人体消耗。

准爸爸下厨

◎ 豆腐皮鹌鹑蛋汤

材料 鹌鹑蛋8个（约100克），豆腐皮2张（约200克），水发香菇适量，火腿肉25克。盐、葱花，姜末、料酒、油各适量。

做法 将鹌鹑蛋打入碗内，加盐少许，搅拌均匀；将豆腐皮撕碎，撒上温水湿润；香菇洗净切丝，火腿切末。锅置火上，放油烧热，下葱花，姜末爆香，倒入鹌鹑蛋炒至凝结，加清水适量，烧沸，加入香菇、料酒、盐煮15分钟，加入豆腐皮，撒上火腿末，煮沸即可。

功效 此菜清肺养胃。鹌鹑蛋有通经活血、强身健脑、补益气血的作用。

◎ 板栗焖菜心

材料 板栗150克，五花肉100克，油菜心150克，香麻油1小匙，酱油1小匙，精盐少许。

做法 将板栗去壳，泡水6～8小时，去除中间的皮屑及杂质，放入滚水中焯烫，捞出，油菜心洗净备用。五花肉和板栗放到一起烧，快熟的时候加入油菜心翻炒。出锅时加精盐、酱油、芝麻油，搅拌均匀即可出锅。

功效 板栗中含有丰富的钾元素，钾离子可以帮助排出身体多余的水分，消除水肿，对孕妈妈经常出现的水肿症状有一定的帮助。

第40周 胎教的最后一课

一、本周宝宝与胎教要点

胎宝宝即将出生了

足月宝宝平均身长50厘米，重3400克。大多数的胎宝宝都会在这一周诞生，但是也有可能提前或错后两周出生，这都是正常的。40周时，原来清澈透明的羊水变得浑浊，同时，胎盘功能也开始退化，到胎儿出生后，胎盘即完成了使命。

本周胎教要点

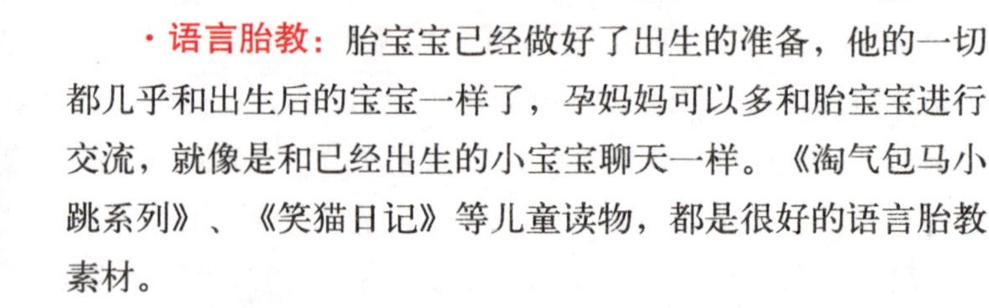

· **语言胎教**：胎宝宝已经做好了出生的准备，他的一切都几乎和出生后的宝宝一样了，孕妈妈可以多和胎宝宝进行交流，就像是和已经出生的小宝宝聊天一样。《淘气包马小跳系列》、《笑猫日记》等儿童读物，都是很好的语言胎教素材。

· **情绪胎教**：越接近最后时刻，孕妈妈越是紧张，所以建议孕妈妈多与过来人分享交流，准备宝宝的物品，分散一下自己的注意力。写字、画画都是让自己心神安宁的方法。

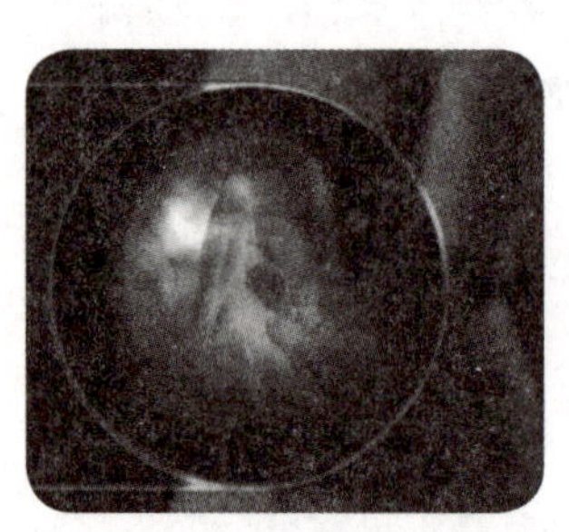

胎宝宝已经完全发育成熟，等待出世。

二、胎教理论

胎教与早教的衔接

胎儿在降生之前，准爸爸妈妈已给了胎儿听觉、触觉、视觉等的刺激，这给胎儿的感觉器官和大脑产生了一定的影响，能促进胎儿感觉器官的发育发展和神经元结构的形成。

1.脑细胞增殖的高峰

一般人的想法是，随着分娩过程的完成，胎教也就随之告一段落。然而，由于新生宝宝出生后的前6个月是大脑细胞增殖的另一高峰期，因此，为了继续促进宝宝的智力发育，需要在产后6个月内继续给予宝宝适宜的信息刺激，从而进一步促进神经系统的发展。所以胎教活动还要持续一段时间，直到与早期教育衔接上。

2.需要感觉刺激

由于孩子出生时大脑的大小和重量只达成人的1/3，神经细胞尚未成熟，神经纤维也没有形成完善的髓鞘，而相互间的联系几乎没有形成，所以，在出生后的初期，只有将大量的刺激传到感觉器官，再通过感觉细胞传达给大脑，才能促进神经细胞的成熟。

3.胎教的“加时课”

尽管胎儿刚出生根本不明白语言的意思，但还是要给他各种声音的刺激，如父母要多和宝宝说话、逗乐，在宝宝睡醒后给宝宝听一些轻松舒缓的音乐。除了听觉刺激外，父母还要给宝宝适宜的触觉刺激，父母和家人要多拥抱小宝宝，抚摩小宝宝的皮肤，让宝宝练习抬手、踢腿等动作。在视觉训练方面，可用鲜艳的带响声的小玩具吸引宝宝注意，让宝宝学着追视。

这些都是胎教的“加时课”，是早期教育的衔接教育。

了解新生儿因材施教

要想扩大胎教的成果，出生后的教育就要跟上。为了因材施教，准爸爸和准妈妈可以提前了解新生儿。注意两个方面：一是新生儿的日常状态，二是新生儿的神奇能力。

1.新生儿有六种状态

深睡 眼闭合，身体平静，呼吸规则；

浅睡 眼虽闭合，但面部表情丰富，有微笑、皱眉、噘嘴等，身体有少量自然活动，呼吸不规则；

瞌睡 眼可半张半闭，眼睑闪动，有不同程度的躯体运动；

安静觉醒 眼睁开，显得机敏，活动少，对视、听刺激有反应；

活动觉醒 眼睁开、活动多，不易集中注意力；

哭 传递着某种不舒适信号。当他感到饥饿、寒冷、疼痛及大小便浸馈不适时，以哭叫表示自己的感觉。哭叫并不一定是情绪和意识的反映。

2.新生儿的能力——看

新生儿生下来第一天就喜欢看图案，不喜欢看单一色的屏幕。他们对类似人脸图形的兴趣超过对其他复杂的图形。

要使新生儿看清物体，应将物体放在距眼20厘米左右处。比如给新生儿看红球，当新生儿觉醒时，持红球距宝宝的脸约10厘米处轻轻晃动。当宝宝看到后慢慢地移动红球，宝宝的眼和头能追随红球移动的方向，头从中线位向左或向右转动，有时会稍稍抬头向上看，有的还有转动180度看红球。

给宝宝看你的脸时，你可以说话或不说话。当宝宝注视你后，慢慢移动你的头从宝宝一侧到另一侧，宝宝会不同程度地转动眼和头部，追随你的移动。

3.新生儿的能力——听

新生儿对声音有定向力。用一个装有黄豆的小塑料盒，在婴儿看不到的耳边轻轻地摇动，发出柔和的声音，新生儿的脸显得警觉起来，头和眼会转向小盒的方向，并用眼睛寻找声源。在另一侧耳边摇动小盒，头会转向另一侧。然后父母用温柔的声音在新生儿耳边说：“小宝宝，转过来看我，来来来！”他会转过来看你，换一侧呼唤，他又转向另一侧。宝宝不爱听尖锐、过强的音响，当听到这类噪音时，头会向相反方向转动，或以哭表示拒绝这种干扰。

4.嗅觉、味觉和触觉

新生儿5天时，能区别乳母和其他母亲奶的气味。出生第一天，就表现为对浓度高的糖水有兴趣，吸吮强，吃得多。新生儿触觉是很敏感的。有的宝宝哭闹时，只要用手放在他们的腹部或同时限制婴儿的双臂就可使他们安静下来。

5.新生儿具有和成人交往的能力

新生儿与父母或者看护人员交往的重要方式是哭。正常新生儿的哭有很多原因，例如饥饿、口渴、尿布尿湿了等，还有在睡前或刚睡醒时不明原因的哭闹。一般在哭闹过后都会安静入睡或者进入觉醒状态。

年轻父母经过2～3周的摸索就能理解小儿哭的原因，并给予适当处理。新生儿还用表情，如微笑或皱眉及运动等，使父母体会他们的意愿。过去认为在父母和新生儿交往中，父母起主导作用，实际上是新生儿在支配父母的行为。

6.新生儿具有运动能力

胎儿在子宫内就有运动，即胎动。

出生后新生儿已有一定活动能力，如新生儿会将手放到口边甚至伸进口内吸吮。四肢会做伸屈运动，当您和宝宝说话时，宝宝会随音节有节奏地运动，表现为转头、手上举、伸腿等类似舞蹈动作，还会对谈话者皱眉、凝视、微笑。这些运动和语言的韵律是协调的，有时宝宝手试图去碰母亲说话的嘴，实际上宝宝是在用运动方式和成人交往。新生儿还有一些反射性活动，如扶起直立时会交替向前迈步，扶坐位时头可竖立1～2秒或以上，俯卧位有爬的动作，口有觅食的活动，手有抓握动作，甚至有抓住成人的两个手指使自己直立的能力。

7.新生儿具有模仿能力

新生儿在安静觉醒状态，不但会注视你的脸，还有模仿你脸部表情的奇妙能力。当面对面和宝宝对视时，你慢慢地伸出舌头，每20秒钟一次，重复6～8次。如果宝宝仍注视着你，他常会学你的样，将舌伸到口边甚至口外。宝宝还会模仿其他脸部动作和表情，如张口、哭、悲哀、生气等。不模仿的新生儿也是正常的，只是他们不愿意和你玩这种游戏罢了。

三、本周胎教课

◎语言胎教——故事《小公鸡学本领》

小公鸡觉得自己已经长大了，应该学习一些本领。学什么呢？它还没想好。

这一天，天气晴朗，小公鸡决定独自出去，找一些本领学学。

小公鸡走呀走，来到了树林里。看见猫妈妈正在教它的孩子学爬树。小猫学着妈妈的样子，很快就爬到了树顶。小公鸡想："我就学习爬树吧。我要比小猫爬得还高。"小公鸡抱着一棵树就爬。谁知她却"喔哟，喔哟"叫起来。原来，树皮把它的羽毛弄掉了一撮儿。猫妈妈对小公鸡说："小公鸡，你还是学习别的本领吧。"

小公鸡来到了草地上。看见几只小鸟在练飞。小鸟们张开翅膀，"呼"地一下，就飞到了蓝天上。小公鸡想："我也学习飞吧。我要成为出色的飞行家。"小公鸡学着小鸟的样子，张开翅膀，使劲儿往上飞。没想到刚飞几下，就"嗵"的一声，重重地掉了下来。幸好掉进了沙坑里，小公鸡爬起来，疼得直揉屁股。小鸟对小公鸡说："小公鸡，你还是学习别的本领吧。"

小公鸡来到了小河边，看见小鸭子和小白鹅正在游泳。小公鸡想："我学习游泳吧。我会成为游泳冠军的。"小公鸡下了水，也用力地划呀划。可是，它的身体却直往水下沉，吓得小公鸡大喊："救命！救命！"小鸭子和小白鹅急忙游过来，把小公鸡救上了岸。

小朋友一定会问，"后来小公鸡学成本领了吗？""喔喔喔"你听，催我们起床的歌唱家就是那只小公鸡呀。

◎胎教活动——留下宝宝的第一次

280天的朝思暮想，40周的牵肠挂肚，终于迎来了自己的宝宝。升级成妈妈了，你可曾想到：40周的牵挂刚刚结束，一生的牵挂才刚刚开始！留下下面这些第一次，让牵挂更加充实

胎毛 每个人一生之中只有一次机会可以将胎毛留下，建议将胎毛制作成胎毛笔，留下永恒的记忆。

录音 宝宝的第一个声音肯定不是叫爸爸，也不是叫妈妈。那么是哇哇大哭还是咿咿呀呀呢？你可以用录音设备保存宝宝最初的第一段声音。

三口合影 今天是非同一般的日子，既是珍贵孕期的圆满结束，也是新生活的开始。一家三口拍张合影，也算是胎教毕业的师生照吧！

摄像 从宝宝出生后的每一时、每一刻，都是令人欢天喜地的。建议从今天开始，在宝宝出生后的每一个重点阶段，用摄像机留下宝宝最可爱的一举一动。宝宝生出的那一刻是红着屁股还是闭着眼睛呢？你可以和医生协调，捕捉宝宝呱呱坠地的一瞬间。

脚、手印 宝宝的小手、小脚是最惹人怜爱的。宝宝的一小步，是妈妈的一大步。建议用红色或是紫色的印泥，印画出最可爱的小手和小脚印。

贴上三口合影（胎教毕业的“师生”照）

四、准爸爸胎教指南

为爱妻按摩缓解临产阵痛

准爸爸有针对性地按摩，可以大大缓解临产妈妈的痉挛式产痛和坠酸式产痛。

按摩脊椎

1 先将两手张开，顺着脊椎两侧下滑数次。

2 改用拇指指腹沿着脊椎两侧下滑数次。

3 拇指指腹贴着临产妈妈的背部，沿着脊椎两侧，一节一节轻轻按压。

其他部位

1 临产妈妈的阵痛来临时，以手掌贴住尾骨部位。

2 抵紧片刻，以轻轻画圆的方式按摩尾骨部位。

3 在阵痛间隙，可让临产妈妈趴在床边，由准爸爸替孕妈妈轻轻按摩臀部。

4 然后仰卧放松，用从外向里的打圈方式轻按腹部或大腿内侧。

5 还可轻柔地按摩头颈、上臂和浮肿的双腿。

这些按摩对于临产妈妈恢复体力迎接下一波阵痛很有帮助。

准爸爸下厨

◎ 莲藕红枣章

材料 红枣6～8枚，绿豆50克，章鱼1只，莲藕一节，猪手一只。

做法 红枣去核，和绿豆一起洗净，用清水浸泡片刻；章鱼洗净，用温开水浸泡半小时；莲藕洗净，切成块状；猪手洗净切块，与其他材料一起放置瓦煲，先用武火，后用文火煲2.5小时，最后调味即可。

功效 气味香浓可口，具有补中益气、养血健骨的功效，同时又能养血、滋润肌肤，又有催乳作用。

◎ 莲子鸡头米粥

材料 塘莲子50克，鸡头米50克，糯米100克，鲜莲叶1张，桂花卤10克，白糖150克。

做法 鲜莲叶洗净，用开水烫过待用。将糯米淘洗净后放入锅内，加入空心塘莲子、鸡头米及清水，上火烧开，转用小火煮成粥。粥好撤火，覆以鲜莲叶，盖上盖，闷5分钟后，拿掉莲叶，加入白糖、桂花卤即可食用。

功效 此粥是滋养之品，可以补益心脾，治疗妊娠水肿。

图书在版编目（CIP）数据

40周胎教实用百科/王艳琴主编. —北京：中国人口出版社，2014.12

ISBN 978-7-5101-2623-9

Ⅰ. ①4… Ⅱ. ①王… Ⅲ. ①胎教－基本知识 Ⅳ. ①G61

中国版本图书馆CIP数据核字（2014）第133515号

符合科学、孕程同步
生动而容易实施

40周胎教实用百科

王艳琴 主编

出版发行	中国人口出版社
印　　刷	北京睿特印刷厂
开　　本	710毫米×1020毫米　1/16
印　　张	16
字　　数	160千字
版　　次	2014年12月第1版
印　　次	2016年3月第2次印刷
书　　号	ISBN 978-7-5101-2623-9
定　　价	32.80元

社　　长	张晓林
网　　址	www.rkcbs.net
电子信箱	rkcbs@126.com
电　　话	(010)83519390
传　　真	(010)83519401
地　　址	北京市西城区广安门南街80号中加大厦
邮　　编	100054

孩子的教育是一项长期的工作，和其他重要的工作一样，这项工作的收获也是远期的，所以往往容易使人产生失望的感觉。

最好的方法是把教育变成渐进的、快乐的事情。先把你要教给孩子的东西做个分类，比如：习惯、健康、语言学习、运算。然后拟就一个每周的小计划，一周实施一点，日积月累，自然会看见成效，这样父母就能从中体会到成就感。

——摘自《斯宾塞的快乐教育》